Routledge
Taylor & Francis Group

Chinese Globalization:

A Profile of People-based Global Connections in China

华人全球化：

全球联结对社会变迁的影响

Jiaming Sun and Scott Lancaster

孙嘉明 〔美〕斯科特·兰卡斯特 著

高艺多 王 研 潘韩霞 译

文 军 校

中国出版集团公司
世界图书出版公司
广州·上海·西安·北京

图书在版编目（CIP）数据

华人全球化：全球联结对社会变迁的影响 / 孙嘉明，（美）斯科特・兰卡斯特著；高艺多，王研，潘韩霞译．—广州：世界图书出版广东有限公司，2017.6（2025.1重印）
ISBN 978-7-5192-3392-1

Ⅰ. ①华… Ⅱ. ①孙… ②斯… ③高… ④王… ⑤潘…
Ⅲ. ①华人社会—全球化—研究 Ⅳ. ①D634.3

中国版本图书馆CIP数据核字（2017）第155908号

书　　名　华人全球化：全球联结对社会变迁的影响
　　　　　HUAREN QUANQIUHUA: QUANQIU LIANJIE DUI SHEHUI BIANQIAN DE YINGXIANG
著　　者　孙嘉明　〔美〕斯科特・兰卡斯特
译　　者　高艺多　王　研　潘韩霞
校　　者　文　军
策划编辑　孔令钢
责任编辑　冯彦庄
装帧设计　黑眼圈工作室
出版发行　世界图书出版广东有限公司
地　　址　广州市新港西路大江冲 25 号
邮　　编　510300
电　　话　020-84460408
网　　址　http:// www.gdst.com.cn
邮　　箱　wpc_gdst@163.com
经　　销　新华书店
印　　刷　悦读天下（山东）印务有限公司
开　　本　710mm × 1000mm　1/16
印　　张　14.75
字　　数　238 千
版　　次　2017 年 6 月第 1 版　　2025 年 1 月第 3 次印刷
国际书号　ISBN　978-7-5192-3392-1
定　　价　78.00 元

原著版权页

Routledge

Jiaming Sun and Scott Lancaster

Chinese Globalization: a profile of people-based global connections in China

-NY：2 Park Square, Milton Park, Abingdon, Oxon Ox14 4RN-2013.

ISBN 978-0-415-67303-7(hbk)

ISBN 978-0-203-37536-5(ebk)

British Library Cataloguing in Publication Data

A catalogue record for this book is available from the British Library

Library of Congress Cataloguing in Publication Data

Published by Routledge

Sun, Jiaming

Chinese globalization: a profile of people-based global connections in China/ Jiaming Sun and Scott Lancaster.

p.cm.-(Routledge contemporary China series; 96)

Includes bibliographical references and index.

(alk. paper)1. Globalization-China 2. China-Foreign economic
Relations. 3. China-Ecnomic policy-2000- I. Lancaster, William
Scott, 1958-II. Title.
HF1604. S853 2013
337.51-dc23 2012034168

ISBN: 978-0-415-67303-7(hbk)
ISBN: 978-0-203-37536-5(ebk)

本书使用微观全球化的方法来考察全球化的相关过程和影响，是一部将全球化作为充满活力的跨领域研究对象的巨著，作者为此做出了开拓性的贡献。本书更主要的贡献在于它娴熟而创新性地使用中国的微观事件来诠释中国全球化的复杂性和驱动力，关注的是全球体系中个体层面的动力在人际关系中的位置，而不是已经反复做过的研究和众所周知的宏观结构变迁。本书之所以受欢迎除了其关于全球化与中国研究的学术造诣之外，更重要的还在于两者本身存在的联系。

——陈向明，都市与全球研究中心首任主任

美国康州三一学院

在这本见解深刻的书中，孙嘉明和 Scott Lancaster 教授提供了一个思考全球化影响的全新方式。以中国为例，在过去的三十多年经历了大规模的社会变迁，他们展示了中国人如何适应并且成为全球变革的力量的途径。对于全球化过程而言，中国当然是一个特别恰当的例子，因为长期以来中国一直是个独立的“帝国”，它与世隔绝却自认为领先于世界其他地区。这一研究最终会提供给读者系统化的方法来衡量全球变迁影响个体的细节，同时，也为这些变迁如何影响当今世界重要国家提供了一些基本依据。

——Anthony M. Orum，城市研究学习中心

美国芝加哥洛约拉大学

主要内容简介

伴随着20世纪80年代的改革，中国发生了前所未有的历史变迁，影响深远，而这场变迁是中国人作为主要驱动者发生的。虽然关于全球化趋势的主流文献往往被有关贸易流量、文化传播等宏观层次的研究主导，但《华人全球化：全球联结对社会变迁的影响》这本书则提供了微观层次的关系型研究方法，以考察全球化与中国人之间的关系。

本书关注不同类型的人本全球联结是如何影响中国人个体的价值观、态度和行为并在本土变迁中发挥重要作用的。将个体作为观察的单位，作者提出了如下问题：在中国过去的三十多年间产生和发展了哪些类型的个体性全球联结？这些不同类型的全球联结是如何影响本土变迁的？以及在哪些方面受到其影响的？全球联结对不同的地方社区和机构之间变化又是如何的？通过分析、论证跨国行动和全球联结对社会转型的巨大影响，本书引出更一般性的结论并且提出是否这样的全球联结和本土转型能够促使全球公民社会的形成以及将如何在全球社会认同和地方价值观、个体行为之间达至平衡。

通过运用民族志方法、历史文献分析法和统计法，《华人全球化：全球联结对社会变迁的影响》一书揭示了中国的微观全球化以及在此过程中中国人与全球化进程互动的方式和途径。这本书将使从事华人研究以及那些从事全球化研究的学者和学生受益良多。

原著前言

在当今的高等教育中，“全球化”似乎是个时髦的词语，几乎每位学者都不得不在工作或授课中以某种方式来承认全球化的过程与影响，全球化的巨大影响在中国过去三十多年的发展中得到了最好的说明。正如本书作者指出，“2012 年的中国和 1980 年的中国是天壤之别的两个时代”。在过去三十多年的时间里，中国从一个神秘的、依靠铁幕与西方国家隔绝的中等发展中国家，变成了世界市场中崛起的有影响力的大国之一。

大多数全球化的分析往往关注全球化的政治和经济方面，因为那些领域相对容易观察到，也便于测量，同时受到媒体的欢迎。因此，由于全球化被看作是宏观层次的发展如此容易，于是对全球化的进步和意义的研究更关注它的宏观层次就似乎是合情合理的了。然而，《华人全球化：全球联结对社会变迁的影响》一书让我们想起了社会学家彼得·伯格（Peter Berger）曾说过：事物并不总是如同他们看起来的那样。这项研究解释了中国所进行的跨越微观、宏观层次的大规模全球化，不仅仅集中在政治和经济变迁方面，更为重要的是聚焦于社会和文化的变迁以及全球化对中国人日常生活的影响。

通过运用历史分析法、民族志访谈、文献分析法、调查法以及对现存数据的二手分析，本书同时从宏观和微观层面考察了中国人所经历的巨大时代变迁。本书结合了“全球化”和“全球本土化”的影响，关注于内部和外部的力量在中国近代史上扮演着的重要角色。同时强调，如果没有伴随社会和文化转型，这种巨大的政治和经济变迁不可能发生。事实上，中国的文化大革命，就其影响和意义而言，被看成是“响彻世界的枪声”，影响的不仅仅是中国人的日常生活，也影响了全球各地的公民。对于那些想要理解今天我们所共同栖居的日新月异的“地球村”的人来说，这是一本必读之书。

威廉·汤普森

德克萨斯州农工大学康莫斯社会学和犯罪学系教授

原著序言和鸣谢

社会科学家已经倾注了极大的精力，以了解中国在过去三十多年来发生的根本转变。就其速度和规模而言，这些变化在中国历史上是前所未有的，然而大多数关于全球化的文献倾向于通过贸易流动和文化传播的宏观研究为主。本书旨在从微观层面即个人的全球联结对本土社会转型的影响以及人们的跨国社会关系对人本身发展的意义角度出发，探讨不同类型的全球联结影响到个体的价值观、态度和行为，进而归纳出这一微观层面的变化正是本土社会转型的关键原因之一。此书的目的正是在于填补文献中这一领域的空白以及纠正全球化研究中太过宏观视野的偏向。在关于全球化的著作和文章大量发表并持续增加的情况下，本书另辟蹊径，采取微观方法从根本上来理解全球化的影响，即从一个由下而上、始微而巨的过程来理解全球化。正如本书冠名“华人全球化”，体现了作者关注中国人的跨国行动和全球联结已经或将要产生一股强大的力量并有可能引导本土社会转型与变迁。更为精确地讲，本书运用民族志的方法、历史文献以及现有的统计数据，勾勒了中国人“个体走向全球”以及“个人在全球范围社会化”的大致轮廓。

本书同时也反映了作者在方法论上的精心推敲，即以个体为观察单位的一种分析方法。我们把全球一个体的交往与互动看成是反映社会变迁机制的显著维度，无论是从规模还是深度来讲个体跨国行动和全球联结将对本土社会变迁产生集聚性的巨大效应。与许多全球化研究把社区、城市或国家作为观察单位的方法论不同，本书强调了研究个体的跨国行为和全球范围的社会联系与互动。我们特别感兴趣的是这些拥有“全球联结”的个体的一些本质特征，诸如全球意识、全球行动和全球关系网络等，我们强调中国人的全球化经历是促进中国社会变迁的核心机制。更具体地说，本书是以中国人为主要范例，建立了一组测量“全球联结”的变量，比如“在当地外资企业工作”，“有在国外居住的亲属”，“有出国经历”以及“经常浏览国外网站”。这些测量指标可以帮助我们测量全球化对当地社会和文化变迁影响的几个重要的独立变量。

这项实证研究产生的理论结论是：本土社会变迁不再是如同现代化理论所预言的单纯由内生力量和历史轨迹引发和决定的，而是外部力量以及个体适应这些外部力量的综合性结果。在人们的交往日益全球化的今天，它是受到具有全球联结的人的观念、态度及其行为所制约的。作者将中国人的全球化作为“全球—个体联结”的例证，说明全球联结能够促进本土社会跨越空间、经济和文化背景的变迁。通过对个人全球联结的重要性在理论上的论证和具有全球联结的人对本土社会转型的实践和贡献的分析，本书对全球化研究与文化变迁理论做了重要的贡献。作者期望此书的出版能为更深入地研究更为广泛的全球联结如何（可能）影响世界其他国家的本土社区及社会转型铺平道路。

本书共有八个章节，孙嘉明博士撰写第一至六章、第八章，斯科特•兰卡斯特（Scott Lancaster）撰写第七章，并且承担原稿校对工作，负责处理书中照片和引用资料的版权问题。

感谢德州农工大学康莫斯校长丹•琼斯（Dan Jones）博士，他对全球化与教育感兴趣，对本书进行重要评论；感谢教务长拉里•莱曼斯基（Larry Lemanski）博士；感谢人文社科与艺术学院院长萨瓦托尔•阿塔多（Salvatore Attardo）博士；感谢德州农工大学康莫斯研究所艾伦•赫德里（Allan Headley）博士，提供资金支持本次赴中国的调查活动。我们还要感谢学校图书馆支持我们查阅在线的文献资源。若没有上述支持，这项研究将很难进行。

特别感谢三一学院都市与全球化研究中心的陈向明博士对本书的写作给予支持和鼓励。作者曾和陈向明博士探讨过关于本书写作的最初想法，第一章内容也经过陈向明博士的修订，其间所用调查数据来自陈向明博士当年在 Chiang Ching-kuo Foundation 资助下于上海开展的调查。我们特此感谢陈博士对本书的评论与贡献。

我们同样感谢劳特里奇出版社编辑汉娜•麦克埃德•尼德尔（Hannah Mack, Ed

Needle）和高级编辑斯蒂芬尼·罗杰（Stephanie Rogers），他们对本书的初稿给予修改意见，使得我们意识到初稿的缺陷并根据其建议做出了必要的改进。感谢劳特里奇出版社编辑团队对本书提出的意见和建议。

我们还要感谢我们的同事威廉·汤普森（William Thompson）博士，肯尼斯·克林顿（Kenneth Clinton）博士，R.N. 辛格（R. N. Singh）博士，威利·爱德华（Willie Edwards）博士，伊冯·维拉纽瓦·罗素（Yvonne Villanueva Russell）博士的评论与支持。我们同样对校外人士表达感激，他们是萨斯基娅·萨森（Saskia Sassen）博士（哥伦比亚大学），安东尼·奥多姆（Anthony Orum）博士（芝加哥洛约拉大学城市研究与学习中心），迪克·巴雷特（Dick Barrett）博士（芝加哥伊利诺大学），感谢他们对书稿的缜密意见和建议。

孙嘉明 & 斯科特·兰卡斯特（Scott Lancaster）

中文版作者序

《华人全球化：全球联结对社会变迁的影响》中文版即将正式出版，首先得感谢我的同行文军老师和他的研究生高艺多。2015年7月中旬，文军教授邀请我为华东师范大学社会发展学院和上海纽约大学举办的国际暑期研究生班做一个“全球联结与城市转型”的讲座。讲座中我介绍了这本在劳特里奇出版社（Routledge, Taylor & Francis Group）出版的我的英文新书*Chinese Globalization*。讲座结束后，有几位学生走向讲台，寻求答疑解惑。其中有一位学生提出想翻译此书，当时我也没放心上。几天后，我收到主题为“来自暑期班学生高艺多”的电子邮件，说她和她的室友准备翻译这本书，希望我把英文书原著电子版传给她们。我和高艺多同学素不相识，仅仅一堂讲座，她对此书竟产生了浓厚的兴趣，主动请缨，不求报酬地要求翻译此书。在当今物欲横流的现实社会中，这种对学术新思维的追求和热情着实让我感动。于是我回复了她的电子邮件，并告知她翻译是一件苦差事，需要有相当的毅力，先可以试试翻译一章，看看是否能坚持下去，在质量上是否达到要求。数周后，她把翻译样章传给了我。据她说以往没有正式参与翻译的经历，只是课堂作业时有些翻译练习。我阅读了译稿，虽然有些句子需要意译，而不用直译，但总体上感觉小高的英语能力和中文表达都还不错，对社会学概念的理解比较到位，便答应了她们，并表示尽力给予帮助。于是她和她的学姐学妹进入了艰苦的翻译阶段。每翻译完一章初稿，即传给我，让我查看是否有出错的地方。虽然她们几位都属于初次翻译，英语水平和中文表达能力也各不相同，个别章节我几乎逐字逐句修改。但毕竟是学生，又完全是自愿参与翻译，而且态度非常认真，她们的热情和毅力使我毫无怨言地为她们的翻译初稿做了仔细的修改。不到半年时间，她们竟然把全书翻译出来了。这样的精神确实可嘉，也值得奖赏。

我是在90年代中期开始关注全球化研究，并发表了有关文章。当时全球化研究在中国刚刚兴起，因此，我的研究也相当粗浅，谈不上方法论的思考。最初的有关全球化的文章是发表在《社会》杂志上的“全球化给我们带来什么？”（1996年），以及在《文汇报》发表的“全球化：人类共同的航班”（1996年6月7日）。后来又相继发表了“全球化进程与上海青年”（《当代青年研究》1996年）；“全球化的发展趋势及其对我国现代化的挑战”（《复旦学报（社会科学版）》1996年）等。

其实，对全球化的兴趣萌动于我对“代沟”的研究。在90年代初期，国内改革开放进入了快速通道，社会转型相当艰巨，人们的观念变化尤其明显，其突出表现在代与代之间的差异。当时我在复旦大学国际政治系政治学专业任教，因此结合社会学与政治学进行学科间的交叉研究与教学。翻译了A·M·奥罗姆的《政治社会学》一书（上海人民出版社，1989年），也翻译了美国政治社会学家R·布朗加特的“现实政治：生命进程论和世代继替论的观察”（《现代外国哲学社会科学文摘》1994年）等。并与上海社会科学院青少年研究所联合在上海进行了一项大规模上海市民“代沟”现象的社会调查。用调查所获得的实证资料，我在《社会》杂志上发表了数篇文章，其中包括：“观念代差：集体取向还是个人取向？”（《社会》1994年），“劳动价值观的世代差异”（《社会科学》1994年）等。并通过调查数据整理发表了《观念代差—转型社会的背景（1991—1994）》一书（上海社会科学院出版社，1997年）。此书的写作得到了时任国际政治系主任王沪宁的赞赏并为之作序，也获得了上海市马列主义著作出版基金会的赞助。

自1995年开始，我的学术关注点开始转向对全球化的研究。这是因为，在研究观念代差的过程中，发现年轻人之所以与老年人具有不同的价值观和行为方式，在很大程度上，是由于改革开放受外来文化的影响，而这也与当时社会上普遍倡导的“与国际接轨”以及学术界兴起的全球化研究相一致。于是我开始整理有关全球化的文献资料，在复旦大学开设了《全球社会学》新课，并考虑在讲稿的基础上出版教材。申报过程中，时任复旦大学教材评审委员会主任的顾晓鸣对此书给予高度赞赏，并提出了一些修改意见，强调要在全球化研究中关注文化现象，他特别强调全球化过程中的“人”的问题，即“人本全球化”的问题。而此时的我收到美国锡拉丘兹大学（Syracuse University）全球事务研究所（Global Affair Institute）的邀请，正准备去美国访问，于是教材出版一事暂时拖延。出国前，我把所有讲稿交由时任复旦大学社会学系副主任刘豪兴老师，并计划在我出国期间继续收集相关资料，回国后继续此项教材的出版事宜。

与文军教授相识是通过学术出版物开始的。由于研究课题的需要，并征得当时顺访美国的彭希哲院长的同意，我转而在美国伊州大学芝加哥分校攻读博士。在读期间，与当时正在美国威斯康辛帕克赛德分校的王勋教授合作，对已有的全球社会学讲稿做了补充，并应清华大学出版社的邀请，在2006年出版了《全球社会学：跨国界现象的分析》一书。而此时我在网上发现，国内有本同样书名的译著《全球社会学》，译者正是文军（社会科学文献出版社，2001年版）。从此，我开始注意文军发表的有关全球化的文章，这也成了我与文军相识的开端。一直到2012年我短期返回复旦工作的那年，在上海社会学年会上双方才得以谋面，其实我们早已是学术上的同行。

我在读博士阶段的研究结合了我早期对代沟现象和全球化现象的关注，并把两者结合起来了。于是我找到了研究的突破口，即以个体作为观察单元去探讨全球化对人和社会的影响。因为全球化是一个非常宽泛的概念，各个社会科学学科都可以从各自的角度去进行研究。而社会学注重研究社会关系，因此研究全球化则应该关注全球化对社会关系的影响和变化；而社会关系的变化，主要是基于个人在全球化过程中的参与程度。全球化的本质，简单地说是社会关系突破地域界限，这也是马克思主义对未来社会的判断。因此，我用了“全球联结”（Global Connectivity）作为一个基本变量并把它操作化用于实证研究。

我的博士论文“Global Connectivity and Local Transformation: A Study of Culture and Space in Post-1980 Shanghai”正是在这样的思路下完成的，也得到了时任博士生导师陈向明老师的首肯和支持。资料分析是以在上海浦东新区进行的一项大型社会调查为基本素材，调查数据来自陈向明老师当年所获得的Chiang Ching-kuo Foundation资助在上海开展的调查（此项实证调查研究也得到了当时在复旦大学社会发展与公共政策学院任远老师和他的研究生们的支持和协助）。我的博士论文是以“Global

Connectivity”为视角，运用了结构方程模型等进行定量分析而完成的。此后，根据博士论文对资料所作的分析和论述，我于2008年在University Press of America出版了*Global Connectivity and Local Transformation*一书。随着对全球化研究的进一步深入，我感到对“全球联结”这一现象的研究还需要进一步展开，需要运用更多的文献资料，结合民族志方法、历史文献和统计资料进行深入分析。于是*Chinese Globalization*正是在这样的背景下出版的。此书结合定量和定性的方法，揭示了中国人的微全球化及其对本土社会变迁的影响。通过对全球化和人的全球互动与交往，关注不同类型的人本全球联结是如何影响中国人个体的价值观、态度和行为并在本土社会变迁中发挥重要作用的。更为精确地讲，本书勾勒了中国人“个体走向全球”以及“个人在全球范围社会化”的大致轮廓。

全球化研究在西方学术界方兴未艾，是由于当今科技的发展、互联网的发达以及跨国交往互动的普及等决定的，它是客观存在的现实，是不以人的意志为转移的。一言以蔽之，全球化是时代使然。早期的全球化研究主要以民族国家为分析单位，以后则基本上是从社会结构、社会体系、经济系统、文化变迁等宏观视角出发。全球化的微观研究（Micro perspective of globalization）则是基于将个人作为分析单位的一种研究范式。更具体些说，微观层面的全球化关注的是个人与全球化之间的关系，个人如何受全球化影响，个人在异域社会的文化认同，对于异域文化的吸收与融合及其对本土社会的影响，以及在全球化进程中人的发展等。本人也曾发表了“‘微全球化’现象与中国青年”一文（《当代青年研究》，2012年10月），对“微全球化”这一概念做了梳理。《红旗文摘》2013年第一期以“‘微全球化’研究什么”为标题转载了此文的观点。可见，全球化研究有很多课题亟待开发和探讨。要在研究全球化的现实性的同时，寻找其规律性，以指导人们的社会实践。而在这方面，国内的全球化的实践与理论脱节，全球化研究明显滞后。

本书于2013年英文版出版时用的是硬封面（通常硬封面价格贵，主要供各大学图书馆藏书以及少量专业人士阅读）。于2015年开始使用软封面，表明此书已获得相当的读者市场。在*China Information*杂志上有对此书的英文书评（Reviewed by Danielle Tan, Institute for East Asian Studies, Lyon, France）等。本书英文版出版时，时值本人受邀正在复旦大学社会学系短期工作，该系的一位归国博士田丰老师曾写有一篇书评，但由于那时还没有此书的中文版，故尚未在相关杂志顺理成章地发表。2014年中国社会学年会上本人曾组织一次“比较全球化论坛：全球化与社会发展”的专题讨论，也谈到了此书的一些构思和概念。由于国内对全球化的研究受到以往“全球化即西方化”的思维定势影响，以及方法论上趋于宏观的局限，故总体上处于式微阶段。希望此书中文版的发行能推动全球化在中国学术界的重新兴起，对全球化议题展开讨论，并能获得更多同行的反馈意见。

本书中文版翻译中基本保留了原著中的全部文本内容和插图、资料等。由于受版面的限制，原著中大约近20页500条英文参考文献未能在中文版中出现。如读者有兴趣参考原著中的文献资料，可以直接按原著文献信息查到有关资料：*Chinese Globalization: A Profile of People-Based Global Connections in China*（Routledge Contemporary China. ISBN-13: 978-1138851917 或 ISBN-10: 1138851914）。如读者对有关问题想与原作者进行探讨，可直接与我本人联系。

本书的中文版出版获得了上清博学悦读社和神州调查公司的赞助，在此一并表示感谢！

孙嘉明写于美国德州橡树庄

2016年6月

Email: jiaming.sun@tamuc.edu

序 言 一

正当我们处于人类命运共同体逐渐形成的过程中，孙嘉明教授的《华人全球化：全球联结对社会变迁的影响》一书面世，仿佛是为全球化的进展送来了高能加速器，又好像是下了一场及时雨。

我们中华民族早在两千多年前就在《论语》中提出“四海之内皆兄弟”的思想。不过，那时所说的“四海”并不是今天的“四大洋”，因为两千多年前人们还不知道地球是“球形”的。明朝郑和下西洋一百年后，16 世纪中叶开放了海禁，一些从事私人海外贸易的人，陆续移居海外。后来鸦片战争打开了中国的大门，大批中国的劳工源源不断地流向世界市场。在短短的一百年里，中国海外移民的人数从 100 万猛增至 1 000 万，足迹遍及五大洲的几十个国家。

《华人全球化》侧重于阐述当今的华人走向世界。当今与过去大不相同：过去华人走出去是当华工，而且实际上多在东南亚定居。今天的华人全球化层次高，分布广，就连寸草不生的南极，我们华人也奇迹般地第一个种出了蔬菜，与同驻南极的别国人分享。现在全世界近 200 个国家和地区都有华人在那里辛勤地忙碌着，为当地的和平建设做出贡献。他们身在海外，心连祖国。很多华人在当地享有很高的声誉，有的还成为当地国家的议员、部长。走向世界的华人有多少？统计的口径不一样，少说有 6 000 多万，相当于英国的总人口；还有人说是 8 000 万，相当于欧洲人口最多的德国。若按 6 000 万计，华人移居全球的人口至少占全球移民人口的三分之一以上。占世界人口不到五分之一的中国，其走出去的人口为全球移民总数的三分之一以上，这充分说明华人的全球意识有多强，风格有多高！

华人的全球化是由人的社会化特征决定的。“人猿相揖别”以后，有语言、有思想的人类就具备了社会化的素质。人类，人类，本来就是同一类嘛！本来就应当融为一体嘛！可是由于东西方相隔千山万水，再加上阶级对立和政治制度的差异，使得社会化难于上青天。我们说自身是闭关锁国，其实这只是一方面，还应当看到，更有外国把华人反锁在地球东方，不许我们华人迈出国门的因素在作祟。近年来由于交通与通讯工具的发达，经济的全球化势不可挡。再加上中国人站起来，紧接着又富起来。中国能够与世界互补、互动，必须与各国共建、共享。于是，愿意与中国往来的国家多了起来，我们华人有条件“打起背包走天下”，我们华人有资格引吭高歌：“我们的朋友遍天下！”

过去，社会学把人的社会化分成“初级社会化、继续社会化、再社会化三阶段”，这是按照人的从幼到老纵向划分的。孙嘉明在《华人全球化：全球联结对社会变迁的影响》一书中创造性地从横向上分析人的社会化，提出“全球联结”的概念，是颇有新意的。“鸡犬之声相闻，老死不相往来”，是社会化。即使是“不知有汉，无论魏晋”的“桃花源中人”也不能不承认他们是社会化，可那是近距离的、范围狭小的社会化，只能称半社会化。孙嘉明教授提倡的是“在全球范围的社会化”。而且他不认为只要到他国落个脚就等于全球化了，他主张密切地“全球联结”，广泛地交往，深度地融合。说得轻一点，孙嘉明教授是填补了社会学理论的空白；说得重一点，他的理论是对传统社会化理论的颠覆。

孙嘉明教授之所以能取得如此大的学术成就是因为他别具一格地运用了“微全球化”的研究视角和研究方法。微，是具体，是细致，是深入，是“观察入微”。入微不是钻牛角尖，不是进得去出不来。孙教授是既钻得进去，也跳得出来，做到了见微而知著，犹如化验一滴血，见到了DNA，准确地判断出其父母是何许人。

全球化是浩浩荡荡的历史大趋势。地球在“变平”，地球在“变小”，地球在变成兜得转、叫得应、看得清的地球“村”。经济的全球化必将推动人的深度社会化，华人的全球化必将与各国人民手拉手、肩并肩地走遍全球。国与国之间实现了“你中有我，我中有你”之日，就是全球利益共同体、命运共同体形成之时。尽管当今世界还有的国家企图高人一等，尽管当今世界还有这样那样的摩擦，但是“环球同此凉热”的格局正在变成光辉的现实。华人一贯主张的“以天下为己任”的理念正在转化为巨大的物质力量。真正有本事的国家不会只看见人家地下、水下的那点石油，不会用武力去揩“油”。真心研究全球化的学者应当把《华人全球化：全球联结对社会变迁的影响》这本著作作为一架射电望远镜去观察天体，应当立足于“化”起来的地球去看太阳系里的几颗大行星，去美化银河系里的太阳系的兄弟姐妹们。

邓伟志

2016 年 7 月 11 日夜

序言二

“全球化”一词可以说是当代国际学术界使用频率最高的概念之一，也是20世纪90年代以来世界主流的学术话语，是当今许多重要议题不得不首先要考虑的重要背景。“全球化”是一个可以从多种角度来加以辨识、探讨和认知的概念。它既可以是自上而下的推动，国家、政府通过强大的行政举措使本土社会接受全球化的洗礼；同时也可以是自下而上的变迁，本土社会的个体、组织以特殊的制衡机制促进全球的发展和交融。20年前，我曾经撰文从宏观层面上阐述了全球化的进程及其影响，其中包括交通全球化、信息全球化、市场经济全球化、文化全球化、知识技术全球化、社会问题的全球化等。不难看出，上述概括都属于宏观、结构性的范畴。但我们必须承认的是，“人”才是全球化最重要的载体，交通工具、信息传播、经济交换、知识与文化交流、国际社会共建的主体都是“人”，因此，以人为本的全球联结的重要性不可小觑。孙嘉明教授的这部社会学著作恰恰从微观层面上探讨了中国人的跨国实践、全球联结及其对本土社会变迁的影响，具有十分重要的方法论意义。因为长期以来，社会学缺乏探讨跨国实践的语汇，人们长期依赖的是以民族国家为中心而形成的各种术语、概念和经验数据，最多做一些跨国的比较研究，而真正具有全球化视野、从全球化角度来进行社会学分析的著作并不多见。

在社会学研究中，一直存在着实证主义和人文主义两种截然不同的方法论类型，这两种方法论在研究对象的界定、主体与客体的关系、研究的逻辑起点或侧重点上存在着显著的分歧。关于这两种社会学研究传统，尽管很多社会学家一直在努力试图予以超越彼此之间的鸿沟，然而由于其立足的社会现实一直未发生根本性变化而导致效果甚微。今天，全球化浪潮的迅猛兴起，在人类社会的各个领域、各个方面都产生了广泛而深远的影响。这种研究条件和环境上的变革，对社会学的思维方式和研究范式提出了新的要求。全球化作为社会学学科发展的新背景，正在呼唤一种新的社会学范式整合的出现，这种整合集中反映在社会学的研究方法和理论上。从研究方法上来看，要想在全球化时代背景下建立单一的主导研究方法是不现实的，实证主义和人文主义各自有独特的对全球化的“亲和力”（指研究全球化的优势），全球化图景下的世界愈发丰富多彩、变幻多姿，因此实证主义和人文主义研究方法的整合成为全球化时代社会学研究的必然趋势。从社会学理论来看，需要整合功能论、冲突论、互动论、现象学等学派的研究主题和思想观点，建立具有多维性质的综合性全球化理论框架。需要注意的是，研究方法和理论的整合是研究范式整合的一体两面，两者相互交织、相互渗透而进行。孙嘉明先生的这部著作从“微观全球化”入手，冲破传统的“主体—客体”二元对立的情境和范式，采用关系主义的方法分析中国人的全球联结，并且运用类型学的方法对全球联结做出深度理解，最后从微观人本联结回归宏观本土社会结构的变迁议题，分析了全球化内在的自下而上的发生、演变机制，并将量化研究与质性研究方法相结合，在一定程度上体现了社会学研究范式的整合。作为全球社会学研究成果的一个呈现，我认为，该书在研究方法上的特色是非常鲜明的，其主要体现在以下几个方面：

第一，首先对华人全球化进行了历史性的回顾，某种程度上体现了历史学（微观史学）的分析范式。中国人的全球联结和随之而来的本土社会变迁并非一蹴而就，和世界全球化本身一样，有着深远的历史进程，本书开篇虽然是对“中央王国”的历史考察，并没有将注意力一味地停滞于地域广阔、长时段和宏观的历史过程中，而是注意到了个别的、具体的事实或地方性事件，尽管这是局部的，但它却有可能对整个研究提供必要的某种补充性的说明。

第二，本书提出的新概念“个体全球化”（Global-I-zation），与全球化（Globalization）交相呼应，以个体为分析单位，而不是以民族国家、城市等为分析单位，并且运用类型学的分析方法，建立在社会—空间维度，将个体的全球联结分成四种类型（紧密关联、社会关联、物理关联和虚拟关联）来评估跨国行动和人本联结程度。类似的，作者对人本全球联结影响下的社会变迁再度进行类型学的分析，依据内在（精神）

和外在（物质）两个主题分成了建筑风格、跨文化消费、节日庆典和价值取向四个类型（或许这一部分概念化空间尚有）。可见，本书对全球化研究的贡献无论在重要概念还是研究方法上都有一定的创新。

第三，本书运用大量的案例将实证研究的结果用简明的图表形象地呈现出来，也是本书特色之一。这些案例的用意集中在用一个个活生生的人本例子来论证全球联结对本土社会变迁的影响，而且可以看到这些案例很多是家喻户晓，曾经在中外交流中扮演着方方面面、各个领域的重要角色。当然，如果这些案例和类型学中的人本联结类型和本土社会变迁的类型相对应，说服力和论证深度可能会达到更加深刻的层次，相信嘉明教授将会在后续研究中进一步阐述。

嘉明教授可能是中国大陆最早开展全球化研究的社会学者之一。早在 20 世纪 90 年代中期，嘉明教授在复旦大学任教的时候就开始关注了全球化议题，并相继发表了一些相关论文。我在 1996 年至 2002 年期间，也曾先后发表过 10 多篇有关全球化的研究论文，从某种意义上来说最初都是受到嘉明教授的思想启迪。2001 年我翻译了第一本取名为《全球社会学》（罗宾·科恩著，社会科学文献出版社 2001 年版）的著作，没过几年嘉明教授和王勋教授就合作出版了国内第一本《全球社会学：跨国界现象的分析》的专著（清华大学出版社 2006 年版）。至今，这两本著作都是我给研究生开设“全球社会学”课程的重要参考书目。今天，嘉明教授邀请我为他的中文版的新书作序，我感到十分荣幸和欣喜。本书主译是我的硕士研究生高艺多，她凭着一腔热情和兴趣在其学姐学妹的帮助下坚持完成了全书的翻译工作，我和嘉明教授对她的翻译还进行了校阅。全球化研究是一个共同的事业，它将在未来很长一段时间内成为各个学科关注的焦点。因此，我真诚地希望嘉明教授的著作能够带给国内全球化研究带来一些新的启发和思考，以共同推动国内全球社会学的研究事业！

文軍
于上海金沙江寓所
2016 年盛夏

目　　录

图表索引

图：

表：

第一章 引言：从中央王国到全球大国

《坛经》中云："时有风吹幡动。一僧曰风动，一僧曰幡动。议论不已。惠能进曰：'非风动，非幡动，仁者心动。'"这个故事所蕴含的智慧就是我们看待自然界或社会中的事物往往会从实体性视角或关系性视角出发。当你从实体性视角去看待事物时，你关注的往往只是实体本身的状态，就好比故事中的一僧认为是幡动（Emirbayer, 1997）。当你从关系性视角看待事物时，你不仅仅注意到实体之现象，而且能够发现嵌入在广泛的关系情景中的延伸部分（Diani, McAdam, 2003, p. 126）。

如今，这种看待事物的二元视角依然在发挥作用。今天社会学家所面临的关键问题不是"唯物与唯心"、"结构与行动"、"个体与社会"或者其他方面经常提到的二元论，而是徘徊在实体论与关系论之间的抉择（Emirbayer, p. 282）。

社会科学家们将大量注意力集中在理解中国过去三十多年来的根本性变化，从其变革速度和规模来看，中国的发展都是史无前例的。而本书特色是运用关系性视角，把中国变迁的宏观结构和模式嵌入在大量的微观情景中的社会关系的事实来对此加以解释，从而说明不同单元之间的交换和关联中的那种开放和持续的显著的动态本质，而不是静态的惰性状态（Emirbayer, 1997, p. 289）。社会模式、机构和组织仅仅是从个体行为在不同时空的微观行为中概括出来的（Collins, 1981, p. 989）。换句话说，我们可以在日常生活经验、行为和态度中观察到那些微观情景和个体经验性的东西。社会结构指的是人们在某些领域中使用特定的物理对象和重复性的符号表情和某些人进行交流的常规行为（Collins, 1981）。过去几个世纪以来，人类互动和全球交往的范围和强度在稳步增加，在过去的三十多年里迅速上升，使得跨国交往实践和全球联结在形式化和制度化方面达到高峰（Pietrzyk, 2001）。

从微观视角来看，个体人本全球联结取决于个人在全球 / 本土交往与流动中的空间和时间位置（Castells, 1997）。全球民族志研究表明某些社会行动者能够利用民族国家的社会 / 空间结构失稳来建立新的跨地域、跨国家的联结（Gille, Riain, 2002）。因此，全球化所带来的强大的时空压缩规定了不同的社会群体、个体以不同的方式处于交往流动中的不同位置（Massey, 1994）。所以，关系性推理将全球 / 本土联结和互动看成是重要标准，因为它同时揭示了社会变迁的机制以及微观互动与宏观变迁之间的联系。简言之，个体的交往行动和全球联结产生了一种强大而集聚的力量（前文故事中一僧口中的“风在动”），这种力量加剧了本土社会变迁的规模和深度（前文故事中一僧口中的“幡动”）。

一、中国的变迁：一种全球关系的视角

当本书发行之时的 2012 年，标志着中国过去三十多年来历史变迁达到了它的高峰期：一场在其速度、规模和复杂性方面所发生的史无前例的巨变。与 1980 年的中国相比，2012 年的中国俨然是截然不同的另一个世界。那些在文化大革命期间长大的年轻人做梦也不会想到他们能见证并经历这种变迁。更为突出的是，这种巨大变迁却仅仅只用了一代人的时间，而其速度之快、范围之广和程度之深都是最引人注目的。不管是一直生活在国内的人还是那些从国外归来的人们，都很难跟上这令人眩晕的除旧立新的快速节奏，同时外界也很难把握中国社会的如火如荼之变化。然而，这一变迁另外一个与众不同的方面是整个国家惊人的经济发展与社会不公平的现实。如果我们想一下子了解清楚中国社会发展的规模、速度和不一致等现状，我们必然面临理解和分析这种转型的条件与结果之间关系的挑战。正如社会学家努力想理解中国的社会变迁，我们又面临了在条件与结果之间的方法论的挑战，这种挑战跨越了宏观与微观、内生与外力的分野。

中国这种令人费解、发人深思的社会变迁可以追溯到一项 20 年前的调查，这项调查关注的是上海市不同年龄组人群之态度与价值观的差异。这项调查名为“观念

代差：1990—1994年社会变迁背景”（孙，1997），调查背景是20世纪90年代初期，当时中国正开始其迅速的社会变迁。研究结果显示，根据1949年以来中国的四次社会运动可将国人分为：“大跃进”、“文化大革命”、“经济体制改革”和“社会变革”这四次历史事件相对应的四代人，因为这些历史性事件都对亲身经历的那一代人产生了不可磨灭的影响。由于年轻一代是在与前辈完全不同的历史和文化环境中成长，他们的社会化也就与之前经历过上述历史和文化事件的一代人有所不同。年轻一代和年长一代人对生活目标和定位持有不同的价值观和态度（孙，王，2010, p. 68）。经验数据分析表明中国这几代人的价值观有着显著差异。动态的历史和文化的变迁，包括从计划经济到市场经济的转变，也改变了中国人的价值观。这种变化在开放政策中体现得最为明显，它将中国社会置于全球文化规则与价值观的体系之中，这对中国人的价值观产生了相当显著的影响。

从宏观层次来讲，中国经历了从计划经济到市场经济体制的转变，然而，所有宏观环境条件都会对行动者情景化的动机产生影响（Collins, 1981, p. 990）。近几十年以来，中国经济发展使其成为政治精英和经济精英的共同体。由于新一代领导有着更为广阔的视野，无论是教育还是生活阅历，都无从指望他们故步自封，因循守旧，而是随时准备破旧立新以及寻求新的方式来解决不断出现的问题（Fewsmith, 2002, p. 30）。

中国的时任领导胡锦涛毕生致力于中国的发展，并且为中国发展问题带来新思想，因此，非常适合这一代领导人的基本素质，他不仅强调社会需求的多样性并且注意到了需求的不同层次以及如何谋求进一步发展。相比前几届领导人，以胡锦涛为核心的新一代领导人更可能在程序和正义感上实现创新（Fewsmith, 2002, p. 34）。

不同学科的学者们对中国的年龄群体产生了越来越大的兴趣。Cheng和Dai（1995）认为代内流动模式反映了国家经济发展中政策的变化。Li（2008）研究了如今正在形成的中国第五代政治领导人展现了他们兼有代内和代际多样性特征。通过调查774名中国人和784名美国管理者和专业技术人员，Egri和Ralston（2004）认为，自1949年以来中国的新三代相比共和国时代的人，对变化持有更开放的态度，有更强的自我完善能力，保守程度较低，自我超越意识较强（孙，王，2010, p. 67）。

然而目前很少有文献来表明国家层面和地方的社会变迁是由外部或受全球化因

素影响的，以及这种全球力量是否存在以及如何发挥作用，也并不完全清楚它们是如何“着陆”并深入于当地社会，进而促进或阻止某些趋势和可能性，并逐渐形成那些已经由内部现代化动力所驱动的新的结构和行为。

中国的变迁为重新思考有关现代化的争论提供了很好的机会，这一争论与有关全球化的论述以及展示全球化在本土层面的影响相关，进而产生全球化将引起本土社会变迁的洞察力。本书中，我们通过中国的变迁应用一种新的分析方法来超越前人的关于社会变迁的文献和现有的微观全球化研究成果。我们不采用众所周知的宏观方法，而是使用微观视角聚焦于中国人的跨国行动和全球联结产生巨大的推力促使本土社会自身发生变迁。换言之，通过使用民族志方法、历史分析法、文献查阅、实地调查和现存数据分析，本书讲述了中国人与全球化互动的微观层面的事实。我们创造了“Global-I-zation”一词来表达人本意义上的“个体全球化”和“全球社会化”双重含义，这一点在本书第二章、第三章会详细阐述。我们希望本书能够让读者更好更完整地理解中国所进行的宏观社会结构与模式的形成过程。

二、睡狮初醒

中国自古以“中央王国”为自豪，拥有着悠久而宏伟、近乎封闭的历史，作为东方文化的象征占据着世界的中心。尽管中国有着 4 000 年的先进文明，也和世界其他地区时而有一定的联系，而且其中有些联系意义重大且影响深远，但是中国直到 1979 年才向世界真正打开国门，那时候主要是通过发展不同的全球联系渠道，从允许外国考察团进入到大规模派遣留学生作为交流的起点。如果我们追溯中国过去三十多年来的对外开放，我们会注意到这种开放实践和全球联结的广度和深度大大增加。2008 年北京奥运会，特别是宏伟的开幕式或许标志着中国对外开放达到了顶峰，全球联结也达致其有史以来最广泛的程度。大多数中国人不仅将奥运会看作重要的世界事件，他们还感受到了自身与这场盛会的联系。对于中国人而言，这是百年企盼的梦想终于圆满实现的时刻。更为重要的是，这些全球联结对重塑中国和中国人的形象，无论从宏观经济转型到个体生活方式的转变都具有举足轻重的作用。

China 用普通话来发音是中国（zhōng guó）。第一个汉字“中”表示“中心”或“中间”，“国”

表示“王国”。这个词语直译成英文是 Middle Kingdom 或 Central Kingdom。[1]“中国”一词的通俗概念最初来源于人们相信周代是当时世界“文明的中心”或“世界的中心”。这个概念在漫长的历史过程中对“中国观”和中国处理与世界上其他国家位置的关系意味着什么？中国史学家们达成共识的一点是这个概念使中国倾向于“守内”而非“朝外”，在某种程度上以天朝自居。顺着这个公认的逻辑来看，很容易得出结论就是中国历史上不论短期还是久远的社会变迁（以及连续性），都是因为国内因素和内在条件而不是由于外部推动和压力造成的。历史上的精准与否与本书所讨论的时间轴无关（见本章末尾），本书的前提是中国曾长期作为一个闭关自守的中央王国存在，这一根本性的历史背景揭示全球化对过去三十多年来中国宏观社会变迁产生巨大影响的强烈反差。

回顾几个世纪而非这几十年的发展，中国历史源远流长，长久以来以天朝王国自居。其中有一段例外的时期是唐代（616—907），那是与世界进行文化和地缘联系的黄金时代。中国另一个开放的时代是 19 世纪 40 年代到 20 世纪 30 年代。唐代的开放算是皇朝的主动开放，而鸦片战争后的开放则是被迫与强大的西方势力建立联系。1949 年以后，中国再度以独立和自给自足的名义进入闭关锁国状态。20 世纪 50 年代，中国的国际联系是以前苏联为主。当时的中国领导人主张国内所有的东西都必须从前苏联引进，包括重要的价值观、制度以及科学技术。尽管这又是一个新的闭关锁国时代，但是中国和前苏联所展开的教育和人才培养以及军事、经济方面的联系，这在历史上也是空前的（Cohen, 2003）。

朝鲜战争和由此而来的中美冲突加剧了中国的孤立状态（Lagasse, 2000），随之到了 20 世纪 60 年代中苏关系严重恶化。尽管当时中国展开了与日本、西欧的经济联系，这也局限于很有限的贸易往来而且主要通过香港这一媒介进行。中国与非共产主义国家的第三世界的联系主要是政治、意识形态方面，甚至包括对贫穷国家的

[1] 使用 Middle Kingdom 的学者及文献包括：Rossabi, Morris(1983). China Among Equals: The Middle Kingdom and Its Neighbors, 10th-14th Centuries(ed.). Berkeley: University of California Press.

Williams, S. Wells(1983). The Middle Kingdom: A Survey of the Geography, Government, Literature, Social Life, Arts, and History of the Chinese Empire and Its Inhabitants (rev. ed.).New York: Scribner.

Wilson James Harrison(1887). China: Travels and Investigations in the "Middle Kingdom." A Study of Its Civilization and Possibilities; With a Glance at Japan. New York, Appleton.

Zhang, Yongjin(1991). China in the International System, 1918-20: The Middle Kingdom at the Periphery. New York: Martin's.

经济援助。由于中国选择了与共产主义阵营的国家和非共产主义的第三世界国家实施合作，它与那些非共产主义的发达国家的联系曾一度跌至谷底。显然，这样的孤立政策是中国领导人希望限制普通国民受西方的影响，特别是主流西方势力的影响，不论其是否为共产主义或非共产主义国家（Barnett, 1981）。虽然很难比较古代中国与现代中国孤立于世界的程度，文化大革命（1966—1976）时期则标志着中国的独立自主政策达到了顶峰。

由于强有力的国家政策限制了对外联系，中国国民基本上受不到外界影响。20世纪70年代，国家不允许居民与少数的外国游客进行联系或交流。20世纪80年代，政策发生变化，开始允许个人层面的外部联系进而开启了与外界互动的时代，影响了社会变迁。在与旅游相关的活动中，中国简化了赴国外旅游的签证和边防手续，引进国际标准的旅馆星级服务，组织旅游部门提供必要的最新旅游信息，并定期参加世界旅游展览会（Lew, Yu, 1995），其结果是中国的国际旅游市场显著扩张。在整个20世纪80年代，每年输送100 000名游客到中国的国家的数目从最初的只有美国、日本2个，到1991年增加到5个，而到了1992年增长到12个。1978—1988年，中国国际航班从屈指可数到与世界各地33个国家46个城市建立了联系，航班的开通使得大量外国游客来到中国（Lew, Yu, 1995, p. 7）。后来，国家允许中国游客出游国外，中国开始与世界其他地方进行人员的双向流动，很快达致更大规模的全球联结（Li, February 10, 2011）。后面章节将会阐述对跨国交往实践的微观分析。

1979年中国首次对外开放接待外国游客和商人访问团时，实际上除了一些较陈旧的、闲置的宾馆之外，并没有专供外国游客和商业人士居住的设施，这些宾馆还是50年代时为苏联专家建造的，还有一些是70年代为第一波日本商人准备的。当时，国家仅允许外国商人在这些宾馆或者外交使馆范围内居住并从事商业活动。然而，20世纪80年代末，供外国人使用的宾馆设施迅速增加，除了标准间还有一些是长期的办公室和公寓。到20世纪90年代，专门供西方侨民（或当地富人）使用的门控的豪华公寓和大厦在北京和上海城市中出现（Wu, Webber, 2004）。随着中国这些最早的城市与亚洲和发展中国家其他中心城市在形式和功能上越来越相似（Gaubatz, 1995），带来了全球化生活方式与本土的文化模仿与接纳，而宾馆设施的建设正是这种模仿与接纳的直接而强有力的例证，反过来这些又加速了空间和社会的变迁，本书将对此加以证明。

三、走出紫禁城

20 世纪 80 年代的对外开放将孤立的"中央王国"及其狭隘的内涵重新推向了历史。当时的中国依旧没有完全摆脱紫禁城所代表的传统中国的影子，其传统价值观依然牢牢地固守着滚滚而来的全球化浪潮对中国堤坝的冲击。这种价值观强调中国在 19 世纪 40 年代在西方殖民主义的势力下被迫开放是屈辱和悲剧的。尽管西方势力在科学、技术和军事方面较为先进，但中国人仍将其看成是文化的入侵（Elleman, Kotkin, 2010）。一个半世纪以后，西方殖民主义的侵略对中国传统的政治、社会体制产生了较大的影响。中国人不得不第一次承认现代国际体制的现实。从那时起，中国一直在试图解决一个根本性的问题，那就是怎样以及在何种程度上达到与世界经济接轨？

那个问题的答案可能一直深藏在紫禁城的后殿之中。紫禁城是依据公元前 206 年到公元 220 年古代空间设计理念建造在长安（即今天的西安）的汉代最初的宫殿而建造的。这些规则明确要求主建筑从北至南沿着一条中心轴线分布，侧面由小型建筑呈平行线状对称布局（Antoniou, 2001）。紫禁城是中国从明代到清代末期的皇宫，坐落于北京城区中心，将近五百年来紫禁城都充当皇帝及其亲属的居所，同时是皇宫礼仪与政治中心。顾名思义，紫禁城禁止大多数外人进入（Dispatch, 2000）。从历史上讲，紫禁城不仅代表了中国悠久历史以及根深蒂固的文化优越感和政治力量，而在当下，它也具有抵御全球化力量的重要象征意义。

图 1-1　坐落于故宫的乾清宫向游人开放

（来源：huijian Jeffery Sun 摄）

当我们把中国的对外开放比喻成“走出紫禁城”时，我们应该超越它的象征意义和地理概念，去审视更为广泛的微观机制，从而来解释当时中央政府果断决定“走出去”的结果。当中国新任领导人决定追求现代化和全球一体化时，他们开始减弱中央计划、国有制、平均分配而促进市场经济迅速发展。然而，任何重要的宏观机构变革都不是一朝一夕所能完成的，而是基于组成社会结构中的个体的“微观经历”的不断重复，如一系列的互动行为和随之而来的依靠认知基础的行为（Collins, 1981, p. 985），从而通过这些条件以及微观情景安排而生产出一种机制来激励人们以某种方式行动（Collins, 1981, p. 989）。

当深入到微观分析的领域时，我们不能忽视更为广阔的背景中古代中国的跨国交往行动和当时与世界各地的联系。事实上，回溯中国历史上重要的对外联系的事件，我们可以发现很多与今天中国人跨国交往实践和全球联结相关的微观机制，这值得我们进行简单的回顾。

图 1-2　最大的电子零售集团“百思买”，位于上海南部

（来源：孙嘉明摄）

四、从“丝路旅者”到“海归”

追溯到古代时期，丝绸之路在中国与周边各国贸易、宗教、文化和政治关系方面起着特别的作用，这种情形在唐代达到顶峰而后逐渐减弱。更切中本书要点的是，丝绸之路使得中国和其他国家之间通过团体和个人的旅行，从而建立了多样化联系。

丝绸之路是对亚洲大陆各地区之间文化交流非常重要的一系列贸易和文化传播路线，在历史上的不同时期，它通过使中国和地中海的贸易人员、商人、朝圣者、僧侣、士兵、牧人以及城市定居者彼此建立联系而串联了东西方（Eisseeff, 2001; Kleeman, Barrett, 2005）。有一种观点是把丝绸之路看成中国长安（即今天的西安）与小亚细亚半岛地区、地中海的贸易联结，从沿海到内陆延伸 8 000 千米。丝绸和陶瓷一样，是中国对西方的重要出口产品，也是中国文明与埃及、美索不达米亚、波斯和罗马文明的纽带（Eisseeff, 2000）。中国的丝绸出口，尽管面临着一些竞争，但是激发了丝路绿洲上的养蚕业和纤维制造的发展以及中东城市的发展（Chanda, 2007; Lu, 2002）。丝绸之路还促进了中国或亚洲与欧洲地区早期的科技与艺术（包括音乐）之间的跨国交流（Toto, 2001）。

当丝绸之路成为连接中国和中亚及周边地区的主要贸易往来路线时，人们的交通工具局限于骆驼和马。尽管采用的是原始交通工具，但这并没有阻止丝绸之路上更大范围、更加频繁的商业往来活动。这种人类的跨国交往行为，不仅仅是商业交易活动，更创造和延伸了边疆定居者和流动社区人们之间的互动交流。尽管相对于今天，那时的互动交往需要花费很长时间，然而在丝绸之路上人们交往的规模和频率却是意义重大，它比国与国之间的政府层面的交往更加促进了社会变迁。近几十年，随着商用飞机和互联网的发展，中国的人本全球联结正在迅速增长。相比于丝绸之路时期，今天的中国建立了更多国家层面的交流，拥有更广泛、更强大的关系意涵。此外，微观层面的人际交流增强了正式的和行为上的转变，这需要更加系统而聚焦的探查。从这个意义上来说，“丝绸之路”是当代中国全球联结的先驱，它为各民族之间相互往来和融合以及对人们生活带来的变化，远远超出了边境贸易本身。

扩展中国人全球联结的另一个重要方面就是，越来越多的外国留学生留学中国，本书在后面章节中还会继续阐述。1950 年，中国迎来了来自东欧国家的第一批 33 位留学生。半个多世纪以后，曾在中国学习的留学生遍布世界 100 多个国家（China.org.cn, 2004）。2003 年，来自 175 个国家和港澳台地区的 77 715 位留学生在中国各省、自治区和直辖市的 353 所大学和科研机构学习。2004 年教育部实施引进 120 000 位外国留学生的计划，同时承诺进一步完善留学生的综合医疗保险，提高居住和学习条件。获得奖学金资助的外国留学生的数量从中国成立奖学金委员会时的每国 4 000 人增加到 2010 年的 20 000 人。

中国奖学金委员会数据显示，2010 年来自世界 188 个国家和地区的 190 000 位留学生来到中国学习，几乎是 1997 年的 5 倍。其中，75.73% 来自亚洲，11.67% 来自欧洲，9.37% 来自美洲，1.95% 来自非洲，还有 1.28% 来自其他地区（中国财经，2006）。2010 年国务院拨款 8 000 万元用于国际留学生的奖学金，地方政府拨款 1 100 万元。这些奖学金惠及 22 390 位国际留学生，同比上年增长 22.7%（《中国日报》，2011）。到 2020 年，中国希望有 50 万海外留学生来华留学（王, 2008）。

中国与外国互派留学生已有 100 多年历史，尽管在数量上并不对称。20 世纪 40 年代中国第一代留学生到美国留学。其中一位是教育先驱容闳，就读于马萨诸塞州的斯普林菲尔德的孟森中学（后来的韦伯拉汉蒙森中学），后考入耶鲁大学。毕业后，容闳成为华盛顿特区和部长陛下的特命全权公使并成为中国教育部改革运动的领袖。逝世后葬在康涅狄格州的哈特福特城附近的公墓（Culin, 1887; Ye, 2001; Zweig, Chen, Rosen, 1995）。中国后几代留学生跟随容闳先生的步伐，前赴后继去往美国和欧洲。比如，中国领导人周恩来和邓小平都曾在 20 世纪 20 年代出国留学（Benton, Pieke, 1997; Ye, 2001）。

大多数留学生学成后留在了国外，少数留学生在 20 世纪 50 年代怀着服务新中国的理想回国参与建设。尽管过去的一个多世纪中国留学生经历了坎坷而多变的西方求学历程，最新的资料表明，在大批学生出国留学的同时，也有大量留学生学成回国。虽然出国留学定居的人员比归国的人要多，然而中国的海归们已形成了跨国界的交际网络，这种人本全球联结对中国的国际地位进一步上升起到了更大的作用。

本书的第七章将会对中国海归进行更加详细的分析，从中足以看出大批的学生和专业人士在西方尤其是美国取得学位后回到祖国。20 世纪 80 年代由中国政府公派资助的第一批留学生，到他们取得学位或者完成访学活动有义务回国，在 20 世纪 90 年代仅有少数留学生未经政府资助到国外取得学位和工作经验的而回国参加建设。到了新世纪，回国的潮流已汇聚成河，越来越多有成就有经验的海外中国专业人士选择回国追求他们学术和事业发展。

数据显示从1978年到2009年末，出国留学的学生达到1 600万，截至2009年，选择回国创业的留学生有50万。2009年中国的海归数量超过了10万人。其中81%是科学院的研究员，54%是工程院的研究员，“863工程”[1]中72%的主要科学家是海外归来做贡献的留学人士（Lin, 2010）。

过去十年以来，归侨中华全国总工会和中国海归北京联合会为了促进知识分子能够更好地服务祖国举行了很多活动。与省级联合会合作，全国总工会帮助400名海外学者开展研究，设立诸如“2008北京奥运会”、“西部大开发”和“社会主义新农村建设”等600个高科技项目，而且帮助启动了100个合作项目（Lin, 2010）。海归吴敬琏、林毅夫（世界银行的经济学家），以及樊纲入选“中国最受尊敬的经济学家”，20多位海归成为“中国最具影响力的公共知识分子”（杨, 谭, 2006; 周, 2008; Zweig et al., 1995）。在2006年的国家自然科学奖的获得者中有66.7%是海归，国家科技发明奖获得者中有40%是海归，国家科技进步奖的获得者中有36.6%是海归。

五、义乌：催生跨国交易和全球联结的商人之海

在分析全球大都市上海之前，我们可以初步来看看比上海小得多的城市浙江省义乌市，有助于进一步剖析中国人的跨国交易活动和全球联结。拥有“商业的海洋”、“购物天堂”的称号，义乌被标榜为世界上小商品交易的最大市场，58 000个展位，200 000名商业活动者，遍布34个行业的1 502个门类的320 000种商品参展[2]。义乌进行的90%的商品交易都是跨国贸易，每天都有1 000个集装箱运往206个国家和地区。义乌已经成为我国最大的制造业商品国际流通、信息交流中心和主要出口集散地。

有这样一种说法，如果你在义乌商品城中参观每个展位用时3分钟，每天花8小时来参观，这样的速度要想完全参观完整个义乌商品城需要至少一年的时间。对于商人来说，正如上述的说法，义乌是布满金矿的，以至于那里有很多致富的机会。2007年上半年，这座城市的贸易额达到8 000万美元。世界各地的商人齐聚义

[1]　“863计划”或国家高科技发展计划是由中国政府资助，旨在促进各个领域的高科技发展，从而实现中国相对外国科技的独立性。

[2]　联合国数据显示，来自世界各地500 000种商品参展。

乌，2006 年注册的外国人达到 130 000 人，超过 10 000 外国人长期定居在义乌。就外国人口的密度而言，这座城市恐怕要数中国第一。有人会问，为什么这样一座小城市能如此吸引外国人（Crienglish.com, 2007 年 12 月 28 日）。义乌坐落于浙江省中部，总占地 1 105 平方千米。辖区内有 7 个街道 6 个镇，有总人口 1 600 万，包括 680 000 当地户口的居民、750 000 非本地居民和大约 200 000 流动人口。

图 1-3 义乌市场上的圣诞特卖

（来源：www.flickr.com/photos/msitting/1397033693）

义乌有几大地理优势：面向太平洋，南邻广东、福建，北邻上海，东面是第二大东方港口 —— 宁波。义乌距离上海 300 千米，距离省会杭州 120 千米。

由国务院批准，国家商业部、浙江省人民政府和中国国际贸易促进委员会资助，义乌连续 10 次成功举办国家小商品博览会。2004 年，义乌提供 3 000 个展位，吸引了来自 142 个国家和地区的 1 700 家企业和 82 667 位职业经理人。每次中国会展行业的年会上，义乌被冠以会展行业的模范和最有潜力的会展城市，跻身全国最有魅力的会展城市前十名（Dwnews.com, 2007 年 1 月 15 日）。

义乌有着很多关于外国人的跨国交往实践和当地人的全球联结的故事。例如，阿齐米（Azimi）是一位阿富汗斯坦的留学生，在北京留学毕业后来到义乌创业。和其他在此创业的外国商人一样，他办起了一个贸易公司并且能够讲一口流利的汉语。回想他快速创业的经历，阿齐米说：“当我表哥告诉我中国有个城市叫义乌，听起来就像YOU，我并不知道它在哪里。”2001年，他第一次来到义乌，阿齐米看到了义乌早期阶段的小商品市场，留下了深刻印象。他完成学业后，决定到义乌去创业，城市的快速发展给他带来了巨大的利益。最初，阿齐米计划在义乌停留一年，以便在继续学业前挣些额外的钱。然而，他改变了计划。“现在我决定继续留在义乌，因为我的生意发展得比我预想的要好。”现在阿齐米向许多国家销售日常使用的各种小用品，也包括美国。和这座城市的其他商人一样，阿齐米把义乌看作他的生活和事业所在地（Crienglish.com, 2007年12月28日）。

在另一个商业投资人英国的特里·哈雷（Terry Harley）的故事里，他解释了他为什么来到义乌。“我在英国一档新闻节目中看到，欧洲人到义乌去经商，所以我就决定过来了，我很高兴我能来到这里。”特里·哈雷代表了许多在义乌实现商业梦想的外国人，正如他们所说：“我们通常从事首饰和配件方面的生意，我们来到义乌的原因都各自不同。”“我来这里是看中了这里的小礼品，然后用新西兰的商标带回去。”“我是做人造纤维生意的，义乌是一个特别的地方，你想买什么应有尽有。”（Crienglish.com, 2007年12月28日）

当外国人在中国居住经商之时，他们带来了机会，架起了中国本土与他们的祖国的桥梁。义乌小商品市场的繁荣反映了微观层面的跨国交往行动，也是由中国人的全球联结使得海量的“小商品”汇成了强大的国际贸易浪潮的一个缩影。浙江省及周边地区还有很多其他像义乌这样的城市，这些城市形成个体制造业和贸易的城市集群，产生了全球化商业，以及当地居民和移民之间的联结与交流。在形成和维持这些跨国交往实践过程中，全球与本土的联结、贸易网络，以及外国人变成了当地居民，本地的企业家则成为全球经济的内在组成部分。这种微观层次的全球化确实证明了当今社会就是由一系列的伴随着时空纵横交错的全球互动体验的个人的联结（Collins, 1981, p. 998），这似乎就是中国人的个体全球化（Global-I-zation）必不可少的元素，也是本书要陈述的主题。

六、本书的结构

“华人全球化”使用了一种关系推理的微观视角来观察中国人跨国交往实践和

全球联结进而产生促使本土变迁的力量。具体来说，通过使用民族志方法、历史分析法和现有数据分析，本书讲述了中国人的微观全球化的特征，以及中国人是怎样走向全球化的。中国人的“个体全球化”（Global-I-zation）是贯穿本书的线索（第二章、第三章将会讨论 Global-I-zation 的概念）。作为个体的中国公民被描述为跨国交往的行动者和全球联结的人本联系者。为了理解中国人的全球联结的跨国行动和社会后果的驱动力，我们在后面章节中将使用这种方法来介绍全球联结的类型和本土变迁的模式。

第一章主要是了解跨国行动、全球联结和本土变迁之间的多方面的关系，通过文化和科技进步由此产生的各种跨国交往，从而确定关于中国人本全球联结概念的内涵和外延。第二章是从宏观与微观的角度对全球化进行了理论探讨。宏观视角是说明跨境贸易、投资、金融交易、商品链和移民流动的聚集性，体现了当代全球化的特征和过程（Held, 1999; McGrew, Lewis, 1992; Sheppard, 2002）；微观视角则强调人本全球联结是建立跨国交往关系的中心机制和具有桥梁作用，由此引发价值、态度和行为的变化。全球本土化（Glocalization）和本书作者创造的词语“个体全球化”（Global-I-zation）在以后章节将要讨论。从微观视角看全球化，我们可以看到中国人日常生活中的跨国联结作为突出的特征，已经或正在形成了宏观层面的社会变迁，这可作为一种系统性的经验分析的微观情景和微观基础。这样的微观基础不仅仅是共享电视节目和追逐世界品牌产品如耐克品牌鞋，而是一种将人们的全球联结通过或短或长的社会和空间距离捆绑在一起。无论从短期或长期而言，它具有潜在的触发文化适应、社会融合和普遍认同的功能。

第三章关注的是作为微观经验的全球联结如何对本土社会和社区产生强烈影响，反过来影响宏观社会结构的变迁。我们将把全球 / 个体联系作为一种新的全球 / 本土联结来讨论，为了使读者信服这种全球联结和本土变迁结果之间的关系，我们将列举一些跨国行动的例子。本土社会变迁表明宏观模式的变革以及体现在人们观念和行为这一微观层面的聚集变化。作为一个分析框架，展示了一种简单的关于全球联结的类型学，有助于读者分析此书并进一步探究怎样以及为什么本土社会变迁是由于强化了的跨国行动和全球联结引起的，为什么跨国行动和全球联结既是必要条件又是充分条件。

把华人全球化放到微观情境中分析，第四章提供了一个广阔的历史视角来介绍这些跨国行动和全球联结是如何随着时间发展和演变的。简要浏览中西方早期联系，中国的现代化进程可追溯到 19 世纪末期到 1979 年改革开放时期。通商口岸的买办、传教士，还有出国留学的热潮，都被强调为一种跨国行动的微观渠道。

第五章从宏观到微观层面展开了中国跨国行动和全球联结的经验分析。通过关于城市、组织、群体规模到个体层次的全球联结的民族志和文献资料，来分析诸如出国留学、跨国婚姻、海外经商、境外旅游以及浏览国外网站等行为。本章总结出个体全球联结的四个模式进行类型学分析，通过丰富的数据和案例分析来理解全球联结的多样性和对本土社会日常生活的多重影响。

第六章详细介绍跨国行动、全球联结是如何影响本土社会变迁的，从物质 / 精神维度和外部 / 内部维度进行考察和评估。读者可以通过对民族志资料、现有统计数据和其他实证数据来理解包括文化景观、消费、生活方式和价值取向等侧面的社会变迁。本章还将使用更多系统性的数据来说明跨国行动和全球联结对宏观的本土社会变迁所产生的影响。

第七章通过一系列基于民族志和文献的具体案例分析，使用质性研究方法来说明跨国行动和全球联结是如何引起社会生活的方方面面的变化的。这些案例会提供更加丰富广泛的论据来支持这一论断：人本全球联结是社会变迁的强大宏观影响和结果的重要驱动力。

本书的基本前提是，目前有关全球化的文献主要以跨国贸易和文化传播等宏观层次的研究为主。而本书旨在通过提出微观层次的关系性方法来分析中国不同类型的人本全球联结如何影响个体的价值观、态度和行为进而实现本土社会变迁的重要结果，以弥补现有研究的不足。第八章通过概括全书的内容得出一般性结论：跨国行动和全球联结将形成聚合的社会结果。并进一步地预测跨国行动与全球联结是否有可能和怎样才能培育成一个全球民间社会，而这一全球民间社会能很好地协调与平衡全球社会身份认同和以及多元地方价值观和个体行为。

第二章　如何理解人本全球联结

以人为基础的全球联结（人本全球联结）不同于以计算机设备为基础的，或以物质为基础的全球联结。要想理解人本全球联结，首先必须理解全球化。一般来讲，我们可以从微观视角或宏观视角看待全球化。宏观全球化强调将大规模的跨境贸易、投资、金融交易、商品链和文化传播作为当代全球化的特征和过程，将整个世界、民族国家、城市或者机构作为观察单位。通常来说，宏观全球化是建立在比较和历史的基础上的（Held, 1999; McGrew, Lewis, 1992; Sheppard, 2002）。微观全球化关注的是发生在人们的跨国行动中的社会行为、态度和观点变化的一般模式，把人们的全球联结视为全球化的根本机制，并以个体的人为观察单位。显然，这是因为全球化不仅反映了不同国家的企业之间联系日益紧密，而且也使世界各国人民之间的普遍联系增强了（Held, 1999; Jameson, Miyoshi, 1998; Tomlinson, 1999）。

从更抽象的层次来讲，“所有宏观的论据，都是来源于微观经验。每个人的生活体验是一系列微观情景；而世界上所有这些个体微观体验的总和，则构成所有可能的社会学资料”（Collins, 1981, p. 987）。由于个体的跨国行动和全球联结是微观事实经验，近几十年来已经成为共识，我们可以把这种现象定义为微观全球化。微观全球化意味着不仅仅是看同样的电视节目、追求同样的世界名牌产品，诸如耐克鞋之类的；它更是意味着建立跨国界和跨文化的社会关系，以及在地域空间或文化意义上的接近性。因此，社会学家研究微观全球化的重要性正在于微全球化现象根植于大规模的跨国行动和全球联结之中。理解和认识不断强化的跨国界的人与人之间的联系及其对当地社会的影响并以此来界定全球化的重要维度也许还有很长的路要走。本章我们将通过引用相关文献来证实我们的观点。

一、宏观全球化（全球化的宏观视角）

第二次世界大战后，20 世纪 60 年代经济持续快速发展，学者们开始关注世界的未来并且发展了与此研究相关的理论。20 世纪 60 年代，根据麦克卢汉（Marshall McLuhan）对传媒趋势的研究，世界被定义为“地球村”（McLuhan, Agel, Fiore, 1968）。虽然，麦克卢汉创造了“地球村”来形容那个时代的世界各地的人们通过媒介来传播爆炸性新闻，建立即时联系，但是他的想法被忽视了很多年。然而，世界经济发展的全球性宏观视角则可追溯到马克思和恩格斯的经济全球化理论。

（一）马克思主义的传统

在《共产主义宣言》中，马克思、恩格斯指出：现代工业创造的不仅是世界市场，还有资产阶级在全球持续扩张的市场需求，以便“到世界的任何角落，定居下来，建立联系”。资产阶级，随着生产工具的迅速改进，以及交通和通讯工具的巨大更新，将一切甚至包括最野蛮的国家推进到了文明时代（Marx, Engels, 1952）。

更为著名的是，马克思用“生产方式”的概念来强调社会如何解决生产工具和社会关系发展的矛盾。尽管马克思的同代人视其为“超凡脱俗”的圣灵，认为马克思的“生产方式”的论述是矛盾的和偶然的历史安排的观点持续了一段时间，然而，它毕竟奠定了历史发展的阶段（Sassen, 2003）。

马克思认为物质生产方式决定社会、政治和精神特征（经济基础决定上层建筑）。不是社会意识决定社会存在，相反，是社会存在决定社会意识（Marx, 1967）。在某种程度上，全球化从本质上来讲是一种经济现象，因而经济起着主导作用。全球化的其他方面或者是经济全球化的结果，或者是由经济全球化引起的。

基于宏观全球化的观点，经济全球化包含以下几个因素：

• 不同国家之间的商品、服务、资本、人力资源自由流动，循环增长。

• 伴随着持续的经济联系的增加，全球经济资源在国与国之间流通。这些联系并不是孤立的，而是相互影响的。

• 首先是在生产和市场领域，由于资本和技术流动的商业活动增强了全球联系。全球联系的增加缩短了国家之间的差距，形成了更紧密的相互依存关系。

• 世界各国的经济正变得更加开放和相互融合。各个国家经济发展和变革在世界经济体系中相互影响和制约也越来越大（Cap, 2002）。

显然，世界正经历着宏观全球化的社会体制和生产方式之历史发展演变过程，而其过程是由最初的由空间和地理构成的世界，到时空的压缩（Schmidt, Hersh, 2000, p. 2）。

（二）“世界体系”和“世界城市”视角

有关宏观全球化的或者全球化的宏观视野可以追溯到世界体系理论，该理论有助于理解资本主义本质、结构和全球规模的运动。世界体系理论集中关注核心国家之间争夺霸权的差异和竞争。在经济领域，全球化预示着新建立的国际经济关系，它不仅仅是单一的商品、资本和商业服务的全球市场，而且是生产过程与跨国公司对生产所有权、控制权的角逐的市场。

“世界体系”学说是由沃勒斯坦（Immanuel Wallerstein, 1976）在20世纪70年代创立，显然，其直接关注的不仅仅是对全球体系本身的分析，而且揭示了作为整体的当代资本主义世界体系中的层次结构。沃勒斯坦的世界体系的主要观点是基于自14世纪末期开始的西北欧经济和政治影响的地理扩张。沃勒斯坦设想了世界体系中的三种结构地位。按照与其他地区交换关系的性质划分，可分为：（1）核心国家，出口资本和技术密集型的产品；（2）边缘国家，依赖于劳动力和资源密集型产品；（3）半边缘国家，以上两种方式都有（Wallerstein, 1976）。

然而，世界体系理论受到了批评，因为它忽略了本土的条件和结果（Appadurai, 1996），而这些方面恰恰是全球化方法所关注的。斯克莱尔（Sklair, 2002）认为基于国家之间关系的世界体系正被跨国经济、政治和社会结构主导的全球体系所替代。他指出一种新兴的跨国资产阶级形成了利益共同体，把世界经济组织起来，以其自身利益，与世界体系进行竞争，这恰恰与国家资本主义的观点相反。

概而言之，参与同一世界体系的标准如下：（1）广泛而持续的贸易联系；（2）某个地区或民族之间永久或周期性的政治联系，包括中心—边缘—内陆关系和

霸权 / 竞争关系、过程；（3）分享经济、政治，以及文化传承。而认识到这些因素的相互制约和影响对于研究世界体系至关重要（Denemark, 2000）。

世界城市体系理论则是由把世界看成单一体系的观点发展而来的。30 多年前，沃尔顿（Walton）认为世界城市嵌入于世界体系之中（Walton, 1991）；后来，萨森（Sassen）认为全球城市是全球循环系统中的枢纽环节（P. Knox, 1997）。显然，这两种层次的体系有重叠部分同时也相互强化（全球城市凭借开拓市场的能力，成为分布广泛的跨国公司的控制中心）。因此，当今全球化的重构可能带来城市、地区、国家以及全球体系中彼此关系的变化（Dunaway, 2003, p. 124）。

从全球体系视角到全球城市视角的转变，理论上的焦点集中在城市的定位，如同任何复杂的系统，它是由以下三种因素构成：（1）体系中各部分的数量和规模；（2）各部分之间的联系与整合；（3）各部分的分工、差异、多样性以及层次关系。一个关键性的结论是全球城市是世界经济活动的关键点，城市体系主导了世界经济活动。在这一范式中，世界城市体系是全球资本主义发展的空间产物。城市很重要，因为它们集中地体现了核心经济实力的定位（Lo, Marcotullio, 2001）。

世界城市的观点也进一步关注于城市的联结与整合。从经济上来看，史书记载表明城市间的贸易往来，就是以低成本、高价格的商品与高成本、低价格的商品进行交换。同样也有一个普遍的扩张和贸易商品的多元性，于是在世界商品目录中不断增加新的产品和信息。这种整合甚至在日常生活中也可见到。例如，一个世纪以前日常生活用品大都是本地生产的初级产品，只有少量珍藏品比如瓷器（来自中国）或者蕾丝（来自英国）等进口产品。今天，相当高比例的日常用品都是来自世界各地的。

从方法论上而言，世界体系是一种国际分工，少数富有群体享受着地球上不均衡分配的资源，通过政治、经济手段，有时候也包括军事手段来巩固他们的地位（Amin, 1976）。然而，全球化作为一种实质性现象，广义上来讲，指的是一系列社会、政治、经济和文化的行为的变化，这种变化是由里到外、由形式到内容的转变，它是基于不断增加的空前的相互联系和相互依存。全球化使地球成了一个单一的全球地区或者全球领域（Rosenau, Singh, 2002）。

（三）商品链理论

进入20世纪80年代以来，技术进步和发明降低了国际交通运输的成本。信息革命促进了世界各国形成明显的共识，那就是贸易和开放市场为繁荣提供了最好的路径。理论既反映现实也解释现实，于是各种概念比如全球网络、商品链和全球资本主义理论应运而生。

伴随经济全球化而来的是灵活的专业化，或者是新的、技术上创新形式的组织，通常这些组织的设备投入较低，而生产效率较高，以及生产运行时间较短。在今天的全球工厂，生产单一产品往往跨越多个国家，因为每个国家都有生产任务环节中的某项成本优势，因此这一商品链的过程使全球联结成为可能（Gereffi, Korzeniewicz, 1994）。

商品链指的是生产活动的整个过程，包括设计、生产和跨国界的市场营销。这个学说的关键点在于消费者驱动和生产者驱动的商品链。20世纪50年代和60年代的日本、20世纪70年代和80年代的东亚新兴工业化经济体（NIEs）、20世纪90年代的中国成为世界级出口大国，掌握了消费者驱动的商品链的动力，提供了大量的劳动力密集型产品，如服装、鞋类、玩具和运动器具（Geriffe, Pan, 1993）。东亚消费者驱动商品链成功的关键是从进口产品的单纯组装（传统来讲伴随着出口加工区）到自主整合和更高附加值的出口产品，也可称为全包装产品或者原始设备加工产品。

在服装商品链中，不同类型的主导工厂使用世界各地不同的网络和资源。零售商和市场营销人员依赖于全包装资源网络，他们主要从亚洲采购服装，生产地如香港、台湾以及南亚有史以来都是对这方面比较专业的。

商品链分析方法展示了生产、分配和消费是如何由跨国界（跨组织）的社会关系所组成的，它包括了诸如采集、生产、流通、销售和消费一系列过程。Geriffe关于“商品链”的观点也促进了以网络为基础的全球化理论的发展。全球商品链（GCC）的主要框架是分析世界经济的核心地区和边缘地区，包括中间地区或者半边缘地区。全球商品链理论的拥护者进一步阐述其理论框架，认为出口机会正是为了第三世界的厂商而创造（而不是顺便为之），换言之，解释了通过全球化生产、贸易和消费网络，这些商机是如何打开或让位于第三世界的厂商的（Pietrobelli, Sverrisson, 2004, p. 17）。

二、微观全球化（全球化的微观视角）

约翰·汤姆林森（John Tomlinson，1999）认为全球化指的是标志着现代社会生活的相互联系和相互依赖的迅速发展和空前密集，显然是一种强调微观全球化的观点，他用联系的概念来形容全球化。麦克格鲁和刘易斯（McGrew, Lewis, 1992）也认为全球化是在根本上加强了全球联系，它强化了商品、资本、人员、知识、图像、犯罪、毒品、时尚和信仰跨越国界的流动和多样性。跨国网络、社会运动和全球联结几乎涵盖所有领域，无论学术还是两性关系（McGrew, Lewis, 1992）。很明显，那些全球化的论述告诉我们微观全球化意味着什么以及宏大的全球化过程是怎样由众多的跨国实践者和以人为本的全球联结所构成。

在微观全球化文献中一种重要的观点是当地居民如何建立全球联结以及这些联系是怎样随着历史进程而改变的。全球化往往被人们理解为以当地人的视角以及站立在当地人的立场上参与全球整合的过程（Albrow, King, 1990）。另一种微观全球化的观点是将全球化视为历史事件，进而关注跨国行动者在当地背景下的展示和表达。这种观点提供了一种历史性的具体的人，而非抽象的人（McMichael, 1996）。总之，微观全球化涉及基于当地背景下的各种社会联系和互动关系的系统性集聚。每一个人都与其他人联系在一起，并且受到系统对他们的影响。因此，微观全球化增加了人类社会的包容性和统一性（Levitt, 1991）。

吉登斯（Giddens）将全球化定义为密集的世界范围内的社会联系，以某种方式增强了不同地区的人们的关联度，以致某地区发生的事情可以在短时间内以新闻事件的形式传播到千里之外。这是一个辩证的过程，因为地区发生的事件可能从直接观察者传播到其他地区就被塑造成了另外的模样。而本土的变迁正是作为全球化的一部分，是跨越时空的社会联系的一个扩展侧面（Giddens, 2000）。

另一种现代世界体系的观点是由蔡斯 - 邓恩（Chase-Dunn）提出的，他提出“全球互动体系”概念（Chase-Dunn, 1998）。我们把现代世界体系理解为一系列相互嵌入和交叉重叠的互动网络，连接着社会各种分析单元，诸如个体、家庭、社区、企业、乡镇和城市、阶级和地区、国家和社会、跨国行动者、国际地区和全球结构。因此，世界体系不仅仅是“国际关系”或“世界市场”，它是整个互动体系，整体大于任何一个部分（Chase-Dunn, Babones, 2006）。

从微观全球化，或者是全球化的微观视角来看，全球化作为跨社会行动的协调机制，可以被认为是社会整合的竞争形式，也就是哈贝马斯所说的生活世界的一般现象（Habermas, 1988）。在哈贝马斯看来至少有四个“世界”：以实际或潜在的面对面互动为典型的直接的人际关系世界；想象中的人际联系（通过电视等传统媒介）；现实世界（如监测环境中）直接的或主要面向一个团体的关系；系统整合的世界或人际的和非语言主导的媒介的结合，这造成了不包含人类行动或人际关系力量的幻觉。这些“世界”是以不同类型的社会关系和不同形式的媒介为基础的，甚至直接的人际关系不仅仅是物质的，更是由交流和主体间的理解组成的（Bourdieu, Coleman, 1991）。

哈贝马斯关于生活世界和系统的划分提供了微观与宏观对立的两个观点。生活世界观点是一种微观视角，系统的观点则是一种宏观视角。这并不意味着一种视角简单地取代另一种视角，或者是历史的二分法。相反，这里提出了现代性是介乎生活经验（微观经验）和大规模系统整合（宏观结构）的角色之间的分歧。生活世界不会消失，但是：（1）它只能够组织起具有紧密关联的社会活动的那部分人群；（2）它还不能整合系统中所有部分；（3）它能基于交流和互动，通过不断增长的主体间的异质性来完成建设性和理性化的过程；（4）它可以通过运用理性的和具体化的方式，诸如控制论的方式来引导人们理解系统世界中的行动特征（Habermas, 1988）。

（一）作为社会互动的微观全球化

詹姆斯·S·科尔曼（James S. Coleman）曾说过，在现代社会中，社会结构变迁是建立在综合了各方面讨论和意见的许许多多社会变革的基础上的（Coleman, 1990）。他进一步指出社会的组织方式存在质性的变化，这种变化往往暗示了众多含义。他把这种变迁叫作从原始的、自发的社会组织向建构性的社会组织转变

（Bourdieu, Coleman, 1991）。原始的、自发的社会组织源自孩童时期所建立的关系。从这些关系展开，我们可以看到更多复杂的结构：例如，从这些关系分化出了家庭；从家庭中分化出家族；从家族中分化出村庄、部落、种族或者社团（Bourdieu, Coleman, 1991）。自发的社会关系不仅是通过经济上的交换实现，还通过友情关系以及自愿加入的长期稳定的关系来实现。由此看来，社会结构根植于个体之间的关系，而非社区或等级体系中。

令人鼓舞的是，全球范围内的微全球化将人们连接起来，于是，所有重要的物质流动都是在人们跨越国界的互动和交流的基础上进行。这些互动和交流的实质是通过家庭成员或群体之间的各种社会关系，使得当地的个体能够和全球社区的成员沟通和整合。例如，网络空间的全球社会互动显然对人们的世界观和价值观都有着重要影响（McRae, 1997）。此外，这种关系的深度和强度可以导致人们日常生活的根本改变，进而改变本土的社会结构。因为每个人的生活、体验，都是一个序列的微观状况，而社会则是所有序列的个体经验的总和（Collins, 1981, p. 988）。后面章节将会对更多民族志案例进行分析。

社会互动论所使用的是我们称之为自下而上的方式来解答问题。坦率地说，符号互动论属于微观社会学范畴。他们对人们之间如何互动感兴趣：在面对面交流的场景中，群体成员之间是如何行动、回应和互相影响的。他们对机构和社会结构并不感兴趣，也不会建构社会共识和社会冲突的假设框架。对他们来说，人类行为不是由社会系统支配的，而是由社会互动主导的。人们被社会互动影响到这样的程度，即每次互动都会带来观点、期望以及未来社会互动边界的变化。因此，交换或变迁是社会的动态特征。社会是由生存着和行动着的人们创造的；事实上，社会总是在被创造的过程中。功能主义社会学家推崇的社会机构仅仅是象征互动的人造物（Long, 1997）。

因为我们对全球联结感兴趣，我们关注研究跨国行动和全球互动，而非各种类型的机构和结构。而且，全球互动的不同类型似乎非常重要，应该从经验层面来研究，而不是光从理论层面去探讨。传染病的蔓延是人类全球互动的例子。一个简单的分散动力系统可能看起来就好比疾病从最初的一个患病者到更大规模的跨国界感染者群体。然而，疾病的传染性（也就是疾病是否能感染更多人）和群体关联度的随机性之间存在显著相关。除此之外，别无他论。但是，在这个动态系统中显而易见的是，全球动力机制中的磁体（attractor）取决于其耦合类型。就流行病学而言，“小世界”的网络恰恰满足了疾病扩散到流行地区的条件，即这些地区有着不同的人口联结类型（Chen, 2005）。

（二）“小世界”现象

从传染病在人们之间蔓延这一例子，我们可以了解到群体之间的互动和跨国行动在疾病或其他事物的传播过程中起到重要作用。“小世界”现象为这一结论提供了进一步的支持。1967 年，社会科学家斯坦利・米尔格伦（Stanly Milgram）（Pool, Milgram, Newcomb, Kochen, 1989）进行了开创性的实验来检验这一假设：任何大型的社交网络成员（他以美国人口为例）都可以通过中间的熟人这种“短链”彼此联结。为了检验这一观点，米尔格伦引进了一项创新方法，他将类似于“护照”的数据包裹邮寄给内布拉斯加州和堪萨斯州几百个随机抽样的个人，最终目标是要求他们把这一包裹寄送到在波士顿地区可选择的两个收件人（“靶”）中的一个。米尔格伦为这个项目设定的目标有额外的条件，每个人只能寄包裹给他们认识的或熟悉的人（在报告他们的人口统计特征之后），而那些人是他们认为更可能知道那个“靶”的人。为了帮助他们做出决定，米尔格伦提供一些关于“靶”的信息，包括他们的名字、地址和职业。然后他通过要求每位参与者撕下数据包裹中的卡片直接寄给他在哈佛大学的办公室，以此来追踪这些参与者。

基于以个体为分析单位的这项实验的研究结果表明，在美国的任何一个人都能和另一个人建立联系，中间至多通过六个人（朋友或亲戚）的联结。此外，小世界现象使一个非正式概念正式化，也就是我们和地球上的任何一个人都是“六度隔离”（Schepisi et al., 1993）。几乎每个人都熟悉这种感觉，在聚会上或者某个公共领域遇到一个陌生人，短暂的谈话之后，意外地发现他们竟然认识同一个人。他们喊道：“这世界真小！”小世界现象就是这种经验的广义解释：即使两个人没有共同的朋友，他们之间也仅仅只有一个短链的中介将他们分开。

由于这项研究的方法论与宏观视角的研究截然不同，研究结果也令人惊讶，因此，在社会学领域有广泛的影响，并在当今的全球化世界仍然有其意义。通常来讲，人们关于社会的观点主要局限于其整体结构，或者是人的群体。人们比较少地关注社交关系，比如朋友、亲戚和熟人。然而，人们在任何既定情景中都离不开互动，也因此与他人联系并建立关系，甚至与国外的人建立各种关系。当然，世界范围内互动的目标是意识到人们共同的意义、相互交换观点和整合行动。

（三）体验全球化：跨国行动和全球社会化

过去的几个世纪以来地球上人类互动的频率和范围迅速增长，导致全球联结的形式化和制度化的加强。从微观视角来看，全球化是由一系列的个人体验组成，包括跨国行动、构建跨国的人际关系、消费海外进口商品、共享异国文化风情等等。随着跨国实践的增加，全球社会化开始崭露头角，并致力于理解和促成在国际层面的相互合作（Pietrzyk, 2001）。全球社会化是这样一个过程，在此过程中跨国行动者通过与自己所拥有的文化元素的适应或组合来吸收外来文化的内容。

体验全球化和全球社会化涉及相对应的参照系由个体和国家层面转向更为普遍的和跨国界的层面（Roberston, Khondker, 1998）。与现代化理论不同，全球化理论包括三个关键要素：时空重组、抽离性和反射性，每个要素都表明了社会关系更具有普遍化的倾向，并且更加包容（Giddens, 2001）。

随着跨国实践的增长，本地和跨国界的不同团体之间的社会关系越来越复杂。这种关系强化了全球社会化是必要的这一观点，由于体验全球化从根本上来说是人类跨地域界限的一种互动现象，这也使全球联结比以往更加密集。

传统来讲，社会化是长辈教育晚辈以实现文化的稳定性和延续性的一个过程。我们知道文化有其基本特征，比如可以分享和融合，因此社会化能够发生在与熟人或陌生人接触过程中或者主动寻求与朋友的互动之中。的确，我们的生活植根于所处的物理空间并且受到这些客观环境的影响，比如我们的家、我们生活居住的社区，我们工作和休闲的地点，以及通过更为复杂的社会—空间关系而超越本地范围。然而，在全球化时代由于高科技的发明，人们生活的场所本质上不同于以往地理概念中“地方”，人们几乎可以到达任何一个地理范畴上的区位。他们可以跨越这些区位，建立新的互动模式、新的社会关系形式以及基于共同兴趣和爱好而聚集在一起，而不是区位上的简单并存。尽管社会互动、亲密关系和区位在传统的地理范畴的概念中很重要，但是在全球化时代，“社区”的概念早已超越地理范畴。世界各地不同文化背景的人们齐聚一起，尽管会发生冲突、摩擦和矛盾，但那些不同的文化要素依然会相互适应和融合（Sanderson, 1999）。由于高科技的发展，互联网上所进行的虚拟社会交往已占据世界人口的重要比例，因此，人们的全球化体验可能达致有史以来的最高的复杂程度，同时，这也挑战着全球社会化对人们的影响。

三、从全球本土化（Glocalization）到个体全球化（Global-I-zation）

全球本土化（Glocalization）是一个术语，这个术语为了解释产品和服务的全球化在其能够有效适应本土市场时更容易取得成功。这个词语是全球化（Globalization）和本土化（Localization）的结合体，表示全球与本土互动或者全球和本土的联结。简言之，全球本土化指的是全球化与本土环境相适应的过程（Epitropoulos, Roudometof, 1998）。

在牛津词典中，Glocalization 源于日本 dochakuka 这一概念，最初指的是农业技术需要因地制宜，以适应当地农业条件（Elliott, Knowles, 1997）。20 世纪 90 年代初，这一词语成为流行语。根据关注流行词汇研究的社会学家罗兰·罗伯逊（Roland Robertson）的说法，全球本土化表述了当地在全球化压力之下因地制宜的调和作用。在 1997 年的“全球化与本土文化”会议上，罗伯逊说全球本土化意味着“一种普遍与特殊趋势的同时性和共存性”。他用全球本土化这一概念来解释全球社会过程是如何选择性地被重新定义和调整的，以适应当地文化的缘故（Giulianotti, Robertson, 2009）。通过详细分析说明全球化和本土化的两方面要素，全球本土化（Glocalization）这一概念是国际交流过程中能把握和概括全球化进程的最合适的分析框架（Ebo, 2001, p. 23）。世界各地麦当劳餐厅的增加就是全球化的典型，为了迎合当地口味，这些连锁餐厅的菜单变化正是全球本土化的一个例证。比如香港的一家麦当劳餐厅为了适应当地人的口味而出售米饭和面条以促进营销。

全球本土化指的是全球—本土的互动与联结。从商业意义上来说，它代表企业主为了促进商品在全球不同地区和文化背景下的销售而迎合本土条件（Moulaert, Rodriguez, Swyngedouw, 2003）。它还需要考虑如何使全球的话语构成以当地的和民族的文化方式加以表达（Epitropoulos, Roudometof, 1998, p. 187）。雅虎在全球的成功往往部分归功于它的全球化策略，其中包括雇用当地人的团队筛选每个雅虎网站中在这些国家推出的内容。瑞斯特网络公司（Result.com）——一家专门帮助外国公司加速在欧洲市场扩张的网站的主席奥拉（Ola Ahlvarsson）说，“任何以客户为导向的东西都必须本土化，而且其管理也必须本土化，只有入乡随俗，这样你才会成为餐桌上、电视节目中和地区杂志上的话题”（Spiegler, 2000）。

如果我们把“全球本土化”看作是本土与全球互动与联接的概念，那么新的词语“个体全球化”（Global-I-zation）就是个体与全球互动与联接的概念了。显然，这个词语来自单词 globalization，但是把小写字母 i 变成了带有连词符的大写字母 I。于是，原本的动词 globalize，意思是（公司或系统）向全球扩散的过程，转变成 global-I-zation 隐喻以人为本（而非公司或系统）的概念，从一个动词转换成了名词，global-I-zation，创造了一个新词。因此，个体全球化（global-I-zation）指的是全球—个体的互动与联结，通过人们的跨国行动和全球联结来适应全球价值观、态度和生活方式，并把它们转化成个体日常行为的准则。由于适应的过程包含了在全球平台的社会化，个体全球化概念必然和两个维度联系起来：空间维度和社会维度。空间维度表示“个体走向全球”（个体到国外去，周游世界），而社会维度则表达的是“个人在全球范围社会化”（个人受到全球文化影响）。

更具体来讲，“个体全球化”的概念就是想象个体处在“全球流动”或“全球舞台”中，由此来看互动和融合是怎样发生的。个体全球化还要求我们应该深入思考每个人在机会、责任和挑战方面所面临的问题：（1）当今全球化社会的内驱力是什么？（2）为了生存我们应如何为竞争做好准备？（3）怎样保证在工作领域以及维护全球公民身份两方面都能长久成功？

个体全球化最好的贯彻是将制定长期的行动计划付诸我们日常生活中。从这一角度看，个体全球化包括如下因素：拥有全球意识，采取全球行动，建构全球社会网络，实践全球生活方式，准备实现全球公民身份的转型。

（一）社会关系的全球化

滕尼斯使用礼俗社会（Gemeinschaft）和法理社会（Gesellschaft）来描述人类社

会互动和社会化的转变。他认为工业化破坏了乡村生活的亲密和融合的人际关系、家庭的联系以及长期的友情，即他所说的礼俗社会（Gemeinschaft）。反之，工业化强化了短期的关系、个人成就和个人利益，即他所谓的法理社会（Gesellschaft）或者没有人情味的社会。在法理社会中，社会变得特别依赖更多的正式组织或正式的社会关系，比如警察或法庭（Tonnies, 1957）。

礼俗社会和法理社会的重要区别涉及社会联系及其规模、范围和层次的变化。法理社会相对于礼俗社会有着更大的规模和更广的范围。而相比礼俗社会，法理社会中家庭和亲属群体之外的社会距离相对缩小。这一变化不仅使个体行动上升到一个新的阶段，而且提升了社会的文明层次。如今由于人类活动范围的空前扩大，人类交往活动和社会联结已经达到全球范围。显然，随着高科技的发展，人们之间的空间距离大大缩短，有了更多的和别国的人们建立社会联系的机会。过去的三十多年来，个体、群体、社区、社会之间的跨国交往行动和全球联结越来越密集，全球化的加速发展使得商品、服务、观念和生活方式在世界范围内进一步融合，这些都对地方的人口和文化产生了重要影响。

（二）个体的全球融合

纵观历史发展趋势，可以发现我们生活在一个特殊的时代，在这个时代中，政治、经济、文化和社会共同面临着分化，这种分化是自然发生的。认同这个时代以及了解我们的历史，有助于我们看清并决定行动方向。

就社会学角度而言，我们将人类基于社会互动的联系既看作是个体发展的过程，也看成是社会进化的过程。孩子们的社会联结规模和范围局限于他们的父母和亲戚，因此他们的社会化受到与他们最亲近的有血缘关系的人影响，包括价值观和态度。随着他们的长大，孩子们的社会联结有所扩展，他们和家庭外部互动的频率迅速增加，进一步加强他们的社会化。简而言之，个体社会化总是依赖于那些和他们接触最密切以及与他们互动最频繁的人。社会化完全取决于我们与周围人的社会互动与包容，因此社会化激励着我们不断去适应变化着的人类社会的关系网（Hutcheon, 1999）。

社会进化中，社会联结和互动的总和同样遵循类似于个体发育所具有的社会联结的那些规则。传统社会类似于社区，其社会联结主要依赖于婚姻、血缘关系等。

然而，现代社会伴随着大规模、多层次的社会联结，变得更加复杂。就社会进化趋势而言，是从“简单”联结到“复杂”联结。多层次全球联结的真正结果正是我们今天面对或未来即将面临的现代的全球化社会。显然，从历史观点来看，个体的全球联结反映了高层次的社会联结，也表明了社会发展进入了一个高级阶段。

（三）社会和空间维度的人本全球联结

人本全球联结围绕社会和空间联系而展开。跨国投资、国际旅游甚至移民都由社会和空间维度的人本交往和联结组成，这一般取决于起源地和目的地之间的联系。例如，diaspora（移民社群）这个词可以用来解释全球联结，指的是在东道主国家居住和工作但是仍然怀有浓浓的乡愁（社会维度）和物质联系的移民社群（Kelly, 2001; A. Knox, 1997; P. Knox, 1997）。这些移民与祖国的联系包括定期回乡探访、汇款和文化、政治的联系。

总之，以人为本的跨国行动和全球联结意味着包括有形与无形的文化和物质交流活动而产生的结果。随着商业越来越国际化，意味着人们利用祖国和居住国之间的社会、文化联结并从中获得利益。年轻时代身处全球联结的巨大浪潮之中，他们的本土文化情结和民族认同可能逐渐消融。当一个人变得更加全球化，这意味着他/她可能更具有全球意识和全球参考系，以及有意愿和能力来处理国际事务。具有这些特征非常重要，因为我们的日常生活中越来越多地涉及对巨大而复杂的全球/个人关系做出选择和决定。而这些选择和决定也往往由特定的社会/空间情境所制约，并且受到文化、经济和政治力量的深深影响（Dodge, Kitchin, 2001）。

事实上，这种存在于人群中的无数个体的“微观基础”或“微观机制”的重复动作可以用来解释构成社会结构中的社会行动和“宏观模式”（Collins, 1981, p. 985）。后面几章将对以上问题进行进一步探讨。

第三章 让个体回归全球化研究

大多数全球化的研究都是采用宏观的方法从社会结构内部的变革来加以考察的，但是我们可以假设本土变迁和聚集性社会变革是由于“微观基础”或“微观机制”的变化引起的，因而可以通过关系性视角来解释。个体的跨国行动和全球联结则提供了一种关系型方法来间接地或直接地分析本土社会变迁。跨国行动和全球联结作为个体全球化（Global-I-zation）中的个体经验和实践在很多方面对本土社会产生了强烈的影响，从而引起社会运动和变革使得社会结构和宏观模式发生了巨大的变迁。

一、全球—个体关联度与全球—本土关联度

为了理解全球化和本土化的相互交错，学者们使用“全球—本土联结”这个词语（正如第二章所叙）。然而，全球—本土联结确是一个难以理解的概念，因为全球空间与本土领域之间是错综复杂的关系，也是关于本土的多样性嵌入于全球大背景之中的问题（Morley, Robins, 1995）。

全球范围的跨国行动和全球联结的焦点是，发生在本土或全球层次的宏观现象都是建立在“微观基础”上的，因此这种全球联结将个体与大规模的事件联系起来，是本土和全球两极变迁的复杂辩证法的一部分（Roberston, Knondker, 1998）。由于人们的日常生活环境的“微观经验”都受制于本土的和全球的影响，因此很难确定其经验上或理论上的优先性。相反，人们应该同时关注社会 / 空间在本土的、全球的和其他相应（但是不断变化的）地理上的变化（Moulaert, Delladetsima, 2000）。因此，

我们可以把全球—本土联结看成是在动态情景和过程中的社会 / 空间关系的平衡。这种平衡的结果取决于时空压缩中关系强度和个人偏好。因而，正如梅西（Massey）所说，为了衡量时空压缩的力度，全球化过程需要社会性地分化；不同的社会群体、不同的个体使用不同的方式卷入这种潮流并相互联结（Massey, 1994）。

正如第二章所言，全球—个体联结指的是包含全球价值观和生活方式与个体行为相适应的全球联系。这一观点不仅和个体全球化（Global-I-zation）有着直接的联系，同样可以解释学术界关于社会化的争论。个体全球化的概念很好地表达了空间—社会联结："个体走向全球"或"个人在全球范围社会化。"由此可见，全球—个体联结存在于个体层次的（微观情景）以人为本的跨国行动和全球联结中，它对本土社会结构的变迁（宏观结构）产生中介效应。从这个角度来看，我们可以做出假设：一个地区的人本跨国行动和全球联结越强，那么这一地区的社会变迁越容易发生。澄清这两个变量之间的关系正是本书分析的重点。

（一）从个体的全球意识到全球行动

从关系型方法来考察全球—个体联结，一个重要的因素是个体的跨国行动和全球联结，或者换言之，是从个体出发来加以考察，而非把社区、城市或国家作为分析单位。我们之前谈到过具有全球联结的个体是本土社会变迁的基本推动力，我们尤其关注那些有着全球联结的个体拥有怎样的特征，比如全球意识、全球行动和全球网络。

从人类更宽广的视角看，全球意识超越了狭隘的本土意识。全球意识指的是对全球化的认识并由此产生的影响人们生活的结果和问题。它指的是对世界的相互联系和相互依存的理解（Gibson, Rimmington, Landwehr-Brown, 2008）。以全球作为思考的框架并在本土社会展开行动是拥有全球意识的人的两个基本特征。了解外部世界可以让人们变得更加开放，更易于接受新鲜事物；移居国外和开展跨国行动意味着拥有跨文化意识和全球层面的联结。具有全球意识的个人会把本土社会放到全球背景中加以思考：全球文化会影响本土社会；全球与本土的融合是大势所趋。当然，全球—个体联结允许多样性，反过来多样性又重申了个体的独立性。全球化世界是多样性和差异性、个体的独立性和集体责任、全球化意识、本土和跨国行动的结合

（O' Byrne, 2003）。

研究表明：人们的全球行动或跨国行动很大程度上为其全球意识所驱动（Clark, 2002）。那些人不仅拥有全球意识，而且在全球舞台上展开行动，比如跨国经商、出国留学和国际旅游。换言之，他们正在进行着个体全球化（Global-I-zation）。

高科技通过诸如社交网络服务、网络聊天室、虚拟社区、电子邮件清单、跨国新闻等提供了人们建立全球或跨国联系的重要工具。虚拟聊天室把全球的人们聚到一起，仅仅因为对某些网站（通过其标题、话题或关注点）的兴趣。虚拟社区是个体通过特定的媒体，为了追求共同的兴趣和目标，而实现的超越地理和政治界线的互动。电子邮件和跨国新闻则允许用户分享某个话题的信息，持续地展开讨论。由于使用因特网，世界各地的人们在全球范围内的联系增加，他们已成为新闻和信息系统更为重要的消费者和贡献者，他们之间彼此的联系也更多。脸书（Facebook），一个主要的社交软件，有着 6 亿多万的月度活跃分子（Carlson, 2011），根据戈德曼（Goldman Sachs）公司的一份文件显示有客户有兴趣向脸书投资约 500 亿美元。

由于移民和大量的航班往来，世界变得更加多元化，这可以从大学校园和工作场所得到证实（Gibson et al. , 2008）。初步证据表明，全球意识是成为全球公民的基本品质，这对跨文化的积极互动、合作和交流至关重要。全球性的网络活动也会促进全球意识的形成和发展。

全球网络由个体的跨国实践和全球联结组成。事实证明，在传统社会中人们跨国界的社会关系比较少（Pant, 2011）。四十多年前的文化大革命中有这样一个常用词语即“里通外国”，它是一个负面词，指的是有国外关系的不良分子。甚至也有些和外国有联系的人被定罪为“通敌分子”而受到组织上的处分。因此，人们对跨国界的关系讳莫如深。如今，这一情况已不复存在，跨国联系，已经成为人们生活中的正常现象。

从社会学视角看，社会网络通常被当作一个分析框架来使用。“社会网络”是社会科学家用来描述和理解人类的直接环境中多样性的人际关系（Kahn, Antonucci, Social, 1992; Wellman, 1999）。社会网络反映了人们与他人之间的社会关系，一个人的全球社会网络表现为他 / 她的跨国界的社会关系，这种关系赋予他 / 她跨国交往的认知指南和指导，对实际事务的支持、社会团结的感受以及多元文化的认同。

（二）个体建立全球联结的兼容性与适应性

强劲增长的全球联结正在由本土社会中草根阶层中的个体来完成。现代生活不断增加了个体在全球展示的机会，开创了一个重要转折点，它是一种社会本质的变革。越来越多人的日常生活，实际上或几乎是一种全球范围内的经验，因此，这些个人的跨国行动和互动可能会引起本土的社会变迁。由于这种变迁是通过个体结合了本土和全球要素混合的各种“微观经验”而形成的，因此，大规模的社会变迁和宏观模式既是累积的结果又是一种必然性，而非根据人们意愿或选择而导致的结果。调查研究数据分析表明，个体有无全球联结对本土社会变迁的影响不同（第六章会详细讨论这一点）（孙 , 2008）。类似的研究也表明全球化影响和本土社会变迁通过互相渗透和彼此妥协的过程相互影响；正如哲学家柏林（Berlin）和哈迪（Hardy）所言“这种相互影响的结果必然是超出我们想象的”（Berlin, Hardy, 1997）。

关于全球—个体联结的进一步探究给我们提出了这样的问题：全球联结是否由本土的兼容性和适应性造成？具体而言，也就是全球联结是一种社会结果还是社会原因？从逻辑上讲，本土的兼容性和适应性是“内部设备”，而全球联结是沟通内外的“中介”或“调节器”。例如，想象一台联结了以太网的电脑，从本地计算机到整个网络的连接需要一个适配器、一个适当的安装程序的软件。全球联结类似于这一设备所起的重要作用。对一个计算机连接来讲，本地计算机必须升级并与网络兼容。一个社会要繁荣发展，社会必须“升级”，即意味着社会必须要开放，消除孤立状态，使其接受外界的影响，变得容易接近和“兼容”。当然，和计算机网络系统不同的是，社会是一个更加复杂的结构，根植于传统的制度体系，并结合了具有不同价值观的众多个人的活动。因此，本土社会变迁是一个持续的过程，它将协调强大的跨国行动与本土的全球联结并使之结合起来，逐渐走向更大的兼容性、适应性和全球融合。除此之外，社会中的人们应该有一定的与外界沟通的能力。比如，掌握一门熟练的外语（如英语）。

1. 在中国有成千上万的人学习外语

尽管英语是世界的主导语言，但英语的使用并不能简单看成是美国 / 英国文化帝国主义的例子。人们有很多理由来提高他们的外语技能，许多人学习英语是为了增加他们在商业和教育中的成功机会。为了理解国际媒体如互联网和电视广播，学习英语变得很重要，也对促成跨国行动和建立全球联结至关重要。

根据在北京、上海和广州对高收入群体进行的一项研究（这一研究发表在《东部经济评论》），大多数被访者称说一口流利的英语是事业成功的关键，持这种观点的年轻被访者所占比例很高。自1979年以来，一个具有中国特色的外语教学体系逐渐兴起，已经有百万人参加培训。1981年，英语成为中国最重要的外语（Lei, 2007）。

在四五十年前的文化大革命中，几乎没有外国移民在中国居住或教书，也没有中国人到西方去接受教育（R., 1984）。文化大革命否定了传统的文化价值观，抵制外国文化的影响。而且由于与西方资本主义和苏联的负面交往经验以及近代中国历史受到外国的侵略和所遭遇的耻辱，使中国再度进入了闭关锁国的时代。

为了开展中外高等教育研究，1981年北京开放了高等教育研究机构。20世纪80年代早期开始，大学的阅览室和图书馆再度出现了外国的杂志和报纸（Kormondy, 1982）。伴随着高等教育体系的重建，中国迅速建立了与西方教育的联系。虽然当时在教育领域的合作和交流达到了自1949以来的最高点，但它并没有完全解除与国外交流可能带来“文化污染”的持续担心。1981年仅有180位美国教师和50位研究学者在中国大学任教并居住，而如今则是成千上万。这些新来的外国人天生具有与西方的联系，也体现着西方的生活方式和政治观点（Porter, 1990, p. 28）。

上海外国语大学举办了第三届中国外语教学法国际研讨会，主题是全球化背景下的语言发展与外语教学研究。研讨会上有400所大学语言教学方面的校长和专家讨论了自1979年实施改革和对外开放政策以来中国外语教学的发展历程（《人民日报》，2008年4月）。值得注意的是，过去三十多年来成千上万的中国人学习英语可以视同为“内部设备”升级的一个指标。随着中国人跨国行动和全球联结的趋势逐渐形成，更强有力的民间跨国行动和全球联结的浪潮将随之到来。无疑，英语学习在这些跨国行为的准备和全球联结的建立中发挥了主导作用，更可观的是，英语学习和教学也已经成为我国课程改革的一个主要焦点。

2. 教育有助于建立与发达国家的联系

中国过去三十多年来全球联结的强劲增长使得学习讲英语对许多年轻人来说显得至关重要，在许多城市，英语教学如雨后春笋般繁荣起来。教育产业的投资人把他们的学校冠名为"英语"培训学校，以此吸引那些想让孩子和发达国家建立联系的父母。英语教学从小学阶段就启动了。公立学校英语教学从小学四年级开始，而私立学校从小学一年级开始，甚至更早。教师们将电影、录音机和阅读材料作为教学资源，为了练习英语口语，老师和学生一起进行表演活动（Lin, 1999, p. 66）。

许多私立大学提供了很多项目或课程旨在让学生通过短期的课程学习达到较高的英语应用水平。例如，北京的燕京华侨大学的一个国际金融项目，通过授予国际金融专业的课程来拓展学生的全球意识和跨国技术：诸如国际金融、国际结算、货币银行学、金融市场、会计基础、国际会计概论、计算机应用、基础英语和专业英语等（Lin, 1999, p. 210）。从中我们足以看出这些项目的实践性和多样性，有助于提高学生的全球知识水平，提高他们在全球舞台上的能力，并能在全球竞争中取得成功。

3. 外国教师充当桥梁

随着 1976 年文化大革命的结束，中国只有最负盛名的高等院校小心翼翼地打开他们的大门，邀请了一小部分外国教授在他们的校园里教书。然而，直到 1979 年，全国的院校都开始引进外国教师任教，早期大多数外国教师所教的都是基础英语。

为中外人士所共同认可的是，外国教师充当了中西交流的"桥梁"。外国教授也意识到中国最初是希望通过他们实现与外国大学的正式交换项目或者帮助中国学生进入西方高等院校深造。例如，一位外国教授史提夫（Steve）回忆他曾经在中国任教的经历时，刻画了这样一个典型的场景：

> 我来到中国，度过了很愉快的时光，然后回到我在美国的大学。三个月以后，我收到了来自中国的一位好朋友的一封信，信中说他被批准到美国访学，但是还没有收到一所学校的录取通知。我去找我的院长说了这件事，"这是我兄弟"，我们让他过来吧，一定很有趣的。后来怎么样了？这事就成了，最终对学校和学生都是好事情。
>
> （Porter, 1990, p. 57）

类似的例子在中国十分常见，越来越多的外国教师帮助他们的朋友或同事到国外去深造。还有一些例子是外国教师帮助他们所任教的中国大学与美国的高等院校建立合作关系。

这个“桥梁”角色的另一种表现是在中国教书的时候给想出国留学的学生提供咨询服务。布丽姬（Bridget）在中国大学教学中鼓励年轻的科学家出国深造，她说提供出国咨询服务和教学工作一样重要。外交学院的劳伦斯（Lawrence），也认为这是他课堂之外的最重要活动。维克托（Victor）说当他刚来到中国的时候，他指导的几个学生希望到美国去深造，请求他的帮助。然而，由于维克托（Victor）来中国之前也是在其他国家教书，因此他与自己在美国的母校的联系并非那么密切，以至于没能给予学生很给力的帮助。

> 学生们好多次找我帮忙，但是当他们发现我手中有限的关系资源时，他们不再寻求我的帮助。这时大家发现我不是一个很强大的“桥梁”时，这些人就不围绕在我身边了。
>
> （Porter, 1990, p. 57）

4. 案例：路标和广告牌的英文翻译

使用英文表示的城市景观和旅游设施的路标和广告牌也是和全球联结的一种重要的“内部设备”，中国东部大城市路标和广告牌的英文翻译逐渐标准化以便使外国游客能够得到更清晰的信息。据上海城市语言工作委员会（SMLWC）提供的信息，有一个专家组的工作是专门纠正路标和广告牌、机构和企业名称的英文翻译，这些错误包括拼写错误、缩略语使用不合理、不适当或不规范的翻译。例如，有关道路方向的翻译，是否称之为“东路”（East Road）或“东路”（Dong Lu）的问题，这在中文拼音中意味着同样的意思。在另一个例子中，将一个青年中心称为“东方绿船”（Oriental Green Boat）。根据新标准的规定，为了减少误解，青年中心最终还是被翻译为“Youth Center”。国家遴选了一些来自当地旅游机构、大学和外交使馆的专家，共同研究纠正这些翻译错误，并建立翻译的新标准（新华通讯社，2004 年 3 月 1 日）。

5. 发展中的涉外公证机构

过去的三十多年来中国人的全球相关的民事活动与日俱增。官方数据显示，随着中国改革开放政策的推行，与公民出国活动相关的涉外公证文书大量增加，表明本土居民的跨国行动和全球联结逐渐增强。

图 3-1 城市景观的变化：街道用英文命名

（来源：Huijian Jeffery Sun 摄）

公证制度是中国司法制度不可或缺的一部分。中国在 20 世纪 40 年代开始建立这种制度，之后十年迅速繁荣，但在文化大革命期间被废除，1979 年之后这一制度得以重建。自那以后，公证服务在中国的社会和经济发展过程中起到重要的作用。三十多年来，公证服务所接手的公证事务增加了百倍，涉及 180 个国家和地区的公证文件。目前，全国共有 3 000 家公证处和 1 000 名公证人员，公证制度为消费者提供了必要的、可靠的、可信赖的和合法高效的服务（Leng, 1967）。

公证服务能预防纠纷，减少诉讼，促进执法，规范社会的经济和民事活动流程。从本质上讲，公证服务保障了公民和法人的法律权利和利益，有助于经济社会发展和国际交流。事实上，公证服务的范围包括国内和国外的社会团体，涵盖了各种民事活动和商业交易，从收养、学校申请、婚姻、遗产、合同到房地产交易等项目。除此之外，许多法律给予公证处各服务领域的合法性。在诸如房地产交易的许多场合下，公证服务是必需的（Bow, 2005 年 1 月 7 日）。

表 3-1　涉外公证服务类型（2004 年、2003 年与 1988 年对比）

项目类型	涉外民事公证文件发布数量							
	1988 年	百分比（%）	2003 年	百分比（%）	2004 年	百分比（%）	2004 比 1988 年增长（倍数）	2004 比 2003 年增长（倍数）
儿童收养	670	0.29	14745	0.6	22285	0.86	33.26119	1.51136
遗嘱	419	0.18	2493	0.1	3293	0.13	7.859189	1.320899
生育	83904	36.49	339100	13.76	381714	14.73	4.549414	1.125668
死亡	2571	1.12	15278	0.62	11812	0.46	4.594321	0.773138
生活居住	965	0.42	6683	0.27	9176	0.35	9.508808	1.373036
教育	29022	12.62	263055	10.68	211498	8.16	7.287506	0.804007
履历	9085	3.95	46746	1.9	43850	1.69	4.826637	0.938048
国籍	6444	2.8	36941	1.5	48358	1.87	7.504345	1.30906
婚姻状况	48281	21	217511	8.83	201330	7.77	4.169963	0.925608
亲属关系确认	47811	20.79	276811	11.24	304515	11.75	6.369141	1.100083
继承权	779	0.34	2413	0.1	2989	0.12	3.83697	1.238707
犯罪记录	—	—	266089	10.8	276506	10.67	—	1.039149
公告	—	—	39289	1.59	61615	2.38	—	1.568251
代理	—	—	24740	1	34037	1.31	—	1.375788
购物卡	—	—	11011	0.45	15134	0.58	—	1.374444
公司章程	—	—	2497	0.1	2977	0.11	—	1.192231
其他法律文档	—	—	34620	1.41	57046	2.2	—	1.647776

续表

项目类型	涉外民事公证文件发布数量							
	1988 年	百分比（%）	2003 年	百分比（%）	2004 年	百分比（%）	2004 比 1988 年增长（倍数）	2004 比 2003 年增长（倍数）
专业证书	—	—	12371	0.5	12690	0.49	—	1.025786
个人识别	—	—	2625	0.11	2599	0.1	—	0.990095
商标注册	—	—	109	0	335	0.01	—	3.073394
贷款	—	—	7689	0.31	8643	0.33	—	1.124073
担保	—	—	3346	0.14	1413	0.05	—	0.422295
商业合同	—	—	31025	1.26	22081	0.85	—	0.711716
公证	—	—	299892	12.17	352779	13.61	—	1.176353
公证 *	—	—	171969	6.98	161250	6.22	—	0.937669
其他	—	—	334492	13.58	342080	13.2	—	1.022685
合计	229951	100	2463540	100	2592005	100	11.27199	1.052147

数据来源：中国统计数据库，www.allcountries.org/china_statistics/23_8_foreign_related_notarial_documents_by.html.

注：“—”表示数据缺失；“*”表示根据原始文件的拷贝等而确认的数据。

二、诠释：从联结到结果

在讨论了用关系论视角来审视本土社会变迁的本质，以及个体的重复行动所构成的“微观机制”用来解释社会结构的形成之后，我们可以认为人与人之间的联结促进互动，产生思想交流和行为变化。本土的社会变迁意味着本土社会在结构和制度层面的大规模变革，这样的变革可以从机构更新、文化景观改造以及主流意识形态朝向更为普遍的立场转变。在某种程度上，虽然某些本土的机构和文化特质得以存留，但它们在全球文化的影响下也将被重塑。因此，本土社会变迁的结果体现了本土与全球或当地与外部力量的结合。在过去的三十多年来，某些历史运动中一些重要人物进行的跨国行动、建立的全球联结推动了中国走向重大进步，证实了国家之间的人本全球联结对地方变迁的重要性。

（一）帕瓦罗蒂：中国人封号“老帕”

文化传播更有可能发生在实际的跨国行动和联结中而不是存在于想象中的关系。特别值得注意的是，西方古典音乐在中国听众中的流行竟然是由一些著名的男高音歌手所推动的。

2001 年 6 月的一天，约 3 亿中国电视观众聆听了在故宫举行的“三大男高音”卢西亚诺·帕瓦罗蒂、多明戈和卡雷拉斯（Luciano Pavarotti, Placido Domingo, Jose Carreras）的演唱，现场观众达到 30 000 人，所有人齐聚在故宫午门广场上。这是中国有史以来最大规模的有组织的媒体活动。在金碧辉煌、闪闪发光的壮丽背景的映衬下，三位男高音歌唱家高低有致地歌唱着，正如他们在意大利、英国、法国和西班牙等国一样，从宏大的歌剧到美国音乐。这是一次影响深远的文化娱乐活动（Betts, 2004, p. 79）。

1935 年出生在一个普通的家庭，帕瓦罗蒂在他童年时就表现出了非凡的音乐天赋。1955 年他接受了专业的音乐训练，1961 年获得了人生中第一个奖项，1972 年因其卓越的高音天赋被誉为“高音 C 之王”。1986 年帕瓦罗蒂在中国首秀之后，他的名字家喻户晓。他率领热那亚歌剧院在北京天桥剧院上演了《波西米亚人》，同时应文化部的邀请在北展剧院和人民大会堂举办了个人独唱会。这是中国的歌剧迷们第一次现场聆听“高音 C 之王”演唱高音 C（《中国日报》，2007 年 9 月 7 日）。2001 年的音乐会取得了巨大成功，部分票价竟然高达 6 000 元人民币（几乎相当于中国农民当时的年收入）。上海大剧院现场 2 000 个坐席爆满，还专门为此次演出额外增加了 70 个座位。他在故宫和另外两位男高音多明戈和若泽·卡雷拉斯（Placido Domingo & Jose Carreras）一起演出来支持 2008 年北京申奥的投标（新华社，2007

年9月6日）。帕瓦罗蒂是第一位国际传奇，他使中国音乐圈中的听众开始欣赏西方古典音乐。

在中国艺术家向帕瓦罗蒂致以崇高的敬意和沉痛的悼念时，《人民日报》则以“我的太阳”的大字标题刊登悼文。帕瓦罗蒂一生中曾访华三次，分别是1986年、2001年和2005年，他的演唱深深打动了中国观众（新华社，2007年9月7日）。中国人习惯在人的姓名前加上“老”字表示亲切和尊敬，所以中国人也亲切地称呼帕瓦罗蒂为“老帕”。

（二）靳羽西：当代的马可·波罗

一位美籍华人名叫靳羽西建立了中美之间的跨国行动和全球联结，在过去三十多年来做出了巨大贡献。她是横跨中西方的畅销书的作者，也是著名电视节目主持人、慈善家、艾美奖获奖电视制片人。她被《人物》杂志评为“杰出妇女奖”，《时代》杂志宣称她为“中国女王”，《财经》杂志形容她是“当代的马可·波罗”，国会议事录认为她是“真正的公民使节”！

靳羽西出生在广西桂林，她的父亲是有名的岭南派画家靳永年。一家人早年定居香港，羽西4岁跳芭蕾、弹钢琴的时候，她的艺术才华和审美能力开始显现出来，她的音乐天赋让所有人印象深刻，但她自己不以为然。每天八小时练习坚持几年之后，羽西取得了夏威夷和杨伯翰大学的音乐学位，她做出了重大决定：“我认为我绝不可能成为鲁宾斯坦第二，既然你无法做到最好，那么为什么还要去做呢？”为此，靳羽西将她的精力集中到另一件她热爱的事情上，就是架起东西方交流之桥。1972年，靳羽西和妹妹羽屏一道移民纽约，开始了中美进出口贸易并且取得成功。她曾主动到曼哈顿当地一家有线电视台主持中英文电视节目，在那里，羽西很快就目睹了架起东西方交流之桥的重要方式——电视的力量（Goddo, 2004）。

她成立了羽西产业（化妆品），创建了第一个主打电视节目，每周一期的《看东方》，这个节目主要向更多的美国人介绍亚洲文化和风俗习惯，节目的内容丰富，生动精彩，加上羽西独特的主持风格，引起了社会关注并获得了一些奖项。《纽约时报》发表评论说：“很少有人能够把东西方两种不同的文化融为一体，但是羽西可以做到，凭借的是她的美丽以及智慧、优雅的品质。”她被誉为第一位沟通东西方文化的电视主持人。《看东方》这档节目一做就是 12 年，长盛不衰，最后两年是在国家有线电视的探索频道。

羽西的努力得到了回报，1984 年，靳羽西受美国公众电视网（PBS）邀请，主持从中国现场直播的中华人民共和国 35 周年庆典。1985 年，羽西受中国政府的邀请制作了《世界各地》节目，这是中国中央电视台第一档由美国人制作和主持的电视节目，她的主持吸引了整个国家的观众，她的名字也因此而家喻户晓，后来这个节目的脚本和录像成了中国学校的教学材料。作为向中国人介绍世界的第一人，羽西深得中国人的信赖和喜爱，除此之外，她轻松的主持风格也影响了中国的一代主持人。随后，羽西继续制作其他更复杂的电视节目以使国人能跟上国际时尚生活方式的步伐。她还为中央电视台深受欢迎的女性栏目《半边天》提供素材，反映美国社会的真实情况（ABC 世界新闻，2010 年 12 月 12 日；哥伦比亚“纽约社会日记”）。

在美国，羽西的另一档电视节目《中国的城墙与桥梁》获得了美国电视界最高荣誉——艾美奖。《改变中的中国之旅》专辑全国畅销，在国会议事录中大受称赞，在美国公共电视网（PBS）上播出的“亚洲小龙和经商”栏目则满足了西方越来越强的获取东方信息的渴望。这一系列电视节目被复制成几千份销售给全球范围的公司和商学院。在她的电视生涯过程中，羽西出现在 25 个国家的荧屏上，制作了上千档在世界广为传播的电视节目。

多年来亚洲的女人渴望在照相机前看到自己最美的时刻，但是苦于找不到适合亚洲人的肤质、肤色和面部特征的化妆品，为了帮助亚洲女人找回她们对自身独特美貌的自信心，羽西成立了羽西化妆品有限公司。“我想创制、生产和销售美颜和护肤品，这样就可以让亚洲女人和世界的女人使用，成为中国第一个全球的化妆品品牌。”1992 年羽西化妆品有限公司在上海成立，取得了巨大成功。该品牌成长为中国化妆品领军企业，拥有 800 多家经销商，遍布中国 18 个区域办事处的主要市场。一项政府调查显示，羽西品牌的品牌认同度高达 95%！福布斯报告称“羽西成为中国的模范人物，正在改变中央王国的面貌，有时候仅仅是一个唇膏的效果”。2004 年欧莱雅集团收购了羽西化妆品有限公司，但仍然使用羽西的名字来命名这一化妆品生产线（Larissapaschyn, 2011）。2000 年，通过建立具有亚洲特征和着装特点的娃娃生产线（被称作“羽西娃娃”），羽西再一次证明了她本土化的企业管理技巧，这是国际市场上第一家真正的亚洲娃娃品牌。

在教育学和人类学领域，羽西建立了基金用于支持学校建设，为那些优秀的贫困生提供奖学金。2002 年，联合国国际儿童教育基金会（UNICEF）将她和其他国际领导、名人一起任命为“儿童大使”，领导着联合国全球性的“给儿童做承诺”（Say Yes for Children）的签名运动。她还和国际奥比斯组织有关系，国际奥比斯组织是一个致力于发展中国家盲人和眼疾患者恢复光明的非营利组织，以及由杰出的美籍华裔组成的“100 委员会”（the Committee of 100），羽西还荣获了由以色列 Sheba 医学中心颁发的全球特殊形象大使奖。

2006 年，羽西回到电视台制作了 52 集系列片《羽西看世界》，该节目以主题多样化而著称，比如记录了有趣的时政要闻、西方文化故事、名人的绯闻和最新国际时尚生活方式的评论，这档节目主要面向中国观众。这一受到公众高度评价的系列节目每周在中国 30 多个省市地区电视台的主要时间段播放，还在国家卫星网络电视（CETV）上播放，覆盖了 85% 的中国观众，因此《羽西看世界》这档节目每周有 8 000 万观众收看。这一系列节目也获得了大众的热烈评论，包括时任中国国家主席胡锦涛的一个电话（资料来源于对 Harold Hudson Channer 的访谈，2008 年 11 月 9 日）。

上海羽西产业集团是管理羽西产品和各种电视节目的企业联合集团。除此之外，公司还投资电影产业，向中国引进杰出的艺术家、作家、运动明星、歌手和展览会，其中包括邀请荷兰爵士歌手劳拉琪（Laura Fygi）在上海的音乐会，台球金牌得主珍妮特·李（Jeanette Lee）在上海的挑战赛，以及与墨臣艾禾里（Merchant Ivory）电影制造商合作的著名电影《怀特伯爵》。自 2006 年起，羽西担任上海国际电影节招标委员会主席并努力争取其达到真正的一流的水平。

（三）姚明：联结东西方的标志

一个全球象征符号会在许多方面对本土社会产生影响。这告诉我们个体 / 全球联结是促进机构变迁很重要的资源。

全美篮球协会（NBA）的营销奇才做出了一个策略性的决定，聘用身高 7 英尺 6 英寸（226 厘米）的姚明，其 2002 年在 NBA 休斯敦火箭队中首次亮相。篮球这项运动或许不是中国发明的，但一些中国历史学家声称，古代有一种娱乐活动叫作鞠，是一种汉代手球，以此作为篮球诞生于中国的证据。然而，事实上，篮球在到达休斯敦之前确实在中国出现过，短短几年后，1891年，有个名叫杰姆斯•奈史密斯（James Naismith）的奇怪的加拿大人发明了这个游戏（Larmer, 2005）。随着NBA不断向国外扩张，吸引了国外有天赋的青年加入，但没有任何人像姚明那样，不仅担任篮球比赛中的重要角色，而且实际上成了中国外交活动中的大使。NBA将他看成是打开拥有13亿球迷的中国市场的英雄。

姚明很快被树立为沟通中西方文化的桥梁。休斯敦火箭队选中姚明作为其主力队员，但却经历了与中国方面三个月的长期磨合。当姚明乘坐的飞机在休斯敦降落时，火箭队的老板亚历山大（Les Alexander）欣喜若狂。“这是有史以来最大的个人体育运动的传奇”他说，“记住我的话：在未来的两到三年内，他将比泰格•伍兹（Tiger Woods）或迈克尔•乔丹（Michael Jordan）还要厉害”（Larmer, 2005）。

姚　明

生　　日：1980年9月12日

籍　　贯：中国上海

身　　高：2.26米（NBA最高的运动员）

体　　重：104.6千克

昵　　称：明朝；长城；大姚

所在球队：休斯敦火箭队

位　　置：中锋

球衣号码：11

表　　现：486场NBA比赛

平均成绩：平均每场19.0分，9.2篮板，1.9挡板

NBA头衔：无

全 明 星：8场（参与6场）

口 头 禅：不，我是2002年被休斯敦火箭队挑出来的。

中西方或中国与世界的联系，很可能成为21世纪的决定性事件，可能还没有哪个人能够像姚明一样集两种文化于一身。这位长下巴明星的成长是由两股强大的力量共同塑造而成，即中国的爆炸性增长和跨国资本主义的世界扩张，实质上他真的

可谓全球化的“孩子”。如果不是中国渴望通过体育运动来提高其国际地位，姚明的父母（都是篮球运动员，身高分别是6英尺10英寸和6英尺2英寸，也就是2.08米和1.88米）不会被说服而被招募进入国家体育系统，为了培养下一代小巨人而退役。如果姚明出生在其他地方，他就不可能小小年纪离开学校而进入篮球训练营。而且几乎可以肯定的是他不会像他热爱上海的培训中心那样热爱NBA，在一场旷日持久的有关他的命运的拉锯战之后，他终于得到允许于2002年去了美国（Larmer, 2005; Xiao, 2004）。

“明”朝

姚明，中国最成功的“输出型”运动员，也是全国很有实力的运动健将，最终告别了球场和粉丝。正如他是中国篮球和体育的传人，在球场外面，姚明还有以下角色：中国篮球协会（CBA）的主席，国家队的运动生涯，NBA全明星运动员，中美跨文化交流的桥梁，慈善家，甚至是竖立的球场上空的巨型商业广告的宠儿。姚明是NBA历史上第一位美国以外出生的并且蝉联榜首的运动员。他在火箭队的九个赛季期间，在486场NBA比赛中取得了平均每场19.0分，9.2篮板，1.9挡板的好成绩（2011年姚明退役）。

这个巨人在中国篮球协会曾任职于上海大鲨鱼队，直到2002年转到NBA作为火箭队第一名，最开始82场比赛中取得平均每场13.5分、8.2篮板和1.74挡板的成绩，最后被选入全新秀、全明星队。他带领他的球队获得了两个篮板和挡板，是排名前20位的三个统计类别中的唯一新秀（Williams, 2011）。

姚明不是第一位在NBA打球的中国人，但是他无疑是最重要的那位。这个巨人建立了中美沟通的桥梁，那个时候两个国家之间还没有如此密切的联系，更对彼此的文化知之甚少。NBA总裁戴维·斯特恩（David Stern）曾经说：“美国正在了解中华人民共和国人民的一些东西”，“而许许多多的中国人也正在通过姚明来了解美国”。这种桥梁的建立是一种双向的联系，正因为他的影响使得国内球迷更加接受前NBA明星如马布里（Stcphon Marbury）和帕克（Smush Parker）来中国参与篮球协会所邀请的赛事。虽然其他运动员也帮助了海外NBA的成长，但是想要建立与世界上人口最多的国家之间的联赛，没有姚明是不可想象的（新华社，2011 年 7 月 11 日）。

职业足球、棒球、篮球、冰球、田径和其他运动项目的全球巡回并不是新鲜事，然而姚明自 2002 年作为顶级招聘加入美国 NBA，则使跨越边界的体育运动发挥到了极致。姚明的故事，不仅呈现了全球的时尚，也展示了美国特有的张力（Oates, Polumbaum, 2004）。

三、一个简单的类型学：社会—空间矩阵分析

字面上来讲，全球化意味着世界范围内贸易往来的增加，特别是大型公司在不同的国家和地区生产和货物贸易（剑桥高级学生词典，2008）；或者换言之，日益整合的全球经济迅速发展，尤以自由贸易、资本的自由流动和外国廉价劳动力市场的开发为主要特征（Merriam-Webster, 2007）。然而，通过关注全球化的微观层面，使用人本全球联结作为观察的一个角度，我们会发现日常生活中的神话般的故事。由于过去几十年以来宏观和微观层次的跨国界流动迅速增长，资本、商品、信息和人类活动已经扩散至各国的领土和区域之外，学者们意识到不仅曾经明显而且重要的界限已经变得不那么重要了，在某种程度上这些边界更加宽松模糊了。过去的几十年以来，世界贸易迅速发展，因特网几乎覆盖了整个世界，“虚拟国家”正在崛起[1]。由于市场扩张至世界各地，资本流动性越来越强，出口不再是经济增长唯一的方式（Everard, 2000; Fountain, 2001）。世界各地的人们通过互联网实际上建立起了虚拟联系，这种作为微观情景的跨国联系或联结已经成为经济发展和文化变迁的驱动力，甚至是协调各种活动的桥梁和枢纽。

为了指导本书后面章节的分析，我们有必要提出一个聚焦于解释和衡量人本跨国行动和全球联结的假设模型。一个建立在社会—空间维度、评估跨国行动和人本联结程度的类型学，既是一种概念性阐释，又是一种分析工具（见图 3-2）。

[1] “虚拟国家”(virtual state)的概念指的是跨国界的网络体系运行起来就像是一个国家。参见：Heinonen and Yliopisto(2001).*Locally in the Global Net: The Internet as a Space of Citizen Communication and Local Publicness.* Tampere: University of Tampere. 此外，Charles McClure 也在 *Linking People to the Global Networked Society*（State Library of Pennsylvania）一书中阐述了这一观点。

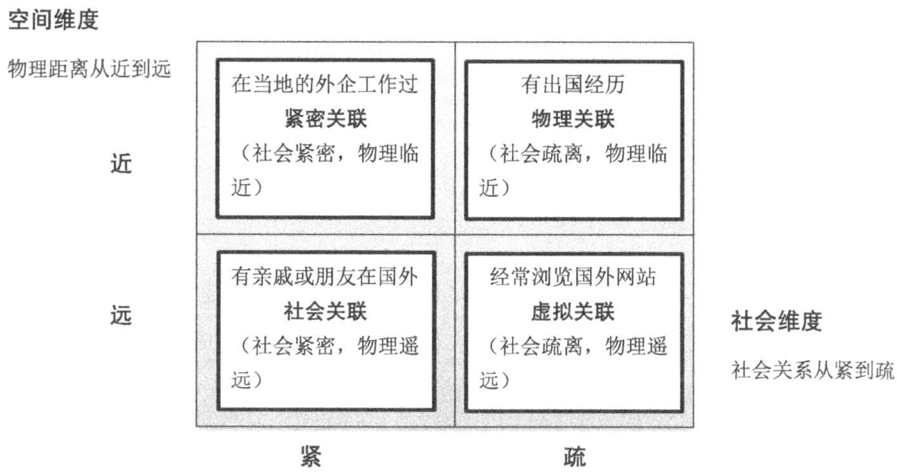

图 3-2　全球联结的类型学分析（一个假设的模型）

（来源：孙嘉明制作）

空间维度揭示了物理范围从近到远，社会维度则表示从紧到疏。因此，我们把全球联结分为四个关联模式：紧密关联、社会关联、物理关联和虚拟关联。紧密关联主要包含以下情景，例如在本地的外资公司工作，因为这代表一个机构内那些可接触的人员之间面对面互动并发生直接的社会联系；跨国婚姻也属于这种关联模式，因为有着不同文化背景的配偶从不同空间上走到了一起，形成了紧密关系。拥有海外的亲戚朋友是一种超越物理距离的想象中的互动，可以归为社会关联。在这种关联模式中，虽然人们的关系为空间所隔离，但是仍然保持着亲密的社会联系。然而，出国旅行（比如商业旅行或观光旅行），虽然空间距离近了但却是匿名的社会联系，因此称为物理关联。最后一种关联模式——虚拟关联，例如参加某个虚拟社交网则有了跨国的社会联系，但这是一种想象中的互动，无论从空间还是社会维度都是完全匿名的。

社会—空间类型学的阐释主要是基于以下两点考虑：第一，四种关联模式（小格子中的）尽可能从理论上涵盖跨国行动和全球联结的所有模式，以适合两个维度的二分法。第二，四种模式相对独立，在逻辑上或理论上互不重叠。即便在研究中的四种模式可能无法完全代表在现实生活中的四种类型，但它们充分独立，组成了所有跨国行动和全球联结的不同类型，并对本土社会变迁的观察层面产生不同的影响。这一研究的分析目的是提供这样一种观点，即结合了社会和空间的角度来映射出实际的跨国行动和全球连接的模式，并验证这些模式是怎样影响本土社会变迁的总体效果。后面部分我们将简要讨论这四种模式，第五章和第六章将对此进行深入分析。

（一）紧密关联

按照惯例来讲，社会科学家把个人之间直接的接触看作是发生在人类直接交往环境中的各种基本人际关系，比如家庭、村庄或者一个紧密的社会关系（Berkowitz, Wellman, 2003; C.B. Gibson, 2003; Scott, 1999; Wasserman, Faust, 1994）。然而，当下的直接交往环境已经扩展到包含若干种团体，例如移民社区，中外合资公司中的职员，或者一群全球商业人士。紧密的空间距离和社会联结可能会给予他们认同感、认知的指引、价值取向，日常生活中的实际帮助和社会团结感和归属感（Wong, Ellis, 2002）。全球联结的紧密关联模式还有着更广阔层面的意义：它以跨国方式把相互联系的人们联结到一起。合资公司中的职员，国际非政府组织中的成员和学术协会，甚至是跨国婚姻，都代表着跨国行动，也都属于全球联结中紧密关联这种模式。

于是，建立在跨国行动基础上的紧密关联模式的进一步发展，就可能激发跨国认同和全球主义的世界观。它包括对个人发展具有重要意义的跨国行动的意识，对个人流动性和外国文化以及文化差异性的理解进行价值判断（Giddens, 2000）。无疑，我们可以期望随着紧密关联的增加，新的价值取向和全球主义观点会出现，包括对许多文化和一些举世普遍的做法、程序以及人类共同特征的认同。

案例：上海培训 WTO 专业人士

随着中国加入世界贸易组织，上海这一中国东部的商业和工业龙头的大城市成立了专门培训处理世贸组织事务的高级专业人士的项目。

这一为期三年的项目旨在为上海市政府、国有企业、专业服务机构和工业协会培训 100 名高级专业人员，从而在加入 WTO 后更好地为市政当局提供服务（《人民日报》，2001 年 10 月 6 日）。

上海，作为中国改革开放前沿的商业中心，依据当地的官方资源，必须培训一批擅长处理国际贸易、WTO 官方语言和信息科技的专业人士。培训同时在中国和国外展开，包括基本观念和多边贸易规则，中国加入 WTO

并同意参与经济全球化协议、调查和案例研究。

（二）社会关联

如果一个人有着生活在海外的亲戚、朋友而采取的跨国行动，并且保持联系，这种全球关联我们称为社会关联。亲密的家庭和跨国群体联系提供了一个最好的办法来克服这些恐惧和不安全感的制度性障碍，以及地缘社交焦虑。这些跨国群体联系是基于个体关系，尤其是家庭为中心和社会行动者的亲密圈子（比如好朋友）。家庭成员发现绝对信任对于初到这些不友好国家的人来说十分重要。由于这种社会关联是基于个体和业务关系的跨国联系并以此抵制可能的敌对行动，于是批评者特别是主流观点认为那是封闭的小圈子（Mahathir bin, 1970）。

案例：移民社群与家乡联络

与中国大陆有亲戚联系的东南亚华人就是这一社会关联的例子。那些华人居住在东南亚国家好长一段时间，他们在那里发展商业，通过两种方式回应对华裔有偏见的经济政策：建立政治经济联合体，强调国际多元性，许多东南亚的华裔和军政领导发展“客户关系”。毫无疑问，借助这些全球联结，有利于达成主客两国的双赢（Jomo, Folk, 2003; Yan, 2002）。

海外华人和他们的亲戚是推动中国现代化向前发展的主要力量。第七届全国归国华侨华人代表大会在北京召开，传递了一个清楚的信息就是归国华侨能够促进国家富强。世界上有成千上万的华侨，有三千多万的华人和亲属回国，他们在中国的改革开放中扮演了重要角色，他们的投资额占中国外资的70%。这次大会，国内外1 000位代表出席，还表彰了10位在各个领域做出突出贡献的归国华侨，包括钟南山先生，他是华南地区一位来自广东省的非典型肺炎治疗专家。1956年第一次举行全国归国华侨华人代表大会，从1984年起决定每五年举行一次（秦，2004）。

（三）物理关联

物理关联包括以商人或游客的身份出国的跨国行动。近几年来，这种关联类型的指标显著上升。国际旅人和游客的数量迅速增长，与二十年前每天100万人次相比，目前平均每天达300万人次（Bowden, 2003; Johnston, Taylor, Waits, 1995）。

交通技术的日新月异的发展，通过各种方式把人们联结在一起，这在过去是根本无法想象的。现代交通的速度、效率和可达性，伴随着生活水平的迅速提高，极大地促进了跨国旅游的发展。这一点不仅从商务旅行中可以看出，而且其他全球旅行中也可见一斑。娱乐和休闲的国际旅行日益增加，反映了跨国身份的增长和发展。物理关联带来的显而易见的结果就是文化的传播和跨境的交往，换句话说，文化在一定范围内的整体差异可能会减少，而文化中的多样性可能会被保留，甚至可能增加。因此，旅游是推动世俗国际化的一种强大力量（Loeb, 1977, 1989）。

案例：四代人旅游模式的变迁

著名流行病学家布拉德利（D. J. Bradley）以一种有趣的方式指出几代人以来，旅游模式有所变化（1988）。他比较了他的曾祖父、祖父、父亲以及他自己的旅游模式。他发现他的曾祖父一辈子都在北安普敦郡的一个方圆40千米的村庄里面，他的祖父的出行距离局限在方圆400千米的英格兰南部。如果我们将布拉德利本人的出行距离和他的父亲的出行距离相比（父亲主要在欧洲范围内活动），周游世界的他的足迹遍布方圆4 000甚至40 000千米。广义上来说，每隔一代旅游的空间范围扩展了十倍，因而布拉德利的旅游范围是他曾祖父的1 000倍（Bradley, 1988）。无疑，交通技术的发展大大缩短了空间距离，通讯科技的发达也极大程度上减小了陆上距离。

（四）虚拟关联

近几十年来虚拟关联迅速发展起来。信息科技的发展和广播电视的扩散成为联结世界的强大的驱动力。诸如电脑、网络和通讯等科学技术的扩张，使人们很难甚至不可能限制国家信息和资料的交流与沟通。因特网的电子空间使人们可以与那些生活在不同国家的熟悉或不熟悉人们的实现互通互联。通过因特网、聊天室和万维网等方式，虚拟关联呈现出汇聚不同国度的志同道合之人的新机遇，一种以电脑为媒介的交流方式的共同文化正在形成。从社会学角度来看，过去只有生活在当地社区才有的一种归属感和认同感，现在通过虚拟社交活动得到了满足。

从历史来看，一种简单的通讯手段变化，比如可靠的邮件服务或者电话的发明，改变了人们与其所生活的社会中其他人联系的本质。邮件服务使得人们之间的联系不必考虑地理空间的距离远近，电话使相隔距离很远的人们之间的沟通更加容易，这些技术都使遥远相隔的人们更容易建立社会联系。因特网和电子计算机科技创造了电子邮件，电话交流的速度远远超出了传统的信件交流。

由于使用因特网的初衷是为了交流，我们可以推测因特网给人们的日常生活带来了积极的影响，因为它增加了人与人之间交流的频率，提高了交流质量。人们与所爱的人或事务更容易接触，使得他们感觉互相联结得更密切，由此增加了家庭、团体、组织和跨国商业等的幸福感和参与度。

社交网络服务是一种在线服务、一个平台或者是一个网址，专注于建构人们之间的社会联结，使得人们能够分享他们的兴趣或活动。社交网站的用户可以在上面发表言论，开展活动，发起事件以及传播他们个人之间的兴趣爱好。流行的社交工具融合了这些要素，比如 Facebook 和 Twitter 在世界各地广受欢迎。中国禁止使用 Facebook 和 Twitter，但是它们的一些本土化版本则吸引了数百万中国用户。Kaixin001.com，翻译成中文叫作“开心网”，是中国风格的 Facebook，已经拥有 9 000 万用户。Twitter 的中国克隆版本——新浪微博，据报道有 4 000 万用户使用（印度时报，2010 年 12 月 1 日）。新浪微博称仅 2010 年最后四个月时间内，其用户翻倍增长超过 1 亿（MeeGoExperts, 2011 年 4 月 17 日）。

案例：数据背后的中国因特网

截至 2009 年底，中国网民数量达 3.84 亿，是 1997 年的 614 倍，平均每年增加 3 190 万用户。此外，28.9% 的中国人使用网络，超过世界的平均水平[1]。2010 年 3 月，30 多家互联网公司在美国和香港上市，同时也在中国大陆上市。互联网文化成为中国文化产业的重要元素。中国政府努力通过互联网传播中国丰富多彩的文化，启动了一系列栏目以共享文化资源，建立 30 万个全国数据库以满足人们多样化的精神文化需求。

根据数据显示，超过 80% 的中国市民主要通过互联网看新闻。互联网

[1] （此书发行之时）世界网站统计数据显示，中国总体的网络普及率是 36.2%，仍然远远落后于美国、韩国和日本，这些国家的网络普及率超过 70%。

的发展不仅提高了时间上的效率和新闻交流的有效性，同时它在时事要闻的报告中起到了不可取代的作用，充分满足了人们对信息的需求。网络媒体对中国共产党全国代表大会、全国人民代表大会和全国政治协商会议的直播已经形成了惯例（新华网，2003）。

网络成为人们日常生活中不可或缺的工具。根据调查，仅 2009 年中国就有 2.3 亿人使用搜索引擎收集信息，2.4 亿人通过实时通讯设备，4 600 万人接受网上教育，3 500 万人进行安全的网上贸易，1 500 万人在网上找工作以及 1 500 万人在网上安排旅行（《中国日报》，2010 年 6 月 9 日）。

尽管相互联系着，但是不同国家拥有各自的主权，因此有必要在这个领域加强国际交流与合作。中国坚持各国应该基于平等、互惠的前提，积极开展互联网行业的交流与合作，共同肩负维护国际网络安全的重任，促进这个行业健康有序地发展，共同享受互联网产业发展带来的机遇与成就（张，郑，2009）。

到目前为止，互联网覆盖了中国 99.3% 的城镇和 91.5% 的农村，宽带覆盖中国 96.0% 的城镇。2009 年 1 月政府向移动服务供应商发布了 3G 证书。今天，3G 网络几乎覆盖了整个国家，随着移动网络的迅速扩展，越来越多的人从科技进步中受益。

自 2007 年起，中美互联网论坛和中英互联网圆桌会议分别在美国和英国举行。为了吸收其他国家在发展和管理互联网产业中的经验，从 2000 年起，中国政府组织了一批代表到亚洲、欧洲、北美洲、南美洲和非洲的 40 个国家进行参观考察，并采用了这些国家的成功经验用于本国互联网的管理和发展（《中国日报》，2010 年 6 月 9 日）。

总之，国际旅游的增长、互联网的繁荣和电子通讯的发展，跨国实践的不断进步，都成为全球联结更加密切的浪潮的一部分。以人为本的跨国行动和全球联结的巩固从组织、社区和国家等各个层面跨越了边界，最终将成为文化和现代社会生活研究的主要挑战。上述的四种全球关联模式是基于空间和社会维度划分，不仅体现了理论上假设，同时也表达了实践中的史无前例的跨国行动。这种类型划分似乎想要解决的一些关键问题是，这些联结如何不同于以往？本土社会怎样和全球相联结？当我们走进全球化的未来世界时将要面临的是什么？毋庸置疑，全球联结与本土社会变迁的关系已经成为越来越重要的议题，无论从理论上、经验上还是实践上来看，正是本书的中心主题。

四、联结、融合和变迁

从这个讨论中可知，我们有理由将本土社会变迁看成是人本全球联结的确凿证据。大量的跨国行动和全球联结可能推动当地社会被同化为一个类同的阶段。显然，从辩证法上来讲，本土社会变迁是全球化的整体拉力与地方传统生活方式斥力的结合。相关例子说明，通过将全球联结划分成四种类型的“微观机制”，可以证明本土社会变迁与全球化密切相关。于是，经济的、社会的、文化的和政治机构的大规模范围内的适应、融合和变迁亦随之发生。

本土社会全球关联的模式可能引起更广、更深和更快的跨国行动的发生。赫尔德（Held）和其同事（Held, McGrew, 2003）认为全球化是一种（或一系列）的过程，这个过程包含了空间组织在社会关系和跨国行动上的变迁，体现在广度、密度、速度和影响上，使得跨国、跨地区的社会流动和活动、互动的网络发生，产生促进这种力量发生的作用。因此，我们仔细考虑就可以将全球化看成是世界范围内的互动关联，这种关联发生在现代社会生活的方方面面，从文化到犯罪，从物质到精神（Held, 1999）。研究的关键是全球关联的模式，我们将继续对前文提到的社会—空间联结类型进行讨论。这四种不同的模式以及应用这种全球联结类型的支持案例，将在后面几章进一步加以讨论。

第四章　华人全球联结：从往昔到如今

民间的跨国界联系并不是传说。自从第一支骆驼队冒险到国外去，就有了民间跨国界的经济和文化联系。“丝绸之路”，尽管不是一条很显眼的公路干线，但它是中国人早期跨国行动的传奇，骆驼商队不远万里穿越中亚地区，沟通了中国和罗马两国，建立了早期的国际联系，同时也是中国与西方国家联系的象征（Embree, Gluck, 1997, p. 25）。

近四百年来的世界历史中，随着资产阶级进行资本积累，向世界各地扩张产品市场，跨国行动因而迅速发展起来。“他们遍布世界各地，在那里定居并建立了联系”（马克思 , 1967）。在马克思看来，资本主义的发展带有全球特征，不仅影响了经济生活，还影响了社会生活；不但对生产造成影响，还大大影响了消费。

> 古老的民族工业被消灭了，而且每天都还在被消灭。它们被新的工业排挤掉了，新的工业的建立已经成为一切文明民族的生命攸关的问题；这些工业所加工的，已经不是本地的原料，而是来自极其遥远的地区的原料；它们的产品不仅供本国消费，而且同时供世界各地消费。旧的、靠本国产品来满足的需要，被新的、要靠极其遥远的国家和地带的产品来满足的需要所代替了。过去那种地方的和民族的自给自足和闭关自守状态，被各民族的各方面的互相往来和各方面的互相依赖所代替了。物质的生产是如此，精神的生产也是如此。各民族的精神产品成了公共财产。民族的片面性和局限性日益成为不可能，于是由许多种民族的和地方的文学形成了一种世界的文学。
>
> （卡尔 · 马克思，1998, p.17）

人们在生活中早已感知到全球联结的存在，然而却无人问津，甚至连古人的探险传奇也被置若罔闻近千年。《未被发现的海洋》一书充满了关于冒险家全球旅行的奇妙有趣的故事，包括马可·波罗（1254—1324）、郑和（1371—1433）、克里斯托佛·哥伦布（1451—1506）、瓦斯科·达伽马（1460—1524）、亚美瑞格·韦斯普奇（1451—1512）、瓦斯科·努涅斯·巴尔博亚（1475—1519）、斐迪南·麦哲伦（1480—1521）、弗雷西斯·德雷克博士（1540—1596）、葡萄牙亨利王子、西班牙斐迪南国王和伊丽莎白女王（Cheung, 2007, p. 290）。直到19世纪，文化和科技发明比如邮政服务、报纸、跨境公路和大型蒸汽轮船大大影响了社会生活，给社会带来了根本性的变化。随后，电报、电话、收音机和电视机将世界各地的人们更加紧密、复杂地结合在一起。近些年来，电子计算机、互联网、无线电话、有线电视和喷气式飞机更是加速了人们之间的社会联系，同时也使这种联系进一步复杂化。显然，以人为本的全球联结越来越密切和强大，同时越来越广泛，史无前例。不同类型的国际联结进而促进跨国实践和跨境关系的发展，从一开始的经济变革扩展到品味、时尚和观念。本章我们将从历史的视角来探究中国领土上的跨国行动和全球联结。

一、追忆马可·波罗的足迹

根据《马可·波罗游记》记载，三位意大利的先驱航海家跟随可汗的军队进入中国，到达“赛里斯”即丝绸之乡，也就是世界的东方（Wood, 1996, p. 121）。1271年，十七岁的马可·波罗离开了他的家乡意大利威尼斯，同他的父亲和叔叔一起开始了长达24年的航海旅行，这次旅行把他带到一个在欧洲从没听说过的地方。当马可·波罗最后回到威尼斯之后，他将旅行见闻写成了一本书名叫《马可·波罗游记》（Polo, Moule, Pelliot, 1976）。在他的旅行中，马可·波罗了解到很多亚洲的风俗文化，他的著作也包括对这些发现的介绍。例如，他写到燃煤取暖、使用纸币而不是硬币。欧洲采借了这些对他们来说比较新颖的观念，并使这些成为他们文化的一部分。

马可·波罗深受可汗赏识，可汗任命他巡视中央、中国北方和东南亚包括印度的商业。1292 年，马可 • 波罗护送一位名叫阔阔真的蒙古公主到波斯成婚，离开了可汗的王国并于 1295 年回到了威尼斯。1296 年马可 • 波罗参加了威尼斯与热那亚之间的战争后被俘（Cody, Sprinchorn, 2007）。除了在中国旅行中巡视可汗商业，马可•波罗还曾在扬州为官三年。一些资料显示马可 • 波罗曾管理中国盐业（wood, 1996, p. 125）。《马可 • 波罗游记》的序言说他几乎没有时间来处理这个职务，因为他把更多的时间用于在可汗幅员辽阔的商业领域游览。他说他按照要求来报告情况，同时也尽可能多地收集沿途中不同地方、人们和风俗的信息，因此而取悦大汗（Wood, 1996, p. 125）。

马可 • 波罗考察了亚洲很多地区，包括阿拉伯世界、波斯、日本、苏门答腊岛和安达曼群岛，甚至还到了东非桑给巴尔岛。他将纸币、石棉、煤炭以及其他当时欧洲人不了解的现象传播到了欧洲。他发现了许多亚洲的壮观景象，尽管有人认为其中有些内容是虚构的和夸大事实的，但是学者们一直赞同他所目睹的事件以及他见到的人都有着很重要的历史价值。在文艺复兴时期，它几乎是西方唯一有关东方的信息来源，直到 19 世纪末，欧洲的文献中才有了关于中亚地区的一些资料（Burland, 1970; Larner, 1999）。

如今，在以全球数码时代为标志的迅速增长的新经济环境下，商业可以使用“马可 • 波罗”的方法来获取成功。马可 • 波罗在未知领土上进行的漫长的旅行中，通过适应环境和建立联系逐渐壮大自己；他能够通过学习语言、文化与中国进行商贸往来，并能够对本土社会变迁做出有意义的观察。

数码时代我们可以将马可 • 波罗的全球营销技巧归纳为以下八点：

• 克服个人的局限性。比如有些自我想象的企业基于本地运作而不具有国际化行动策略。

• 通过各种方法来“发布”有关生产和服务的信息，实现数码化。例如，一家专门运输危险物品的货运公司通过运用他们的专业知识来实现全球化营销而不是向世界各地投入更多的货车。

• 具有独特性。拥有一种别人不能提供的产品或服务，你将拥有足够的机会而不用担心别人通过价格、服务或更好的质量来取代你。

• 做一个专家，而不是通才。一站式购物的确是优势，但是要想和全球市场竞争，你必须让自己成为一个专家。只有成为公认的专家，才会有客户追随你。

• 成立一个专业化的市场部门。比如成为樱桃派种植园的主人，而不是农民；或者是为家族企业主服务的财务策划人，而不是寿险销售员。重申一次，你的独特性和专业知识是在全球市场中最好的卖点。

• 运作于先进的数码市场。马可·波罗可能是一位探险家，但是你不必把自己的全球化关注点直接放到那些已经有了先进的数码经济的地方。

• 发展本土的数码合作伙伴。把你做生意的当地伙伴（代理商、经销商、进口商、出口商等）充当你和你想要进入的文化的使者和翻译，同时也是你的代表，他们必须符合你的专业化标准。

• 使用科技促进全球关系。基于每个以互联网为基础的商家对商家的电子商务（B To B）实际上都是人对人的关系，在增加奇特的数字信号之前，想一想这样的更新是否能够提升消费者的服务满意度或者缓和与供应商之间的交易压力，这反过来也可以促进你和他们之间关系的发展。

（一）郑和下西洋：中国式哥伦布

对东南亚来说，历史上中国是一个伟大而遥远的国度，郑和下西洋使中国变得不那么遥远。15 世纪早期郑和率领的远航舰队穿越南太平洋和印度洋，远达东非海岸，在海外大大传播了明朝的声望（Embree, Gluck, 1997, p. 720; Stuart-Fox, 2003, p. 92）。

1405—1433 年，郑和率领船队先后进行了七次伟大的海上航行，除了最后一次，前六次都是在永乐皇帝的命令下出海远航的。除了大大提升了中央王国的财富和声望之外，这些船队的影响持续了很多年，远远超出了中国沿海地区（Feng, Mills, 1970）。

1405—1407 年的第一次航行由 317 艘船组成，其中有 62 艘被称作“珍宝船”，长达 120 米，宽 50 米，有 9 根桅杆，4 块甲板还有水密舱壁，它们的体积是葡萄牙在一个世纪以前驶入印度洋的最大帆船的几倍，代表了 15 世纪航海科技的巅峰。第一支舰队有 27 870 人，包括官员、士兵、水手、翻译、医疗后勤兵、各种擅长船只维修的技工以及掌管供需平衡的官员，来评估和妥善保管珍宝、礼物和贸易交换物品。这支舰队至少访问了 10 个国家，远达南印度海岸的科钦（Cochin）和卡利卡特（Calicut），在那里驻留了 4 个月，等待返航前季风的转变。

随后的两次航行发生在 1407—1409 年和 1409—1411 年，郑和带领船队再一次去了卡利卡特，第三次航行还到访了斯里兰卡。第四次航行在 1413—1415 年，首次离开了印度到达位于波斯湾口的霍尔木兹海峡，那一次航行由 63 艘船组成，载有 28 560 人。1417—1419 年的第五次航行沿着非洲海岸行驶，远达蒙巴萨岛（Mombasa）北部的马林迪（Malindi）。关于这一次或者第六次航行（1421—1422），没有记载显示船上的补给和幸存的人数。第六次航行到达了亚丁湾（Aden）和摩加迪沙（Magadishu）和布拉瓦（Brava）的索马里港口（Stuart-Fox, 2003, p. 84）。

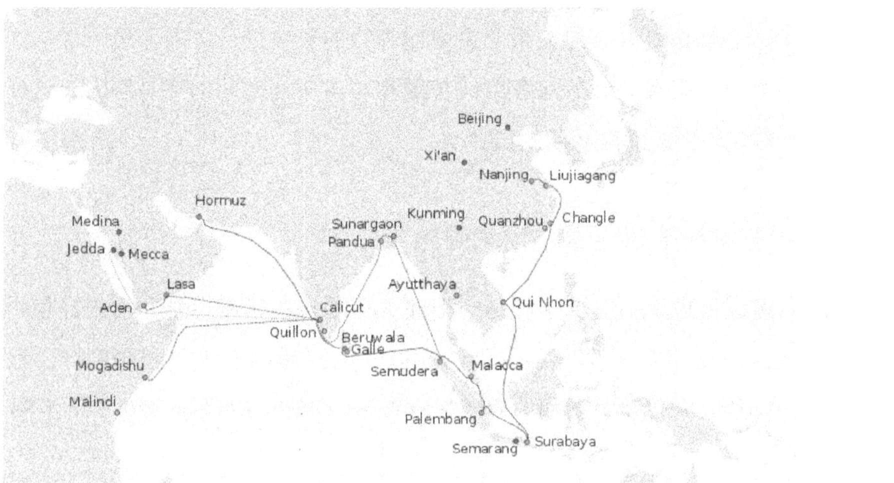

图 4-1　郑和七下西洋的路线图

（*来源*：http://en.wikipedia.org/wiki/File:Zheng−He−7th−expedition−map.svg）

学者们认为郑和下西洋之后，明朝的外交关系进入这样的状态："防御性、被动的和官僚主义模式"（Wills, 1984, p. 19）。永乐帝朱棣不再向外扩张，这被官方认为是基于中国人的优越性和强大的力量这一传统世界观，并且有务实的经济和政治上的考虑。郑和 1435 年在南京逝世并葬于当地。郑和在他七次航行的过程中，亲自访问了 37 个国家，并成为那个时代最重要的大使（Stuart-Fox, 2003, p. 85; Yamashita, Guadalupi, Bibb, 2006）。

一些历史学家往往认为，郑和在殖民时期的发展中扮演了重要角色。如果没有他庞大的舰队，中国也许不会发生改变，失去其科技和军事方面的巨大优越性。进而，欧洲也很可能不会接管香料贸易，也就不会入侵亚洲和非洲。郑和留下的最宝贵的遗产，那就是他鼓舞了中国人打破闭关锁国和传统的儒教理想，而是尝试到外面探索并定居国外（Kurtenbach, 2009 年 10 月 18 日）。

今天，有近 5 000 万中国移民定居在全世界 140 多个国家，海外华人对东南亚经济发展做出了重大贡献。在印度，当地人把郑和当作神来膜拜，他永远留在人们心中。即便是在非洲，也有一部分人声称自己有着中国人的基因，他们事实上可能就是郑和舰队上船员的后代。

二、买办商人：中间人角色

关于将买办视为中国人与外国人的联结这一观点备受争议。历史上人们对买办的评价是比较消极的，尤其是在文化大革命期间。从 20 世纪 80 年代开始，中国历史学界开始对买办的作用有了更积极的评价。“买办”一词的定义是外国在中国设立的代理人，控制中国的雇员以及充当商业事务的中间人角色（Merrian-Webster, 2007）。买办的角色产生于通商口岸制度，它是中西方碰撞而产生的混合经济和商业秩序的缩影。在中国的通商口岸，买办通常是银行家和商人：他们不仅熟悉中国市场和地方的买卖手段和环境，而且足够了解外国人并能提供必要的帮助。

外国人和中国官方或商人的联系仅限于个人或外交商业谈判的需要，因此，外国公司和中国商人的贸易直接由买办来处理，他们对中国的分公司负责并且处理在中国的具体事务。所以，买办不仅仅是商业的中间人，而且在一定程度上，他们是独立的商人，也就经常会充分利用自己的重要地位以及与外国人直接接触的优势，由此增加自己的财富。

19 世纪的大型商业往来如果没有这群中间人发挥作用几乎会中断，这些中间人头脑灵活，而且掌握外国语言（Lu, 1999）。如果没有他们，外国公司很难在中国做生意，因为在那个时代中国人很少会说西方语言，而西方人也很少会讲中国话。而且，西方的商人对中国的市场和商人的行为并没有充分的了解。因此，许多中国的商人并不会直接与外国人进行交易。由于买办很好地弥补了这一缺陷，所以在中西方的商业交往活动中买办的角色十分重要。他们的高工资和佣金（这比他们的工资高得多）很快使他们成为中国的暴发户（Hao, 1970）。由于买办们和外国公司保持着很紧密的联系，所以他们的生活方式、行为和价值观也深受西方人影响（Wright, 1908）。

除了给外国公司工作，大多数买办还经营着他们自己的公司。因此，20 世纪 20 年代，尽管由于内战买办有所减少，但他们仍然维持着中国最富有的阶层地位。事实上，从历史来看，中国城市的许多资本家，特别是大工业家都曾是买办（Wei, 1979）。这一点在上海总商会的成员中体现得十分明显，上海总商会成立于 1902 年，在 20 世纪早期成为城市最有影响力的商业组织。1925 年，45% 的商会理事和 22% 的会员有着买办和商人双重身份（Huang Jiang; Tang, Xu, 1990）。显然，买办们与外国公司、文化的紧密联系使得他们成为地方和全球沟通的重要桥梁。

（一）通商口岸及其西方联结

毋庸置疑，现代上海的诞生伴随着西方对华的影响。200 年前，上海只是一个小小的渔村和海边小镇。1842 年，上海变成英国的通商口岸，在与西方殖民主义文化紧密而多方面的联系之下，上海迅速成长发展起来。成为通商口岸标志着上海成为紧密联系西方并为西方所控制的势力范围，然而最终上海变成了中国现代化和全球化程度最高的城市则是一个始料未及的结果（Lu, 1999）。

上海的快速发展可以以历史经济数据来衡量，比如港口的船舶进出口量。从 1844 年港口开放后第一年的 44 艘外国轮船载重 8 584 吨进口产品进入上海，增长到 1849 年 133 艘轮船载重 52 574 吨，1863 年达到 3 400 艘轮船载重 964 309 吨，繁荣的贸易主要是鸦片的进口和茶叶、丝绸的出口。从 1860 年起，法律上规定外国人在中国任何地方出入自由。原本被限制在通商口岸和其他一些城市的直接商业、房屋和产权也开始对外国人开放。传教士有权在中国居住、占有和租赁房产，并且有权在中国任何一个地方工作。

1845 年划出了上海一些地区作为外国租借地专门供西方人定居（Wei, 1979）。在这些外国人定居地的范围内，禁止中国人购买或租赁土地，无论是用来居住还是商业用处。法租界在城市的南部接壤着有围墙的老城，新建的英租界在城市的北部；

美国人定居地在虹口，即苏州河的北岸，也就是城市东北部五英里处。后来，英国、美国的租借地正式合并。特别是1899年之后，这一租借地作为国际居住地而闻名（Wei, 1979）。到了19世纪末，三大主要资本主义国家都在上海形成自己的势力，也推动了在上海的外国人口的增长。

1842年《南京条约》向外国人开放上海之后，西方影响力刺激了城市的发展。20世纪30年代上海凭借其繁华的港口成为殖民地，并且是世界第五大人口最多的城市。上海被誉为“东方巴黎”，中国最开眼看世界、最现代化和最进步的大都市。这里人们的企业精神、宏伟气魄和冒险精神是不可征服的品质。

由于西方元素的参与，从19世纪中期开始许多现代城市生活的便利设施引入上海，包括银行（1848年首次引进）、西式街道（1856年）、煤气灯（1865年）、发电厂（1882年）、电话（1881年）、自来水（1884年）、汽车（1901年）和有轨电车（1908年）。因此，到20世纪初，即使是以西方标准来衡量，上海租借地也已经有了现代城市的“基础设施”。到20世纪30年代，上海达到了世界最大城市的标准（Lee, 1999）。

上海的外国人：历史的视角

在中国租借地的外国人逐渐增加。1844年，上海只有50个外国人，第二年有90人，五年以后增加到175人。此外，海滨港口地区还包括一些流动人群（Pott, 1936）。

根据1915年上海的人口普查数据，国际租借地的总居住人口达638 920，其中620 401是中国人，18 519是外国人。法租界的数字是：中国居民146 595人，外国居民2 405人。两个租借地总共787 920人。包括住在混合区域的中国人，上海总人口数是1 500 000。外国居民中，涵盖了30多个国家。1920年人口普查数据比1915年有所增长，外国人口23 307，中国人口759 839。在外国人社区中，人口增长主要集中在日本人和美国人。1925年人口普查数据显示了更进一步的增长，外国居民总数达到29 947，中国居民人数达810 299。与此同时，法租界有外国人口7 811，中国人口297 072。

三、现代化的曲折探索

1949年以后，中国再度对西方封闭国门，这在中国近代史上是十分遗憾的事情。国家完全处于孤立状态，并保持着苛刻的对外移民政策，到1979年为止的30年间基本处于这样的状况中。国家几乎不允许任何人出国（即便是旅行或者探访亲友），也不许外国人进入中国。在那政策极度限制的时期，中国的护照专门发放给从事国家贸易的政府工作人员，特别是那些处理外交事务的人员。那时也会有数量极其有限的出境许可证发给为了和已经移居香港或澳门的家人团聚的公民。几乎没有人能够拿到去美国或西方国家旅游的出境许可证（Zhou, 1992, p. 55）。

冷战时期中国与西方国家之间切断了信息和交流的渠道以及其他形式的民间跨国联系。中国人几乎不知道国外的事情，甚至和居住在外国的家人的联系也被割断了。文化大革命之后（特别是20世纪80年代），中国逐渐解除向外移民和某些跨国行动的阻碍。然而，这个过程是选择性的：只有那些在海外拥有亲属并且提交了足够的移民文件资格的人才可以申请护照和获取出境证被批准出国（Robbinson, Baum, 1971; Zhou, 1992, p. 56）。于是，只有那些在海外有影响力的亲戚或朋友的人，他们收到来信，信中说明出国情况并含有预付支票，国家才能受理他们的移民申请。

（一）对中国与西方断绝关系的再评价

就在20世纪50年代中国与西方断绝关系的同时，中国与苏联及“社会主义阵营”的其他国家关系逐步改善。中国领导人强调与共产党执政的国家友好相处，并照搬苏联的一切东西，包括基本的意识形态价值和机构，以及科学和技术（Barnett, 1981）。中国和苏联在教育、知识、军事和经济领域建立了广泛联系，中苏关系空前融洽（Wang et al., 1992）。

与此同时，虽然中国和第三世界的非共产主义国家逐渐发展联系，但是中国与日本、西欧国家的关系仍然十分紧张。朝鲜战争使中美关系走向敌对状态，更进一步加强了中国的对外封锁政策。中国继续保持和西方极其有限的联系，实际上把自己和主流国际社会发展隔离开来，置身于全球经济体系之外。

从1960年开始，中国的流行一句口号叫作“自力更生”。国家采取这种自力更生、自谋发展的战略，除了一些重要的国家贸易，中国切断了与外国的一切经济文化联系，中国领导人试图减少受西方的影响，特别是受美国的影响。

20世纪60年代末的文化大革命期间，对自力更生的强调达到了顶峰，而与其他国家的外交和政治联系也跌到了低谷。当时，有一些中国领导人试图扭转在国内的经济政策潮流，据报道至少有几个人主张更务实、更外向的外交政策。直到20世纪70年代，事态发生转变，包括对外贸易显著增长。到1976年毛泽东去世时，自力更生的理想信念仍然很坚定（Giles, Park, Wang, World Bank, 2008）。虽然经济政策有所调整，但是从根本上来讲，独立自主、自力更生的传统观念仍然没有动摇，通过严格限制与外国的联系从而防止外国的影响和侵蚀。

中国对外经济政策伴随着国家发展目标、策略和政策的重大变革。事实上，中国在对外的政治和策略方法方面具有一定的延续性。目前中国的新经济政策主张和发达的工业国家或西方国家建立联系，这是举世瞩目的成就。过去的三十多年来，中国的经济改革、国际贸易和跨国实践都证实了这种经济政策的成功（Grasso, Corrin, Kort, 2009; Sutter, 1978）。

（二）逐渐解除向外移民的障碍

文化大革命之后，特别是20世纪80年代，中国逐渐解除了向外移民的障碍。有些曾经因为有“海外关系”而遭到文革[1]迫害的人突然受人羡慕和尊敬，成了有着较高声望的人。海外的亲戚寄给他们很多钱，他们有能力购买奢侈品，他们的生活水平比那些没有海外关系、主要依靠工资维持生计的人要高很多。例如，20世纪80年代早期，中国普通百姓家几乎没有彩色电视机这种奢侈品。只有那些拥有海外关系的人才有可能拥有彩色电视机，因为一台电视机的价钱相当于一位工薪阶层三年的收入。另一组出国人群是学生，他们大多数来自富裕家庭并有一定的海外关系。

[1] 有关文化大革命的情况，参见：Cultural Revolution—Infoplease.com: www.infoplease.com/ce6/history/A0814235.html#ixzzlbfEvPMFm.

例如，1988年在将近40 000位在美国的中国学生中，40%是依靠海外的家庭或亲属的资金支持的（Zhou, 1992, p. 61）。

由于美国放松了其基于原国籍的不平等的移民配额制度，中国也对移民的态度更加开放，人们便开始向外移民。然而，只有那些在国外有亲友的中国人才可能做到（Zhou, 1992, p. 71）。由于新的通讯技术和社会网络的发展，所以移居外国的人仍然可以和国内保持联系并且分享他们的移民经历。中国人与外界的联系开始改变了跨国行动的模式，全球联结也日益显现。

中国近代史上从早期的殖民主义模式到现在的外国在中国直接投资建立跨国公司，对于我们理解全球联结的宏观模式和社会结构的变迁都是至关重要的。然而，这些跨国连接中最根本的也许还是通过民间的迁移而产生的跨国行动。20世纪60年代早期至90年代初期间，向澳大利亚、加拿大和美国等地移民定居的亚洲人比例从大约5%增加到40%（Leong, Berry, 2010）。

通过跨国行动和民间联系而使得文化传播空前强化，也就是我们所说的个体全球化过程，这一过程也可以理解为社会参照群体的不断扩展。人们之间的跨国联结成为在不同形式、不同宪法和不同法律的国家之间所发生的不同文明之间的交流。如果他们必须居住和生活在一起，他们面临的问题就是如何更好地透过多样性而实现同一性，融合差异性与相似性，始于独而终于和。同化和适应是通向联合的途径（Maunier, Lorimer, 1949）。这就是已经成为事实的本土社会变迁的根本驱动力。

1．海外华人寻根问祖

通过海外华人的亲属关系网络，使得商业信息迅速扩散，实现跨国劳动力派遣以及私营企业必要的金融贷款，中国的全球移民无疑形成了广泛的跨国实践和跨文化融合的重要力量。

使用人脉关系获得的利益往往是在中国大陆、台湾和香港社会所通行的并且极其相似的方式，这也成了海外华人社会继承中华文化的生动案例（Harris, Pieke, 1998, p. 133）。定居海外的华人采取的共同做法就是建立联结，争取在居住国的发展机会。同时，尽管文革几十年的时间使得他们与祖国的这份感情变得遥远而淡薄，早期的移民仍试图找回或重建他们与家乡的联系。

20世纪70年代中期开始，移民和外国出生的中国人中有很多人来到中国旅游。

据说通过这样的旅行，海外华人更加清楚自己和国内同胞的差异在哪里。“归国省亲”的经历使得许多海外华人重新开始了他们与国内的联系，以及对家乡的文化根源的认同，并且激发了他们在自己家乡投资和引进。亲属关系过去是被用来满足扩大餐饮业需要更多的工人，以实现自我就业所提供的金融援助（Sinn,1998, p. 431）。而现在海外的移民通过日新月异的交通和通讯技术与家乡保持着密切的联系（Sinn, 1998, p. 294）。

移居海外意味着什么对海外华人来说是必须思考的问题，因为只有少数华人直接生活在同质性很高的华人社区。保持与海外华人的联系可以增加在全球范围接触和发展的机会（Parker, 1998, p. 112）。各种各样的跨国实践随之发生，比如链式移民、回国探访、和家乡保持持续的联系、同乡会、同宗会等都是以亲属关系、地缘关系或业缘关系形式而建立的。借此方式，海外华人越过千山万水和他们的祖国保持着联系（Harris, Pieke, 1998, p. 116）。

台山，广东省的一个县，是许多定居北美的华人的故乡。在 1965 年美国移民法案调整之前，美国几乎一半的中国移民都是来自台山县的。历史资料显示台山人居住在太平洋的两岸，同时和家乡及移居地保持联系（Cooper, 2002）。台山县在中国和美国之间形成的这种跨国社区让我们看到一种模式，这种模式告诉我们跨国联结是如何创造性实现的。

目前有一个研究领域是研究中国南方的海外华人与侨乡的联结以及这种联结如何影响到企业家精神和当地经济发展的。初步证据表明跨国行动和全球联结的模式是当地社会宏观结构变迁的重要指标。显然，侨乡的这些全球联结影响了本土经济和宏观社会结构的变迁。我们将会在后面的章节中提供更多的案例分析。

（三）出国留学的热潮

文革结束后，中国领导人意识到国家发展的滞后，并且努力追赶世界其他国家的经济、科技发展水平。他们颁布新政策鼓励“成千上万的学生和数以百计的专家代表团出国考察，同时欢迎国外类似的代表团和学生来访”。这一开放的政策在中国的政治文化中影响深远。学生、专家和教授纷纷出国，然后把西方的民主、资本主义的理念和观点带回来，尽管其相对积极的效果是获得了西方资本主义经济科技、管理知识和技术经验的传播，然而，从政治上来说，这次实践却导致了大多数的不满（Glassman, 1991, p. 118）。

从1980年开始，越来越多的中国人到美国去读书、培训、工作或旅行，其中成千上万人携带配偶和孩子同行。美国移民归化局（INS）报告称来自中国的非移民数量达到655 000人，是1981年的5倍之多（111 000人）（Price, 2001年4月8日）。1998年，美国移民归化局数据显示有超过54 000名中国学生被美国大学录取，另外还有10100名中国员工临时受雇于高科技公司。

如果我们回顾从1952年到2000年的历史，中国学生到海外留学的人数大大增加。1952年仅仅有231名学生在外国留学，而2000年则有38 989名留学生，几乎是1952年的168.8倍。值得注意的是，1978年在国外留学的学生人数是860人，1979年改革开放以后这个数字则是1 777人。开放政策促使更多人到海外学习，也因此而增加了华人的全球联结。

旅游者是到访美国的非移民的中国人一大类，占据了总数的一半。成千上万个非移民的中国人来到这个国家，每年有30 000—40 000名中国人被允许移民。进入美国的中国移民的数量迅速增长，1993年那年总共达到了65 500人。

四、再度登上全球舞台

20世纪80年代中国改革开放的政策和实践很大程度上归功于邓小平的远见卓识和果敢决定，他是后毛泽东时代一位最重要的国家领导人。从那以后，中国人的跨国行动和全球联结迅速发展，越来越壮大。

20世纪70年代末，邓小平和他带领的领导集体以新的方式调动全国人民的力量，使之成为重要的世界强国。从中共十一届三中全会开始，邓小平重新确立了四个现代化的目标，取代了毛泽东时代的阶级斗争为纲，而以经济建设为中心。用物质激励和奖金刺激的方法来促进经济的现代化和对外开放。换言之，增强全球联结成为一种优先考虑的选项。

直到20世纪80年代，城市和农村的改革取得了成功，变革了所有制结构，经营方式的多样化，并且让更多人参与决策。市场经济体制成为改革后的计划经济的重要组成部分，产品流通更自由，商品市场迅速改善。对外开放的政策增加了全球联结带来了经济的显著增长，提高了科技水平，改善了与其他国家的贸易关系。

中国同163个国家建立和发展正式的友好关系，和220个国家和地区开展交流项目和合作项目，涉及经济、贸易、科学、技术和文化诸多领域。中国也巩固和发展了与发展中国家的合作关系，建立了睦邻互信互惠机制。中国与一些发达国家以及国际主要力量的关系也在逐渐改善（《人民日报》, 2003）。

（一）外国资本涌入中国

总体来看，在改革开放初期，外国投资主要集中在中国沿海地区，但是随着时间的推移和政策的支持，外国投资逐渐从沿海转向长江沿岸的经济特区以及内陆省份。外国投资在中国大量扩张，越来越多的国际财团、跨国组织和其他有影响力的投资者都对中国市场充满期待。到2001年时，全世界超过170个国家在中国进行了投资，良好的投资环境和诱人的回报使外国投资者信心倍增。许多国际知名财团、跨国组织和大型公司选择中国作为他们主要的海外投资区，扩大生产或扩展公司规模，包括一些大型投资项目，如电力、桥梁、高速公路和其他基础设施项目，还有些则致力于长期计划或中程计划的投资或再投资。

除了外国直接投资的显著增长，中国在致力于发展高科技产业领域也取得了巨大的进步。由于信息科技的浪潮不可避免地削弱政府对通讯网络的控制，使得信息在全国范围内自由传播（Hale, Hughes, 2003）。中国媒体将国外每日更新的信息和娱乐项目传播给家家户户，过去很难有机会学习外国文化，如今这种学习蓬勃发展起来。

固定电话线的安装总数是1989年的90倍，达到了3.97亿。6 900万人可以通过个人电脑接入互联网，2000年这个数字是890万，现在有更多的人用自己的手机登录互联网。中国是世界上最大的电视市场，3.88亿电视用户，到2009年17.46亿有线电视户。有线用户份额占据中国付费电视市场的99%，并有望在2014年保持在整个市场份额的95%（Wang, Bisson, Aguete, 2010年11月21日）。中国也是手机的最大市场，目前已有2亿用户使用手机，平均每月销售200万部。

沿海发展战略

> 改革很大程度上调整了计划与市场的角色。在20世纪80年代早期和中期，传统的社会主义计划经济体制逐渐解体，一种指导性的计划经济体系逐步确立，或者叫作社会主义市场经济。通过双轨制价格体系（市场和国家固定价格）的建立来逐步引入市场机制。中国逐渐从计划经济转向适应市场和资源的国家宏观调控政策（Singh, 1992）。因此，目前的状态比之以往任何时期显得更灵活，更显企业家精神，更注重法制，也更强调科技创新（Demirgu, Kunt, 1992）。

毋庸置疑，对外开放政策旨在促进外国对中国的投资，发展对外贸易和出口导向型经济。为了增加外资和与全球市场的联系，中国政府放松了对外资的控制，采取优惠政策，通过降低关税、减免税收以及许多其他的激励措施来为外商投资者开放更多的门户（Grub, Lin, 1991）。1980年建立四个经济特区（SEZs）（深圳、厦门、汕头和珠海），1984年开放14个沿海城市（OCCs）。另外，三个三角洲区域（长江、珠江、环渤海）、海南岛和其他边境城市也很快开始对外商开放投资。全球经济结构调整和经济活动的全球化促进了中国的这些改革进程。当然，中国潜在的国内市场、廉价的劳动力成本、广泛的网络和政策激励，十分有助于外商在华直接投资（FDI）的增长。

改革开放初期，中国采取“让一部分人先富起来”的政策。六五计划（FYP）（1981—1985）中，政府鼓励各个地区因地制宜发展地方经济。1985年开始“三个经济区域”（或三个经济带）战略，沿海地区发展高新科技，积极参与国际市场，中西部地区以发展能源、农业和矿业为特征（Wei, 1998, 2000）。

沿海发展战略（CDS）是政府1988年颁布的，旨在促进中国的对外开放政策，通过发展沿海地区的经济增强中国在国际市场的竞争力。沿海发展战略主张沿海地区应该更多参与国际市场，发展外向型经济。沿海地区的工业生产应该“两端（采购和销售）朝向全球市场”（Tzeng, 1991年3月）。

20世纪90年代的改革进一步刺激了权力下放、市场化和全球化。五个沿海省份（浙江、广东、江苏、福建和山东）紧抓机遇刺激经济发展，增强自己的市场竞争力。20世纪90年代早期和中期，这五个省份实现了巨幅的经济增长，比中国其他地区都要迅速。由于沿海地区作为一个整体发展要比内陆地区迅速，20 世纪 90 年代中国呈现经济发展的不平衡。

（二）本地的外国居民

中国对外国人的吸引力与日俱增。自从三十多年前中国对外开放，大量的外国人来到中国，其中许多人融入到中国的当地社会而成为短期或长期的居民，逐渐适应了当地文化和日常生活。来自海外的人希望在中国生活和经商，他们可以申请一张“绿卡”而永久居留（《中国日报》，2001 年 12 月 15 日）。

由于中国缺乏掌握高端技术的人才，中国政府为了吸引海外的专业人士到中国来，在移民法规中做了调整。据《中国日报》（2001 年 12 月 15 日）报道，国家鼓励在“信息技术、生物技术、新材料和制造技术，以及航空航天技术等专业知识”的海外专业人士来华，他们将获得长期或永久在华居住权，这些人才也将获得政府倾斜性“优惠政策”的支持。这些移民法规方面的变化旨在吸引外国求职者，缓解国内高新技术领域专业技术人员短缺的压力。新修改的移民法规将适用于海外华人、海归和华侨。新规定同样也使海外的猎头公司进入中国劳动力市场变得更加容易，政府允许外国猎头公司和中国当地招聘机构组建合资企业，这将进一步促进聘用外籍人员的趋势。

1. 外国人在中国的定居点

以往在中国的外国人习惯上选择定居在为他们特别设立的居住区。如今，公司的西方管理者和其他高薪的外国人更可能在上海过去的法国租界内买一幢别墅或者在北京买一套传统的四合院。1985—2004 年，中国政府批准 3 000 名外国人在中国定居。到 2004 年，总共有超过 200 000 外国人生活在中国（《中国日报》，2007 年 7 月 20 日）。

在上海，日本人是最大的外国人群体；他们乘坐早班车到杭州或南京，或者去他们的三菱、日立、索尼、佳能或者其他日企上班。从中东地区来的穆斯林来到世界最大的小商品市场 —— 浙江义乌做生意。阿拉伯商人购买“中国制造”的产品，然后卖给黎巴嫩、叙利亚、约旦和巴基斯坦（Jiao, 2003）。

毫无疑问，在中国定居的外国人越来越多，由此全球联结也迅速发展起来。对当地居民和地方政府来说，这既是一个新的机遇，又是一种挑战。

2．外国学生来中国留学热潮

教育部（MOE）的数据显示2007年有520 000名来自166个国家的外国学生，这个数字第一次等于在国外留学的中国学生。在这些留学生中，77%来自来自亚洲，来自美国和欧洲的学生各占10%，2%来自非洲，还有1%来自大洋洲。排名前五位的国家分别是韩国、日本、美国、印度尼西亚和越南，这些国家的学生占中国留学生的大多数。美国来华留学生的数量也在持续增长。十年前，美国大约有3 000名留学生来到中国；到2001年大约有50 000名留学生从美国来到中国（Bhandari, Blumenthal, 2011; Li, 2002年1月4日）。

海外留学生在中国选择的项目从短期的语言学习到长期的金融、经济和贸易专业的学术学位申请。中国文学和中医学是海外留学生最青睐的科目，63 000多名选择在中国修读中国文化专业，4 070名留学生被中医学录取。

专家称越来越多的外国学生选择来中国学习是因为学习和住宿费用相对其他国家而言低廉一些。而且中国政局稳定，经济发展前景较好，高等教育的质量也在不断提高。数据显示北京接收的留学生最多，其次是上海和天津，然后是江苏、辽宁、山东、吉林、黑龙江以及其他省份、自治区。

随着中国与外国的交流不断扩大，上海经济迅速发展，来上海的留学生数量也在不断上升。20世纪80年代，仅有1 500名外国留学生在上海读书，但是到了2001年，这个数字增加到6 300人，占来华留学生总数的12%。据报道这些留学生来自113个国家，就读于上海24所大学（Bhandari, Blumenthal, 2011; Li, 2002年1月15日）。

3．国际社区的兴起

自从三十多年前中国对外开放，越来越多的外国人开始融入中国社会，他们中的有些人已经适应了中国的本土文化，也融入到了他们工作和居住的社区。

来自各地的外国人和中国人和睦地生活在一起。在改革开放之后的几年，许多外国企业家和科学家定居上海。于是上海出现了国际社区，由此形成了更多更紧密的全球联结。上海确实是一个充满活力的世界城市（《人民日报》，2002年12月

13 日）。

在上海，特别是在浦东新经济区的外国公司的集群，使得当地居民有机会为这些公司工作，并因此获得了建立全球联结的机会。据调查，浦东 200 家最大的合资企业雇佣了大约 200 名副总经理，1 000 名部门经理，3 000 名中高级工程师和技术专家，还有 30 000 名技术工人（Brown, Massey, Shaw, 1996）。这些企业和专业人士通过他们与生产相关的各种渠道而建立全球联结，将有助于振兴长江沿岸工业经济带以及国内其他地方生产商品以满足国内和国际市场的需求。浦东正是带动中国经济与全球接轨的领头羊（Zhao, Shao, Lin, Zhang, 2008）。

随着第一次“模范家庭”比赛的荣誉称号授予在上海的外国人，国际社区已扩大到家庭领域。所有的外国人，包括来自港澳台的住在上海达两年及以上的居民，以及遵守中国法律规章，积极参与公共福利服务的人，都可以来参与竞选“模范家庭”称号，总共有 300 个名额（《人民日报》，2003 年 7 月 30 日）。这一传统的中国活动吸引了住在上海的不少外国人的参与。

（三）上海：中国的“纽约城”

由于上海市民强大而影响深远的全球联结，上海成为中国在全球联结影响下实现本土社会宏伟变迁的范例。“对世界而言，上海以东方巴黎著称，是亚洲最大的城市；对上海人民和胸怀更加开放的同胞来讲，上海是中国的现代化样板。如果上海仅仅是中国的中心那显得太狭隘了；上海将引导整个世界。”（Yatsko, 2001, p. 13）

上海是 20 世纪中国最大的都市。它曾被形容为中国现代制造业和金融业的起源。它作为“东方巴黎”的辉煌过去被广泛用于宣传它的城市形象。许多学者指出，19 世纪 40 年代以后，外资工业大规模进入上海，催生了上海第一代企业家（Ho, 2002; Lee, 1999）。从那以后，上海市民开始建立各种各样与外国人的联系，而成为现代化的先驱，为城市发展和繁荣做出巨大贡献。

1949 年开始，由于当时中央政府的政策一度使得上海这个城市“靠边站”。从 1979 年开始，中国参与世界经济，国家领导人决心恢复上海繁荣，将上海打造成能够与美国、欧洲相媲美的全球城市。上海借助先进的交通和通讯技术以及受教育人口和高收入群体，经济得到迅速发展（Wu, 2007）。

上海拥有 1 400 万人口，是中国最大的、现代化程度最高和商业化最强的城市。上海是中国的经济、金融中心，每年吸引了成千上万的游客，得益于它优越的地理位置，上海具有优质的海上和内河港口。城市的商业区，过去的国际租界，外表十分现代化，有西方格调，宽阔的街道和大马路穿梭在林立的雄伟建筑之间。

上海越来越加强国际文化交流。1995 年，来自世界各地 20 个国家的 63 个文化和艺术代表团参观上海。这座城市成功地在香港地区、美国、法国和荷兰举行了“今日上海”照片展，还举办了一系列大型国际文化活动，包括上海国际电影节、上海国际广播音乐节、上海国际服装文化节、上海国际魔术节、上海国际哑剧节和上海国际芭蕾舞比赛（Yeung, Sung, 1996）。

越来越多的海外跨国公司在上海实施他们的大型高科技项目。到 1995 年底，大概有 100 家世界著名的跨国公司在上海的 298 家外资企业投资，总共投资涉及金额 55.43 亿美元。共有 999 个外商投资项目，每一项至少是 1 000 万美元。日本是上海最大的投资外商，其次是美国和德国，分别是 67 和 24 家企业，分别包括 13.14 亿美元的投资总额和 9.993 亿美元。其他在上海知名投资商包括英国、荷兰、比利时、瑞士、韩国和澳大利亚（Werner, 2001）。

2008 年 8 月 29 日，上海在浦东东部的陆家嘴区域建立的环球金融中心竣工，其高度在世界范围内名列前茅。[1]94 层楼达 460 米高，占地 335 700 平方米。除了办公区域，还有一个五星级宾馆、一个城市俱乐部、一个艺术博物馆和楼顶观光大厅。这座建筑使用了最新的抗震科技建造而成。

上海的手机用户突破 500 000 人。1982—1992 年，城市的手机用户仅为 10 000 人；仅 2007 年一个月的时间，增加 30 000 名手机用户，其中私人使用者占据 50%。当地移动电话网络的容量为 60 万台，在 2009 年底即超过 100 万台（Owyang, 2009）。

[1] 译者注：上海环球金融中心楼高 492 米，地上 101 层，是目前中国第三高楼（截至 2014 年）世界最高的平顶式大楼。参见百度百科：《上海环球金融中心》http://baike.baidu.com/link?url=3o-NzZ91TZiWzjX0UrCxB_NNIHEOHapNCqtcrFAqhQQXHECKB_Lc8ElEvL87sJ1ehg3-CIiftj_wBMjKVU2omkp7eo7172rUbkwDSuYW9UUPpnQUt1MZvthEHaK13cFvdDlmedq_TNcmqNj1ESCdzhpHWK3_OqkJhgZZFHzsbFRLNNH2lZqn1PdrlTQq457V，2017 年 4 月 27 日访问。

《上海环球金融中心项目简介》：http://swfc-shanghai.com/pdf/swfc_project_brochure_cn.pdf，2017 年 4 月 27 日访问。

城市的信息产业达到了世界领先水平。以宽带、高速和多功能数据为特征的“信息港”计划已经完成。此外，诸如融合信息输送、宽带IP城市网、数据网络和有线电视网络的变革等关键项目，以及宽带信息交流中心也全部已经完成。城市的海外接口电缆现在有1 500兆字节以及区域互动网络宽带超过100兆字节，覆盖95%的城市家庭。同时，引进了万能卡，比如IC银行卡、公共交通卡和社会保障卡。上海已经建立了世界上最大的城市有线电视网络，该网络覆盖了300多万户家庭，大约100万现在能够使用同一电缆上网，这一切都得益于有线电视网络的变革（Papadimitriou, Zhang, 2008; Wong, Nah, 2001）。

从历史来看，外国文化比中国传统文化对城市的发展产生了更大的影响。20世纪20年代和30年代，许多外国银行和跨国公司设在上海，沿着黄浦江堤岸建立了西式的银行建筑，被称为外滩。这些建筑形成了城市景观，被称为万国建筑博物馆。

在上海，人们可以品尝中国八大菜系，也可以品尝到正宗的西方菜肴。许多外国餐馆迎合在上海工作和生活外国人的口味。人们可以在瑞金路吃到日本料理，在衡山路吃到澳大利亚食物，在华山路吃到印度美食，在南茂名路吃到法国美食，在淮海路中央吃到英国食物，越南、意大利和韩国食物也可以在其他地方享受到。上海还有20多家麦当劳和50家肯德基（Living in Shanghai, 2009年8月）。

上海的居民还可以聆听到交响曲、室内乐和古典歌剧，还可以欣赏到京剧、沪剧和越剧。据一些世界知名演员所说，他们在上海都有自己的朋友。外国文化已经融合进这个城市本身的文化之中，这使得上海迅速成为国际大都市。

最近的官方数据显示目前居住在上海的外国人达到了70 000人，不包括200 000名在上海经商的台湾同胞。联合国估计上海人口到2015年将会达到2 340万。这是中国的商业中心，也是中国未来发展的核心。在中国没有哪个城市比上海更加生机勃勃、引人入胜，因此将上海称作中国的“纽约城”一点也不夸张（Owyang, 2009）。

第五章　华人全球联结：从机构到个体

为了充分地理解华人全球联结的历史趋势，我们需要探讨当前中国人的跨国行动和全球联结的状况。由于全球联结的快速发展与变化，学者将跨国社会关系作为新的研究对象，同时也需要对很多概念进行严格的定义，以助于正确地理解某种新的社会发展以及新的规范的形成（Gille & Riain, 2002, p. 275）。

"跨国行动"和"全球联结"的概念像是同一个硬币的两面。前者表示的是行为，后者表示的则是一种状态。个人的某种跨国行为必会对应一种全球联结的状态，个人的全球联结取决于他 / 她的行为或跨国行动。在第三章中我们探讨了基于社会—空间维度的类型学并对跨国行为和全球联结的程度做了评估。空间维度表示由近到远的物理位置，而社会维度则表示个体间由亲密到疏离的关系。因此，坐标系中四个象限分别描述了跨国行动与全球联结相关的四种关联模式：紧密关联、社会关联、物理关联和虚拟关联。这些模式为具体判断各种全球联结提供了分析框架。通过列举事实、现实生活案例和书面论据，本章节将华人全球联结的所有模式看成是一个整体。按照机构（层次）顺序，如城市、公司、团体及个人对这些事实和案例进行观察，观察内容包括一些行为如海外留学、跨国婚姻、海外经商、出国旅游、浏览外国网站等。

一、通过大型活动和机构建立全球联结

为了理解机构所推动的全球联结的含义，我们来回顾一下近些年中国出现在世界舞台上的最新实践。中国举办了很多大型的国际盛事，包括奥运会和世博会，国

人为筹备这些活动付出了极大的努力。大型国际盛事的成功举办点亮了中国继回到国际舞台的希望。中国自然也将这些盛事看成是民族复兴的标志（Barnett, 2008 年 8 月 10 日）。此外，对中国人来说，这也是绝好的机会来展示在社会转型与全球化三十多年后中国的进步与开放，中国可以成功地举办这些盛事说明中国正在提高国际事务参与度，不仅表明其国际化的深入也彰显了其作为大国的软实力。

2010 年上海世博会对中国来说是一个难得的机会，它展示了全球范围内华人的宏观层面的社会联系。上海世博会是一个国际盛会，根据入园记录，截至世博会结束共有 7 300 万人入园参观，250 个国家或国际组织参展。2016 年 10 月 16 日世博会单日入园人数超过 103 万人次（Chen, 2011 年 10 月 5 日）。虽然外籍游客占比少于 10%，但与历届展会相比，本次世博会参展国家最多、花费最高。这是一个促进跨文化交流与全球联结的极好机会。

可以预见，如果中国回到国际舞台，它将在所有机构层次获得更多的全球联结。而且新的开放政策确实有助于增加全球联结，这在各机构层次中可以得到验证，比如建立全球范围的联系以及举办国际盛事。

深圳举办世界大学生夏季运动会

2011 年 8 月 13 日《中国日报》LeiLei 关于第二十六届世界大学生夏季运动会深圳报道。这是中国第二次举办该项赛事，第一次是 2011 年在北京举办。深圳大运会的口号是“从这里开始，不一样的精彩”，吸引了世界 152 个国家和地区的 7 800 多名运动员参加比赛，成为大运会历史上规模最大的一届。

“今晚，国际大学生体育联合会大家庭成员、运动员、教练员和官员们十分荣幸和骄傲能与大家一起相聚深圳。他们期待着在国际大体联史上规模最大的一届大运会上向大家展示出自己的最佳风采。”

国际大学生体育联合会于 1949 年成立，致力于在青年中推进友谊、博爱、公平、坚毅、正直、协作的体育精神。1959 年，世界大学生运动会在意大利都灵举办，主旨是为全世界大学生提供互相交流、承诺和平友好的机会。

国际大学生体育联合会主席乔治基里安先生在大运会开幕式中表示：

“不论各位身居何职，我希望你们都有机会结识新朋友。虽然大家来到这里是为了比赛，但是举办国际大学生体育运动会也是为了让来自不同地区和不同文化背景的人能齐聚一堂，因此希望你们不要错过这个独特的机会。”

大运会舞台背后巨大的“世界之门”的开启拉开了深圳湾体育场大运会开幕式的序幕。

（一）建立多边外交关系

众所周知，中国和全球大部分国家建立并发展友好的外交关系，和 220 个国家和地区在经济、贸易、科技、文化等领域进行交流和合作。中国不断加强同发展中国家的团结和合作，与周边国家建立睦邻互信、互利合作的友好关系，并不断改善同发达国家及主要强国的关系（《人民日报》，2003 年）。

作为最大的发展中国家，中国积极参与多边外交事务，在国际事务中发挥了独特的建设性作用。作为亚太经合组织（APEC）和亚欧会议（ASEM）的重要成员，中国致力于推进区域合作的健康发展。亚洲金融危机爆发后，中国政府通过实施一系列内外政策及措施以帮助区域经济恢复平稳发展，从而确立“负责任大国”的形象。1979 年以来，中国鼓励跨国公司和海外投资公司进入，这些跨国公司适应并重塑了中国的商业文化，使中国迈入全球力量的新纪元。

举个战略上基于开放政策的例子：在中国境内建立非政府组织（NGO）来促进跨国行动和全球联结的发展。中国人民对外友好协会（CPAFFC）是隶属于中华人民共和国的民间组织，1954 年在北京设立，该组织致力于增进共识和友谊，促进以人为本的跨国活动，增强华人和世界各国人民在政治、经济、贸易、科技、社会、文化、教育等其他领域的联系和合作，中国人民对外友好协会代表中国人民同各国组织及个人建立联系并友好交流，它已经同 120 个国家和 370 多个非政府组织建立了友好合作关系，也帮助了 1 000 多个中国城市和其他 100 多个国家的城市建立了友好城市关系（新华社，2001 年 12 月 30 日）。

在过去的几十年中，中国人民对外友好协会对促进中国人民同世界各国人民的友谊做出了巨大贡献，成为中国相关部门和外国同行之间经济合作的桥梁。

（二）跨国公司促进全球联结

之所以有许多跨国公司到中国经营，另一个重要的原因是中国政府积极推进同东道国之间以人为本的全球联结。当然，这些跨国公司也在中国得到了具有吸引力的收益回报。根据国际货币基金组织的数据显示，由于中国政府改革和廉价劳动力，外国在华投资回报率高达13%，中国成为“世界工厂”。同时，国家经济的持续增长扩大了中国的消费市场。如今，很多公司在华市场份额超过其总份额的一半，促使它们在中国建立了更多的研发中心。

我们不应该低估在华跨国公司的重要性。中国工人在本地的跨国公司工作，实际上也是参与了跨国实践。同时，这些跨国公司也给本土工作者带去了销售和管理上的新思想，帮助他们掌握消费者的消费习惯来增加销售额。这些公司的投资和产品不仅仅为中国带来主要的GDP增长，也为中国社会创造了新的生活方式，即众所周知的“白领”阶层。

1. 设立在中国的大型跨国公司

许多跨国公司极大地推动了华人全球联结和当地社会转型，反之，其在中国的机构也帮助它们在当地取得成功。下面我们将选取一些跨国公司进行描述：

西门子

简　介

成立时间：1847年；总部地点：德国；企业宗旨：不断创新，引领世界；与中国建立联系时间：1872年，中国向西门子订购第一单指针电报。

在华经历

1904年首次在上海建立常驻办事机构。1910年，西门子创建西门子中国电气工程公司，总部位于柏林，分支机构设在上海。1982年，西门子在北京设立办事处。1985年，西门子公司和中国政府签署“西门子公司与中华人民共和国在机械工业、电气工程和电子工业等领域开展合作的备忘录”。

1989 年，西门子首次制定合资工厂发展战略，为了对中国进行持续投资，积极促进本土化发展，不断加强当地研发能力，完成当地项目，提高本地采购与管理水平。

突出成就

西门子在中国建立了 30 家本地办事处以及超过 45 家合资企业。在主要基础设施建设与工业现代化中，它已经成为中国经济不可缺少的一部分。2000 年西门子（中国）成为在管理人员方面注入外资最多的公司，90% 的管理人员是中国人，到 2004 年公司雇员超过 21 000 人。

爱立信

概　述

成立时间：1876 年；总部地点：瑞典；企业承诺：爱立信在中国的爱心超过一个世纪；与中国建立联系时间：1892 年，中国订购第一单产品。

在华经历

1985 年爱立信在北京开设了在中国的第一个办事处，1994 年成立了爱立信（中国）有限公司，到 1998 年中国市场成为爱立信最大的市场。2002 年，爱立信中国研发总院在北京成立，成为世界上首个商用终端内部交换运营商。2004 年，爱立信率先追求中国国内发展，向海外销售 3G 基站。

发展战略

在“核心中国”和本土化战略指导下，爱立信将生产、研发、企业核心的发展放在中国，也促进了中国经济繁荣与社会发展。

突出成就

过去十年间，爱立信公司被评为社会杰出贡献企业之一。公司始终坚持“爱立信，即支援”的信念，积极承担社会责任，自 1990 年，公司在中国捐赠 1 300 多万元。当然，公司也获得了很多回报。截至 2002 年底，爱立信在中国对供应商投资额达 100 亿元，为当地带来近 3 万个就业岗位。

2000年，爱立信在华研发投入增长25%。2004年，爱立信在中国的市场份额占全球份额的9%，被称为信息通信技术可持续发展领域的道琼斯指数。

国际商用机器公司（IBM）

简　介

成立时间：1914年；总部地点：美国；公司宗旨：没有不做的小生意，没有处理不了的大问题；与中国建立联系时间：1934年，IBM为北京协和医院安装了第一台台湾制造的处理机。

在华经历

20世纪80年代末，IBM在北京和上海设立办事处，1992年成立IBM中国有限公司，2004年建成中国研发中心。

发展战略

对产业化发展战略下的传统模式的产品变革。

突出成就

在过去20年间，IBM为中国金融系统、冶金业、石化业、交通业、制造业、商品流通及其他重要商业经济方面提供可靠的信息技术支持。

松下电器

简　介

成立时间：1918年；总部地点：日本；公司宗旨：创意生活；与中国建立联系时间：1978年，邓小平参观松下电器公司。

在华经历

1982年松下电器在上海设立办事处，1987年在北京成立松下彩色显像管有限公司，1994年成立松下电器（中国）有限公司。

发展战略

第一引入中国，第二与中国政策匹配，第三培养本土化公司管理与技术人员。

摩托罗拉

简　　介

成立时间：1928年；总部地点：美国；公司宗旨：智慧演绎，无处不在；

在华经历

1987年摩托罗拉在北京设立办事处，1992年在天津成立摩托罗拉（中国）电子有限公司。

发展战略

第一坚持投资与技术转让，增加生产与研发投入；第二本土化管理，重视本土管理人员培养；第三结合当地资源提供附加产品；第四积极促进合资项目。

诺 基 亚

简　　介

成立时间：1967年；总部地点：芬兰；公司宗旨：共创美好未来；与中国建立联系时间：20世纪50年代与中国开始生意往来。

在华经历

1985年诺基亚在北京设立办事处，1994年接通中国第一个GSM电话，2001年与中国移动签订备忘录，共同支持开放的移动框架，确保实现完整的全球移动业务市场。2003年在中国共推出15款手机产品，赢得中国GSM手机市场第一。

发展战略

第一聚焦前沿并保持持续稳定的增长；第二促进与政府、经营者、客户的合作关系；第三成为最佳雇主。

三　星

简　介

成立时间：1969 年；总部地点：韩国；公司宗旨：新感觉；与中国建立联系时间：20 世纪 70 年代与中国开始生意往来。

在华经历

1992 年三星在天津成立合资公司，1995 年三星集团在中国成立总部，1996 年成立三星（中国）投资有限公司。

发展战略

逐渐加大在华研发和市场投入以挖掘和培养当地市场潜力；不断在中国完善研发、采购、市场、服务以及其他部门的建设。

微　软

简　介

成立时间：1975 年；总部地点：美国；公司宗旨：对未来希望的热爱。

在华经历

1992 年微软在北京设立办事处，1995 年成立三星（中国）有限公司，2003 年与中国信息安全评测中心签订了安全计划源代码协议。

发展战略

第一帮助政府发展中国软件产业，第二积极参与政府和公司信息技术建设，第三为大众提供最值得信赖的产品，第四提供软件人才培训以促进中国软件产业发展。

2. 跨国经营企业走出国门

不仅有外资公司到中国发展，也有很多中国公司到国外发展。面对全球范围内不断成长具有持久竞争力的跨国公司，中国许多领先企业设定正确的战略，优先扩张海外市场。在海外扩张过程中，中国公司倾向于优先关注新兴市场。由于金融危机，中国出口需求下降，但在新兴市场上中国产品仍很有竞争力。因为在新兴市场中就现有的质量和技术水平而言，中国企业相当有竞争力，这些市场对于价格较低但质量中上的产品有很大需求（Cavender, Zhu, Sun, Mac Ausland & Sze, 2009 年 1 月 5 日）。

例如，上海的一些公司获准到海外经营。《人民日报》2003 年 5 月 28 日报道，对外经济技术合作局批准上海（集团）公司的三支商业团队到海外从事正常商业活动。对外经济技术合作局主席唐晓杰称其中一支团队将到越南洽谈两个热电站和两个水力发电厂的合约，另一支将前往圭亚那签订建造甘蔗工厂的合约，第三支团队将和伊朗签订合约，建造价值 2.1 亿美元的高速公路。近期，上海政府批准了 13 家企业到海外从事商业活动。经官方许可，20 家从事商业谈判、海外资产引入、海外项目管理、售后服务以及考察培训的小组将到美国、巴西、法国、德国、加拿大、日本以及其他国家建立业务关系。上海市政府鼓励当地企业通过电话、传真和网络与海外合作伙伴保持联系。

3. 海归创业者经营跨国公司

虽然中国政府已经正式批准企业进行国际化活动，但是外界仅看到中国公司成功的一面。麦肯锡认为中国国际化最大的阻碍是缺乏了解海外市场并能够面对跨文化挑战的专业管理人才（McKinsey, 2008）。

当中国公司决定进军国际市场时，需要运用员工的跨国经营、全球经济、国际贸易和国际法方面知识。显然，那些在海外学习，特别是在海外工作的人比仅在国内学习的人更有可能拥有这些知识。他们的国际经验以及海外工作过程中建立的社会关系包括与华尔街的投行的联系，使他们有能力为中国公司和全球经济搭建桥梁（Wang, Zweig & Lin, 2011, p. 415; Wang, 2009）。根据商务部数据，截至 2006 年 9 月底，570 000 家海外公司已在华投资 6 650 亿美元。800 多家研发中心增强了中国的高新技术竞争力，大部分研发中心由海归人士领导（Wang et al., 2011, p. 420）。

海归创业者和他们所留学、培训或工作所在的海外国家仍然保持私人或正式的联系，这些联系帮助他们获得基金支持、技术更新以及开拓市场（Wang, 2011, p. 428）。正如西门子（中国）副总裁 Raymond Wang 所说：“跨国公司有助于提升中国在世界的形象。由于很多外国人在中国工作，很多中国人在海外工作，中国和世界的联系得到了加强。由于中国独特的政治体制与历史原因，中国经常被外界所误会，但随着公司间的交流加深，中国的形象得到了很大的提升。良好的国际形象有利于中国崛起。”（Wang et al., 2011, p. 421）

众所周知，中国人利用华商网络拓展海外业务（Kao, 1993），然而当代中国海归创业者的社会资本或“关系”不是只限制于本民族内的联系。它们嵌入于至少两个国家的社会和经济中，包括中国和东道国。除了与母国保持个人联系方面比海外跨国公司和创业者更有竞争优势外，海归还常常与东道国保持个人和正式的联系，这点又比国有企业与本土创业者更有优势（Wang, 2011, p. 428）。海归创业者带回了全球网络、海外市场知识、国外的技术以及国际化管理经验，他们的战略视野反映出国外的经营态度而不是本土的管理观点。因此，他们比没有在海外学习、工作或生活的人更有优势（Vanhonacker, Zweig & Chung, 2005, p. 1）。当地政府鼓励海外学者到他们的城市发展并奖励那些带回新技术的人才。例如，位于山东省海岸线的威海市规定，带来巨大经济和社会效益的海归技术人员将从社区得到巨额奖励（Yang & Tan, 2006)。

（三）国际教育交流

关于公司进行跨国经营还应考虑到另一个重要的方面：应时时记得“以人为本”的全球联结，即教育交流项目，它促进了不同国家的学生和教职人员的跨国活动以及全球联结。

1. 中美富布莱特项目

富布莱特是全球规模最大、影响力最深的国际交换项目，对绝大多数发展中国家来说，这个项目是与世界上最大的发达国家——美国，建立联系的最合理有效的方式。自从 50 多年前项目启动，已有 255 000 名富布莱特人员参与到项目中，其中 96 400 名来自美国，158 600 名来自其他国家。富布莱特项目每年补助奖励约 4 500

名人员（数据来自美国大使馆）。

中美富布莱特项目是中美之间官方的教育交流活动，主旨是基于“平等、互惠与互信”的理念在教育领域提供交流与合作，它允许中国学者和学生到美国学习，也允许美国教授到中国讲学，主要资助领域包括历史、哲学、管理以及法律等人文科学和社会科学。

该项目自1979年启动以来已经资助了近600名中国学者和学生到美国学习，近400名美国专家到中国讲座。该项目每年向50名中国学者提供经济资助以帮助其在美国开展研究，资助20名美国学者到中国任教（新华社，2005年4月16日）。

2. 大学间的跨国联结

如果联结意味着生产力，那建立联结须成为首选项。耶鲁大学和中国大学的联系表明了耶鲁大学与中国建立紧密联结中所做出的努力，也展示了如何在大学层面建立联结。耶鲁大学校长理查德·C·莱文（Richard C. Levin）说：“大学全球化是一个渐进的过程。”在耶鲁大学助理秘书王福恩（Fawn Wang）勾勒的全球蓝图中，中国占中心位置。耶鲁大学被誉为全球排名前十名的大学，它与中国的合作是其成为真正的国际化大学的重要一步。

耶鲁大学助理秘书王福恩（Fawn Wang）表示，耶鲁大学中有636名中国学生和学者，其构成校园中规模最大的国际团体。王福恩致力于使耶鲁与中国的广泛联系继续成为耶鲁大学实现其全球化目标的重要一环（Qian, 2007）。他谈道，众所周知，耶鲁大学与中国关系紧密，它在中国或东亚地区有很多项目，这些项目总体上满足了中国学生留学的求知和切实利益。

耶鲁大学在吸引国际学生，特别是来自中国大陆的学生到这所拥有三百年历史的学校求学方面做得十分成功。王福恩说道：

> 不进行需求评估的资助政策（need blind financial aid policy，意思是学校不考虑学生的经济来源，而提供给学生充足的助学金以支付耶鲁的学费开支）对中国学生来说非常有吸引力。在这方面，个人资金不足不会成为中国学生申请的劣势。许多耶鲁学生积极地参与政治活动与激烈的政治辩论中。他们不仅对美国政治充满兴趣，更关注世界局势。

中国学生可获得最高5万美元的奖学金以支付学费和生活费。为加强和中国的联系，最新举措是学校上传了大约45个教授演讲的音频文件，中国学生可以免费从网络下载它们。

与美国其他高校相比，耶鲁大学与中国的关系更深入、更长久。1854年，容闳（1828—1912年），祖籍广东，毕业于耶鲁大学，他成为来自中国并从美国的大学拿到学位的第一人。如今，在耶鲁的中国学生和学者数量已增长到了600多人，是到目前为止耶鲁外籍在校生中最大的一部分（根据耶鲁大学资料）。

3. 上海市国际学校的设置

《中国教育和研究》有关文章表明，在上海生活工作的外国人不需要担心孩子的就学问题。上海教育局资料显示上海有25家为外国儿童提供专门教育的国际学校（《人民日报》，2001年2月22日），国际学校分为三种：第一种是由中国境内经批准的外国机构、外资公司、国际组织办事处或合法外国居民创办的，有16所这种性质的学校，例如上海美国学校、上海日本学校、上海德国学校和上海法国学校。第二种是上海本地学校拓展出的国际部分，现有五所这样的学校。第三种包括外国机构和个人创立的培训中心。除了前面提到的，部分学校有英语授课的国际课程，也有其他国家列的教学课程。据报道，大约有5 000名学生在这25所学校就读。这些学校的教职人员中外国教师占绝大部分，但也有一些教授中国文化和历史的本地老师。

越来越多在上海生活却没有得到外籍教育津贴的外国人选择将他们的孩子送到中国当地幼儿园。这样的好处是极大地减少了费用支出（全天，100—500美元/月），同时还给孩子提供了学习中文、结交上海当地朋友的机会。

（四）培训官员的全球意识

自20世纪90年代末，中国政府安排越来越多的官员到国外进行短期培训，强调“新理念、新思想、新方法”运用到政府工作中。例如，新加坡南洋理工大学和浦东干部学院的政府人员培训课程。

南洋理工大学与中共中央组织部以及新加坡外交部合作开设公共管理硕士学位联合培养项目。项目参与者来自于中国各级政府，因其中大多数是市长，所以这个项目也被称为“市长班”。自1992年起，已有一万多名中国官员参与到该项目中。

南洋理工大学公共管理学院副院长兼公共管理硕士课程主任吴伟教授已负责“市长班”管理工作十余年，他表示中国学生的关注重点已从新加坡的反腐倡廉逐渐转变到探索其经济转型升级的经验。近期，最热门的选题是城市规划与管理、环境保护以及可持续发展（Son, 2010）。

按中国政府向世界开放的规划，浦东干部学院成为干部培训的新基地。不同于传统的干部学院，浦东干部学院不需要学生熟背理论，而是重点关注实践、国际交流与全球联结。

1. 许多中国高官在新加坡学习

很多市长或市长级别的官员被挑选到海外学习。受训成员包括河北省副省长、石家庄市市长、河北省发改委部长等人。

邯郸市党委成员吴，曾任廊坊市市长，1995年11月经河北省党委组织部安排到南洋理工大学进行学习，学成归国后被提升到省会城市任职。保定市副市长钱晓钟2004年自新加坡回国后被任命为河北省工商局局长，其同学河北省发展计划委员会副主任沈小平被任命为河北省发展和改革委员会主任。

河北省官方网站显示，沈小平负责经济、贸易以及旅游业相关工作，主要任务是吸引更多外商投资。他表示他们在新加坡学习了市场经济运作，并对经济发展展开研讨。新加坡学习期间他们结识了很多朋友，努力增强城市间互信关系，并进一步促进经济往来。如今，新加坡成为河北省第五大投资国。

中国中央政府已批准了南洋理工大学管理经济学与公共管理硕士学位项目。2011年，管理经济学硕士以及公共管理硕士项目新生中有39名是中国高官，包括市长、政府部门部长、政府机关及省政府高层人员（南洋理工大学，2011年3月10日）。2002年4月，时任中国国家副主席的胡锦涛同志访问新加坡并签署2002—2007年中国市长班备忘录以继续培训项目，加深双方合作与交流。市长班的学员将成为中国和新加坡的宝贵人力资源。自2001年起市长班已培养了906名中国官员。

2. 浦东干部学院：一个国际化机构

2003年，中国领导人决定创办浦东干部学院。它的培训安排包括金融风险防范与控制、民族事务管理、对外政策以及国防战略等课程。培训课程重点强调国际事务的比较研究，也给学员提供了很多机会与国外政治家及杰出国际专家进行对话（Shen & Cai, 2011 年 6 月 29 日）。

学校占地近 620 英亩（1 英亩 ≈ 4 046.85 平方米），四面环水，校园中心是宏伟高大的玻璃塔，它使浦东干部学院格外引人注目。显然，中国领导人在上海这座现代大都市中设立学校是希望传达这样一个信号，中国政府重视“人力资本”并正在推进更具全球导向的未来。

浦东干部学校与传统干部学院的区别体现在学生上，学生不仅有政府的高级官员，还有国企的高层代表以及高级军事人员，一些国外交换学生受邀参与到培训中。学校根据不同目标设计不同的培训课程，项目时间从几周到几个月都有。10 万平方米的校园可容纳 1 200 名学员同时上课。

浦东干部学院与国外三所大学签订长期合作协议。荷兰查谟大学（Netherlands Jammu University）校长纳舒博士（Dr. Niseer）表示这样的合作将给有可能成为中国未来领导者的学生们提供很好的交流机会。“和浦东干部学院的合作对我们来说是十分有益的，浦东干部学院培养中国未来的领导者，对我们来说是巨大的社会资本。”浦东干部学院是三大知名干部培训基地之一，目的是提高领导干部与企业高管的治理能力。另两个学院是江西省的井冈山干部学院和陕西省的延安干部学院。中国浦东干部学院还与英国外事和联邦事务部签订合作项目，共同研讨企业社会责任领域（中国教育科研网，2005 年 5 月 12 日）。

二、个体跨国行动构建全球联结

通过前文各个机构层面的研究发现“以人为本”的跨国行为与全球联结有着紧密的关系，而个人的跨国行动与全球联结则是中国发展中很重要的一部分。当代社会是由一束在时间和空间上纵横交错互动体验的个人链所组成的（Collins, 1981, p. 998）。我们从海外留学生、居住在中国的外国人、跨国婚姻以及跨境旅游等方面能够看到个体跨国行动对全球联结形成巩固的影响。

（一）以跨国方式把人们结合起来：紧密关联模式

前面的章节大致描述了全球联结的“紧密关联”模式，通常社会学家认为这是一种私人关系很密切且物理距离很接近的模式，包括发生在直接的社会环境如家庭、村落或亲密的社会网络中的各种人际互动。然而，当今生活直接的社会环境还被延伸到其他类型的群体中，比如合资公司、全球商人团体、移民群体。这种联结方式可以提供人们身份认同感和认知指导，并在具体工作中具有实际的效用且有助于形成社会团结和归属感。因此，全球联结的紧密关联模型比之前的含义更广泛，它是指跨国行动中熟悉的人组合在一起的社会关系。合资公司雇员、非政府跨国组织成员、学术团体甚至跨国婚姻都可以包括在这一紧密关联模型中。

1. 在本地为外资企业工作

跨国公司为全世界提供了数百万个工作岗位，在1999—2008年，在隶属美国总公司的机构上班的人数升涨至1 010万人，比以往增长30%。在这期间，美资跨国公司为中国提供了522 000个工作岗位（Ensinger, 2010年11月4日）。在过去的30年里，作为全球发展最快的经济体，中国成功地吸引了大量的外资。在2003年，中国吸引外资的能力在发展中国家中占据第一，是接受外国直接投资最多的国家（Yuan, 2010, p. 299）。

表 5-1　全球联结的操作化定义

空间—社会维度（接近 / 远离，亲密 / 疏离）	概念	操作性定义	调查中所使用的变量	对于当地转型的影响
紧密关联	有着直接社会联系的人在很近的物理距离内面对面互动；不同文化背景的人通过直接关系聚集在一起	• 在本土为外国企业工作 • 跨国婚姻	你是否曾经在当地为外国企业工作过？	影响最大：++++
社会关联	跨越地理距离、想象中的互动，空间上分开但仍保持联系并维持着基本的直接社会关系	• 海外留学生 • 跨越国界的亲密关系（家人、密友、亲属）	你是否有在国外的亲朋或好友？	有较高的影响 :+++
物理关联	包括地理接近但匿名的社会联系	• 旅行（商务旅行与观光旅行）	你曾经出过国吗？	普通：++
虚拟关联	在空间和社会维度上几乎完全匿名的想象互动	• 通过加入网络虚拟社区来进行跨国社交活动	你是否经常浏览国外的网页？	最低的影响：+

2. 跨国公司在中国的发展

跨国公司是现代全球化最明显的标志。1970 年，全世界仅有 7 000 家跨国公司。然而在三十多年后，跨国公司的数量超过了 60 000 家。1999 年，1 000 家最大的跨国公司囊括了 80% 的国际产量，其中最优质的 100 个跨国公司掌握了全球 4.3% 的 GDP（Blanchard, 2007, p. 68）。中国对于这些发展趋势并不陌生，仅在 2004—2006 年，进入中国的外资企业的数量由 47 万家激增至 50 万家。跨国公司在中国经济发展中的作用与日俱增，它们聘用了 2 400 万名员工，中国最大的 200 家出口商中跨国公司占了 90 家，并且跨国公司独占了很大的市场份额，如软饮料市场。现在中国有 289 661 家跨国公司，3 429 家总公司与 318 355 家子公司（联合国贸发会议，2009 年）。

跨国企业主要从三个方面选拔他们的员工，最主要的方面就是要求员工持有本科学历。随着中国政策的开放与实施，中国政府将教育的改革任务作为发展的首要任务。2004 年中国大学生毕业人数 280 万，到 2005 年已跃至 340 万人次，为跨国企业提供了大量的人才输出。一些跨国企业，例如宝洁公司（P & G），每年新收纳的员工中有 90% 持有本科学历。像美国国际商用机器公司（IBM）在 2005 年就新招了 1 300 名大学生，招收大学生的人数占招收总人数的 80% 以上。

3. 以受雇于外资企业为（学习）动机

尽管在中国拥有大学文凭的人数在不断地上升，但在某些工作领域依旧存在着人才短缺的问题，这一现状使外资企业在大学毕业生中招贤纳士变得十分的困难。但是由于全球贸易热度的不断升温，越来越多的大学生更加倾向任职于国际贸易公司，这对国际企业来说，也不乏为一项有力的帮助。举个例子来说，最近一个在北京高等院校展开的调查显示出，63.9% 的大学生表示有意愿在毕业之后加入国际企业工作。由于国际公司热衷于挖掘这些刚踏出校门的专业人才，高校学生时常会获得各种各样的工作机会。

北京世纪展望市场研究公司收集了各高校学生对于国际企业的看法以及向他们咨询了将会做出什么样的准备工作来应对这些国际企业的潜在职位。这一项仅在北京展开的调查研究向人们表明了学生们自己对于未来将要任职于国际企业的远景计划：94% 学生表示正在尝试掌握一项外语，通常大家都选择英语来为任职于外资企业做准备。另外，80% 的学生将能熟练地掌握电脑技能这项优势作为他们能成功进入这些外资企业的敲门砖。同样，回答中认为重要的还有“提高个人技能”和“主动去了解一家外国公司”。

显然，学生们试图通过加入外国公司来寻求全球联结。关于学生们对于外企的看法，70% 的人认为“在外企的工作更加有效”，“外企拥有更好的工作环境与更高的薪资”，“外企有规范化的管理方法”，“外企会鼓励员工发展自己的创新与个性”。而在另一方面，72.5% 的人认为“外企会对员工施加更重的压力”，47.5% 的人认为“在外企，中国员工相较于外国员工而言容易遭受不平等的待遇”，并且仅仅只有 29.7% 的人认为“在外企能更快地升职，更容易发现晋升机会”。

4. 跨国公司影响着国民经济与员工行为

在发展中国家，跨国公司通过各种各样的方法影响着该国的经济形态，不仅仅通过知识的传播，还通过基础设施建设以及分公司和合资公司的劳工条件来产生影响。“全球经济规则的主旨是改善员工的权利、生活、安全，并为全世界的人们、家庭、社区创造机会。”（国际劳工组织，2004, p. 143）

一项研究（Kerr et al., 1973）预期技术的发展将带来更复杂的工作任务，因此需要提升技术水平和责任感。在韦伯（Max Weber）和泰勒（F. W. Taylor）研究的基础上，乔治•瑞泽尔（George Ritzer）重点关注麦当劳化，他认为麦当劳化是一个理性的过程，表示在社会所有领域中，工作世界是一个重要的范畴，它影响着社会同时也广泛地被社会所影响。瑞泽尔特别描述了对客户服务工作的影响。麦当劳化的基本维度是：效率、可计算性、可预测性、通过非人工替代人工的控制、非理性的合理化。瑞泽尔认为麦当劳化原理正从美国渐渐影响全球社会（Ritzer, 1996, p. 292）。中国的环境为合理化的全球传播提供了支持。

随着全球劳动力增多，更多的人与不同文化的人共事和合作，这将是有益的，也是一种挑战（Dong & liu, 2010, p. 223）。在日常生活中，文化是影响员工行为的外部来源，因为每个人都会将文化从外部世界带到组织内，所以这些文化影响了组织内的每个人。而文化对个人的影响共同作用改变了组织文化。特赖斯（Trice）和拜尔（Beyer）认为组织成员个人或集体会根据受组织文化影响的态度和战略来应对不确定性和模糊性。

文化价值在塑造员工和引导组织内实践方面起到重要作用。理解文化价值是很重要的，它帮助每个团队成员去正确认识、理解和回应潜在成员的思维、感受和行为。从这方面来看，这种跨文化从属关系的联结是很重要的。

5. 跨国婚姻

另一个使得全球关系变得更加紧密的例子便是跨国婚姻了，跨国婚姻是说明全球联结最好的例子。就如同布拉斯（Brass, 2004, p. 801）等人的研究指出的：

> 当两个个体发生相互作用，他们不仅仅是将个体捆绑在了一起，更是将他们分别所属的群体捆绑在了一起。因而，这种个体的相交通常是属于

人际交往中的一部分，它们的中心则是各自团队成员间的组合。

随着越来越多的外资企业进入中国，越来越多的外国人也开始到中国来工作，因此也为跨国婚姻的形成提供了更多的机会。

统计表明，在1982年，中国注册登记的跨国婚姻组合有14 193对，包括了来自53个不同的国家与地区的人们，而在1997年数量则呈3倍增长达到50 773对。在2008年底，随着中国与国际间的交流日益加强，中新网的资料显示，每年有40万对跨国婚姻组合在中国产生（CANG, 2011年5月29日）。

6. 跨国婚姻：混乱的搭配抑或是幸福的交融？

一项由《中国日报》公开统计的来自吉林国际婚姻登记办公室的资料显示，每年在吉林有1 500对跨国夫妻在此登记结婚。吉林国际婚姻登记办公室主任尹雅芝表示，结婚前人们应核实其外国伴侣的合法性。随着中国改革开放的深入，跨国婚姻数量持续上升（He, 2009年3月12日）

根据华东师范大学最近进行的调查显示，嫁给外国男性的中国女性的人数远多于娶外国女性的中国男性的人数。1996—2002年，21 000对跨国夫妻在上海注册，平均每年3 000对。其中嫁给外国男性的中国女性占总数的90%，男性的平均年龄为42岁，而女性平均年龄只有31岁。调查显示，如今在上海注册的每100对夫妻中有3对是跨国婚姻，这比例远高于其他城市。这数字比1980年高8倍多（Li, 2003年6月23日）。

7. 当叉子与筷子相遇

在著名的小说《围城》中，钱钟书用隐喻的手法将婚姻比喻成了一座围城，围城里面的人迫不及待地想出去，而围城外面的人却又想往内挤。因此，娶一个外国老婆就被比喻成进入了一个伴随着不同的语言、不同的生活习惯，甚至是吃饭时餐具使用都不相同的“国际化的围城”。

20世纪80年代到20世纪90年代初期，上海的当地人主要从与自己不存在文化背景差异与语言隔阂的香港、澳门与台湾地区挑选自己的配偶。自20世纪90年代日本成为中国最大的贸易伙伴，上海的日本移民占外国移民的一大部分，因此使得中日婚姻搭配占上海跨国婚姻搭配的44%。随着中国与西方在经济和文化领域有着越来越紧密的联系与交流，城市中的跨国婚姻组合大约有四分之一是欧洲人和美国人。

一句老话说："幸福的家庭总是相似的。"跨国婚姻中的首要问题通常是关于两个不同国家的人要怎么样去互相交流、互相了解。然而，爱是共同的语言，当双方都能为了对方去了解对方国家的文化，学习对方的语言，认识与了解他的朋友，那么跨国婚姻便能得到很好的维持。

8. 婚姻模式折射出城市变迁

大多数人认同跨国婚姻是一座城市开放程度的标志。从 1980 年起，上海的跨国婚姻数量呈现出了增长的趋势。20 世纪 80 年代初期，跨国婚姻增多的主要原因是在中国长期的自我封闭政策下，上海市民意识到自己的城市落后于世界太多了，当时许多女性选择嫁到国外是为了提高自己的生活品质。

很多跨国夫妻在一两次约会后冲动地结婚了，之后发现他们在年龄、教育水平、语言等方面有很大差距并缺乏爱情，常常导致婚姻危机。1985 年起，很多海外投资涌入上海，很多外籍员工到上海工作，因此上海本地人有更多的机会与外国人接触、交流和恋爱，这引发了 20 世纪 90 年代末跨国婚姻的盛行。

另一方面，这一时期跨国婚姻的质量有了很大的提高，年龄、教育、语言间的差距在缩小，约会时间增长，很多新婚夫妻在上海安家。由于跨越国界的便利，很多夫妻选择在海外注册结婚，这表明随着近几十年来社会的开放和经济的发展，中国人关于婚姻的想法发生了巨大的心理上的转变。

官方数据显示，1978—2009 年，各地的婚姻登记处已处理 120 万对大陆居民与港澳台、海外近 200 个国家和地区的居民的结婚申请（《中国日报》，2010 年 4 月 27 日）。随着中国人跨国行动的增多，大陆和台湾的人们经历了重大转折。自 1987 年允许大陆台湾间旅行后，产生了 30 万跨海峡婚姻，仅 2007 年就上升了近 3 万对（民政部数据）。

（二）外国留学生与"海归"：社会关联模式

在社会空间矩阵的个人层面的全球联结类型中，"社会关联"模式是基于如海外有一直保持联系的亲属或朋友这类跨国行动的全球联结。这个跨国群体包括留学生，他们关注于家庭中的个人关系或直接的社交圈，但生活在国外。

回顾历史，1978—2005 年，大约 933 400 名中国人出国留学，然而只有 232 900 名回国。仅 2005 年就有 118 500 名中国人赴海外留学，包括 4 000 名政府资助人员、8 000 名由雇主派遣以及 106 500 名自费留学。同年，大约 27 200 名留学生毕业后选择回国工作，比往年提高了 47.9%（《中国日报》，2006 年）。通过几代人的努力，世界各地的中国人已融入世界经济的主流。改革开放初期，由于海外华人的社会联结和商业网络，他们成为中国经济发展的功臣。随着中国经济快速发展、国际地位逐渐提高，中国吸引了更多海外华人回国工作。

由于发音相同，我们把从海外回国的人员称为“海归”（海龟），这个群体称为“海归派”。然而，这个术语不仅包括海外毕业生也包括选择回国的资深学者和教授（Vanhonacker et al., 2005, p. 1）。显然，海归的主要优势在于他们拥有世界级别的专业技术与增值的全球经历。另一个优势是他们的语言优势，能够跨越语言障碍，理解和领会不同文化行为并利用多种语言和话语技巧而达成有利的谈判结果。由于他们的专业技术和受到过国际环境的熏陶，海归人员受到政府和私人企业的欢迎（Yang & Tan, 2006, p. 11）。由于海归能够很容易地理解国际事务和全球经济，他们成为一个独特的精英群体，能够帮助中国从国内市场进入更有竞争性的国际舞台。2001 年 12 月中国加入 WTO 后，更需要专业人才来履行中国的国际义务。随着更多有国际经验的海归回国，他们推动中国社会朝着更开放、更包容的方向发展，提高中国实行改革开放的能力，并努力营造一种积极交流思想的充满活力的环境（Yang & Tan, 2006, p. 14）。海归回国投资的热情有利于当地经济社会发展，在工作中解决实践难题时其全球联结发挥了越来越大的价值。

1. 遍布世界的中国留学生

研究人员在清华、北大等五所声望很高的中国大学中调查发现，超过 70% 的学生表明愿意毕业后继续出国深造，尤其是去像美国、澳大利亚、英国这些以英语为主要沟通语言的国家。这项研究报告也表明 2011 年有 40 000 名中国大学生到美国深造，此人数比 2009 年同期上升了 52%。

参加 SAT 考试的学生人数相较以前有了明显的提高，数据表明 2003 年在香港参加 SAT 考试的内地学生仅为 200 人，而在 2010 年却增长至 20 000 人，呈 100 倍增长。同时，参加国内大学入学考试的人数也有所减少。数据表明，2008 年约有 1 050 万学生参加高考，但在 2010 年却减少为 930 万人。

统计也表明，自 1978 年起，已有 38 万多名中国学生曾在美国留学。大多数人属于自费学习，其中仅有 53 000 人得到中国政府的资助。1978 年，仅有 50 名中国学生在美国学习，但是现在超过了 40 000 人。中国大陆大学毕业生到美国留学人数从 2009 年的 26 315 人到 2010 年上涨到了 40 000 人，增长率为 50%。

近年来，随着越来越多的海归回到中国，出国读书的趋势也在不断上涨，越来越多的中国学生开始到英国学校学习。英国权威机构预测，在未来的几年中，在英国留学的中国学生有望超过到美国留学的学生。几年前，每年仅仅有 3 000 名中国学生到英国留学，到了 2001 年，人数上升了 6 倍多，中国留学生已然成为了英国留学生中人数最多的群体。100 多家英国大学与中国合作，提供教育项目，已有 12 万名中国学生到欧洲国家去学习。英国留学的热潮将促进两国文化的交流，推动英国以一个全新的视角来看待日渐繁荣的中国经济。

英语将学生们带向海外

当我们讨论“海归”这个话题的时候，随着寒假的日益临近，越来越多的上海学生正在想方设法去国外旅行与学习，这也说明了越来越多的中国学生开始追求国际上的交流与联系。

不仅是语言培训机构，许多当地的旅行社也开始与那些学生们想要去旅游和学习的国家与地区进行合作，制定一些两至四周的旅行计划。《中国日报》报道说：中国学生目前正处于出国游的狂热阶段，尤其是他们的父母，认为出国旅行可以提高他们孩子们的语言能力。乔治·罗（GEORGE LUO），一位广州英语培训中心的主任说：“这些需求从新年时开始不断地增长，许多家长已经来咨询过如何让他们的孩子在假期能出国学习的问题。”

GZL 国际旅游服务中心是广州最大的海外旅行服务社，它的员工路（LU YUJING）说：“我们在新年期间便开放了去日本与英国的线路，其中为自己孩子预定这些线路的家长占了大多数。”旅行社尝试开通到澳洲的路线，而签证问题却成为最大的阻碍。“家长在预定这些行程时表现出了浓厚的兴趣。我们与一些语言培训机构和签证机构进行了商讨希望能为这些与日俱增的需求寻找到解决的办法。”路表示，两周的出国旅行学习需要花费 10 000 元到 30 000 元不等，但家长们似乎并不在意费用的问题。潘（PAN YANYAN），一位在外企工作的女士说：“我唯一的目的就是想让我儿子提升他的英语能力，并且能学会如何在那些以英文为母语的国家独自生活。”她目前已为她年仅 12 岁的儿子预订了去英国学习的项目。

“短期出国旅行的需求也在不断上升，作为一家语言培训机构，我们也想分得一杯羹，我们将会在下一个暑假开设一些出国学习旅游的项目。”但专家也规劝消费者要更加理性地思考，提醒大家这类短期旅行学习计划对于语言能力的提升并没有太大的帮助。

2. 中国的海归

近几年来，由于海归们的个人的全球联结具有重要象征意义，很多海归开始在中国寻找就业机会。海归是指那些出生在中国但在国外学习与工作的人，如今他们想要回到中国寻找好的工作机会。在过去，那些远赴重洋到国外生活的人们往往会选择定居海外。

不到三分之一的中国留学生已经回国，近年来，这个比例在不断上升。根据中国教育部信息，2010 年大约有 134 800 名到美国留学的中国学生选择回到中国，同比 2009 年上涨了 25%，而大多数人选择回到国内的原因是因为非移民的留美工作签证太难办下来。而在 2011 年也有大约 70 000 名中国人在美国获得了永久居留权。

如今，在中国对海归有极大的需求，原因是非常显而易见的：海归既熟悉中国文化也了解西方文化，他们不仅能讲一口流利的普通话，英文也是他们的强项，其中有一些人通过参与西方商业实践获得了先进的管理理念与经验。

如今海归人数约 2 千万人，占中国 13 亿人口的小部分（QIN, 2004 年 7 月 21 日）。在上海，海归人数上升得非常快。上海人力资源部统计得出，目前近 45 000 名海归在上海工作，其中一部分人担任公司的高层经理或高级工程师，另一部分人则选择了自己创业。海归创业人数占全国总数的二分之一，目前各地累计注册资本为 3 亿美元，比 2002 年有所上升。上海有 23 个首席科学家是海归，他们不仅拥有丰富的专业知识，更重要的是具有国际化的眼光。另外，北京的海归数量在近三年内以每年 10 000 位的数量增长，该趋势稳步增长，从 2007 年的 37 113 名到 2008 年的 40 047 名再到 2009 年的 51 623 名，以上数据来自于中国留学服务交流中心。

3. “海归”：经济增长的新动力

中国学术交流中心透露，在中国东北辽宁省的第二大城市大连，那些擅长把握国际经济趋势的海归们成为经济发展的新动力。

目前，1 100 多位海归任职于大连的高科技产业园区，其中超过 400 家科技企业是由海归学子创立的。管委会的一名官员说：“400 家企业中超过一半的企业属于高新技术企业。”他同时补充道：“除了被海归掌握了半边天的 IT 产业，三分之一的生物制药产业公司与 13% 的先进机器设备生产厂也是由他们领导。”另一个例子是大连红枫生物科技有限公司（Dalian Hongfeng Biotechnology Co. Ltd.），由德国访问学者孙鸿锦（Sui Hongjin）创办。该公司依靠先进的塑料技术研发了一系列生物塑料制品和辅助用品，成为国际塑料产业的标杆企业。

另一个海归的例子是常兆华（Chang Zhaohua）博士，当他从美国回到上海后开始创业，开始只有一间小办公室、一张桌子和 30 万美元的注册资产。如今，他的微创医疗公司已经有 150 多名雇员，资产超过 1.5 亿元，是上海高新技术园的新星。

“我们在这里找到了家。”这位 39 岁在美国已经生活超过 10 年的海归常博士说道。“中国经济的快速发展为我们提供了最好的机遇。”和回国的其他海外学子一样，常博士认为，中国比美国能给大家提供更好的工作前景，回国后他不必面对“玻璃天花板”（通常指职务晋升中无法逾越的限制）。

4. 上海通过“绿卡”吸引人才

越来越多的人关注到“海归”使公司在国际经济中更具有竞争力。中国最大的金融中心上海，已经开始向海外人士发放绿卡以此来吸引更多的外国人才（《中国日报》，2002 年 7 月 20 日）。超过 90% 的新绿卡持有者是中国学生或他们的海外亲属，而剩下的 10% 持有者来自香港、澳门和台湾。达到综合要求指标的人可以申请此卡，持卡人可以享受当地人一样的权利，但无须改变自己的国籍。“绿卡”持有者在进行跨国旅行时也可以享受简易化的流程，此卡期限为 1 年、3 年或 5 年。

如今，来自 119 个国家和地区的 30 多万外国人在上海生活。许多任公司高管或经理的外籍居民到上海工作以运用这座城市日益国际化的经济环境，享受舒适的生活条件，也有一些外籍居民创办自己的公司。举个例子，据估计，上海目前大约有300家由外籍人士所有和管理的酒吧和餐厅。

5. 人才：对中国发展至关重要

随着国内机会增多，越来越多的留学生回国就业，因而人才间竞争日益激烈。近年来，中国经济快速增长，越来越多的海外归国人士选择在他们出生成长的地方开始新的人生篇章。

毫无疑问，全球经济模式已经发生了改变，支持新兴战略产业和人才发展的国家间竞争格局也发生了变化。如果一个国家有众多的世界级科学家和技术人员，它的经济发展将会更有创新性。中国通过科学、技术和教育实现了国家发展的战略目标，并不断努力留住本土人才、吸引优秀海外华人以实现中华民族的伟大复兴。因而，中国政府印发了《中长期人才发展规划（2010—2020）》，勾勒出未来十年国家高水平人才的发展蓝图。该规划是国家人力资源发展史上第一份国家性的综合规划，对中国当下和未来的发展至关重要。规划中所提到的“人才”是指受过教育并拥有技能的人（Wang, 2010年11月23日）。

据统计显示，1978—2009年末，留学生人数达到160万人，其中50万留学生选择回国工作（Lin, 2010年9月20日）。2009年，归国留学生人数首次超过10万人。中国科学院近81%的研究者、中国工程院54%的学者以及863个项目的首席科学家曾有海外留学经历，之后他们回国发展并在各自领域做出巨大贡献。

另外，研究人员发现有海外经历的管理者比职位相似但仅有本土经历的管理者拥有更多的社会资本（Makela & Suutari, May 2009, p. 996）。在上海，很多海外归国学生申请公务员职位：在公务员考试中，20 000名候选人中有178名海归候选人。这是上海市政府引入先进的管理方法构建现代化政府的新举措。在中国由计划经济转变为市场经济的过程中，人力资源领域的新理念和新实践引起了广泛关注，政府对人力资源发展态度的转变是一个历史性的突破，得到了专家们的高度赞扬。

（三）不断增长的海外旅游业：物理关联模式

全球联结的物理关联模式是指一种如因业务需要或乐趣而出国的这类在心理上

具有疏离感而在物理上接近的跨国行动。近年来，该模式的全球联结数量呈显著增长。二十年间，国际游客数量大幅增多，之前日均游客量约一百万人次，现在高达三百万人次（Kearney, 2001）。跨国间文化的差异与融合显而易见地证实了全球联结的疏远—接近模型所具有的功能。换句话说，其结果可能导致文化的多样性依然保存或增加的同时，文化间总体差异会越来越小。

过去三十多年间，到中国旅游的国际游客数量急剧增加。自20世纪90年代初，很多中国人选择出境游，也有很多国际游客到中国旅游。由于国家经济发展迅猛、出境游政策逐渐开放以及人们强烈的旅游愿望，中国出境游市场不断增长。随着改革深化、财富快速累积以及对外开放程度增加，越来越多的中国人对出境游感兴趣。虽然政府逐渐控制周边出境游，但到边境周围的国家如北面的俄罗斯、韩国、蒙古和南部的越南、老挝、缅甸等国的短期出境游的人数仍在不断增加（Chen & Harrah, 2011）。

1. 从禁止出境游到鼓励出境游

虽然中国政府没有出台官方文件积极鼓励出境游，但逐渐宽松的政策使出境游变得更容易了。1983年，官方允许海外自由行（Bailey, 2001）。然而，刚开始仅仅是有亲属在海外生活的人才有资格出境游。1991年政府开始允许中国人参加由官方组织的旅行团到东南亚旅行。自1993年起，一些官方旅行社带团到更远的国家如美国、欧洲旅游（Tse, 2006）。1995年初，在中国申请个人签证的程序很冗长复杂，至少需要六个月才能拿到，但同年年底规定变为一个月就可以拿到。1997年，国家出台了新的签证政策，紧急情况下可十日内办到个人签证（中国公安局，1997年1月）。

中国数百年来严格控制出境游，因此当人们终于有机会出国游玩时，他们被异国文化和不同的社会环境所深深吸引。他们最初感到惊叹和好奇，之后他们分享他们对外面世界的发现，这个行为被称为“到外面的世界去看看”。与此同时，一些曾去过国外的中国人开始改变他们庆祝春节的方式，不是陪伴家人度过15天的假期，而是到国内或国外旅游。

2. 华人潮

中国政府批准的第一个境外游目的地是泰国。1988年11月，广州市旅行社开始带团到泰国旅游。比这更早，在1983年，大陆居民已经可以到香港和澳门旅游了（新华社，2011年6月1日）。

对于曾经历过文化大革命的那一代中国人来说，出国这个问题根本不需要考虑。一方面，游客必须提交海外的亲戚或朋友的资金担保证明才能获得出国许可；另一方面，1988年时中国城市居民每年平均可支配收入仅为1 119元（约180美元），即使到邻省的景点度蜜月也是十分奢侈的事。但到了20世纪20年代，随着经济“暴发户”数量的增加，旅游业开始起步。1991年第一批本土旅行社获得了出境游营业执照，许多行业专家把这件事看成是中国境外游产业的起点。

在2000年之前，只有亚洲国家、澳大利亚和新西兰允许中国游客入境，那时大部分游客会选择到新加坡、马来西亚和泰国旅游。到这几个国家旅游差不多需要花费一万元，一般公司用这种出境游奖励优秀员工，儿女将它作为礼物送给父母，学生借此向老师表达谢意，也有许多新婚夫妻到这些国家蜜月旅行。

对中国旅游业来说，欧洲旅行的开放是一个重要的过渡。中国人不再满足仅在亚洲旅行，如今，在世界各地的旅游景点，从巴黎的埃菲尔铁塔到南非的太阳城、从印度的泰姬陵到澳洲的黄金海岸、从巴西的热带雨林到莫斯科的红场，都能看到中国人的身影（Wei, 2008年6月9日）。目前，大陆游客可以到132个国家和地区旅游。2001年，1213万人次中国人出境游，而到了2005年数量猛增到3 100万人次。

中国统计年鉴数据显示，2005年外国入境游客达2 025.5万人次。[1] 这些游客共消费293亿美元，居第六位（Xin, 2006年12月14日）。

被批准的主要旅游目的地：主要国家和地区

时间	国家／地区
1983年	香港
1983年	澳门
1988年	泰国
1990年	新加坡、马来西亚
1992年	菲律宾
1998年	韩国

[1] 译者注：2015年统计年鉴数据显示，2014年外国入境游客2 636.1万人次。

1999 年　　　澳大利亚、新西兰

（2004 年 7 月，从试点城市北京、上海、广州适用到更多的省市）

2000 年　　　日本

（2004 年 9 月，从试点城市北京、上海、广州适用到更多的省市）

2002 年　　　埃及、土耳其、尼泊尔、印度尼西亚

2003 年　　　德国、印度、南非、巴基斯坦、古巴

2004 年　　　欧洲、非洲和亚洲的 41 个国家和地区

2005 年　　　俄罗斯、英国、巴西、智利、墨西哥、秘鲁

2007 年　　　美国

（中国国家旅游局）

3. 增长最快的出境旅游市场

中国成为全球出境游市场增长最快的国家。世界旅游组织预测未来二十年中国出境游人数每年将增长 12.5 个百分点。到 2020 年，中国将成为全球游客主要来源国。美国是最受中国游客欢迎的前十名旅游目的地，每年吸引中国游客 25 万人次。根据商贸发展局数据显示，到美国旅游的中国游客人数急剧增长，开启了旅游产业的重要机遇。

尽管国外度假成本急剧上升，但还是有更多的中国居民选择在海外度过春节假期。数据显示，2010 年假日期间有 67 500 人从北京出发出境旅游，比去年同期增长了 60%。香港、欧洲、中东的旅游开销平均上涨了 15%，到西太平洋的普吉岛和塞班岛的度假费用上涨了 30%。与往年相比，越来越多的中国人选择海外旅行（Li, 2011 年 2 月 10 日）。

对中国旅行社来说，出境游成为一门赚钱的生意。中国游客在海外的巨额消费也促进了旅游地国家的经济发展。根据中国旅游研究院统计，2009 年出境游营业收入占全国旅游总收入的 22%（新华社，2011 年 6 月 1 日）。预计 2011 年中国游客海外消费额将从去年的 480 亿美元上升到 550 亿美元。自 2009 年，中国大陆游客继德国、美国、英国游客后成为全球第四大高消费游客（Ann, 2011 年 4 月 13 日）。

（四）虚拟全球联结：虚拟关联模式

信息技术的发展和广播规模的扩大已成为全球联结的强大推动力。在过去十几年间，随着高科技在通讯中的可及性增强，社会疏离、物理遥远的虚拟关联全球联结模式迅速发展了起来。个人计算机、互联网、电子通信技术的飞速发展使信息和数据的跨国流通成为大多数人日常生活的一部分。

当然，互联网也可以帮助之前认识或不认识的人在各自跨越边界的物理空间进行远距离见面和虚拟互动。全球联结的虚拟关联模式表明，兴趣相投的人可利用互联网、聊天室、万维网进行跨国联结，通过计算机媒体通信可形成共同的文化或支持一致的看法。这些虚拟活动能带来过去只有在本地社区中所能带来的归属感以及社会联结。不言而喻，计算机技术完全改变了交流的成本，增进了以人为本的全球联结，因此对于业务合作与商业互动来说，地理距离的接近不再是必须条件。虚拟全球联结不仅影响企业的效率，也对普通人的生活质量产生影响。

毋庸置疑，20 世纪世界变成了更小的地方。运输技术使物理距离成倍缩短，电子通信技术使地面距离变得不再重要。世界变成了地球村，这使物质及社会的基础设施发生了不亚于工业革命的变革。在中国，与实际的全球联结相比，虚拟的全球联结正以不可思议的速度增长着。互联网接入和网吧随处可见，使每个人都可获得虚拟的全球联结。

1. 中国互联网的发展

2007 年 12 月 31 日，中国互联网络信息中心（位于北京的政府机构）发布了第 21 次《中国互联网发展报告》。报告显示，我国网民规模达 2.1 亿[1]，全球排名第二，仅比美国少五百万人。2007 年中国网民规模增加了 7 300 万，每年以 53.3% 的增长率增加，平均每天增加 2 000 万人（中国门户网，2008 年 1 月 20 日）。宽带接入规模为 1.63 亿，占网民总数的 85.9%，这表明中国正式进入了宽带时代。另外，移动

[1] 译者注：截至 2016 年 12 月，我国网民规模达 7.31 亿，普及率达到 53.2%，超过全球平均水平 3.1 个百分点，超过亚洲平均水平 7.6 个百分点。全年共计新增网民 4 299 万人，增长率为 6.2%。中国网民规模已经相当于欧洲人口总量。参见：中国互联网络信息中心：《第 39 次中国互联网络发展状况统计报告》，http://www.cnnic.cn/gywm/xwzx/rdxw/20172017/201701/t20170122_66448.htm，2017 年 4 月 27 日访问。

端无线接入规模达 5 040 万人。截至 2007 年 12 月底，中国 IP 网络地址达 1.35 亿。

实证研究表明，2007 年中国域名总数达 1 193 万，以每年 190.4% 的增长率增加。顶级域名“.CN”达 900 万，比 2006 年同时期增加了 4 倍，平均每日增长 2 万，位居世界第一（Papadimitrious & Zhang, 2008）。

从教育、管理、娱乐到科学研究和发展，互联网在生活各个方面都扮演着重要角色。19 世纪 20 年代早期，互联网在中国还很少见，当时互联网用户也相当少。然而，如今互联网是中国发展最快速的媒介，已成为重要的沟通工具并通过它的方式渗透到社会的各个方面。

2. 即时联系和草根博客

事实上，现在很多人选择即时联系，任何时刻任何地点进行信息交换成为一种常见的现象。互联网不仅使人们可以参加他们之前参与过的活动，还为人们提供机会去有效地调整互动以满足个人的需求，互联网甚至改变了居民的生活方式。

在过去三十多年的改革开放中，数以百万计的中国公民通过不同的渠道和方式与各种国际社会团体建立个人联系并进行交流。拥有国际交往经验与能力的华人都能通过社会网络进行全球联结，这被描述为“物以类聚，人以群分”（Li & Wang, 2011 年 5 月 31 日）。

随着互联网渐渐取代报纸，越来越多的人依赖互联网，把它当成可信及时的资讯来源。人们常常通过互联网在朋友、亲人、同事及其他私人群体中传播资讯。基于朋友圈已经建立了的密切的关系，于是一旦有消息传播，人们倾向于来自朋友圈的消息，而不是以往的传统媒体。

随着博客被越来越多的人了解和普及，如新浪公司——中国主要微型博客网站微博的所有者，被称为中国的 Twitter，互联网用户使用博客变成很普遍的事情。根据中国社科院研究表明，中国 70% 的微博用户主要依赖微博获取资讯，其中 60% 的用户相信资讯是可信的。为回应微博中增多的公众舆论，近 5 000 个政府部门和 4 000 名政府人员新建微博账号以联系大众并向 4.85 亿网民公开文件（Zhang, 2011 年 10 月 14 日）。另外，一定比例的草根博主转移到更有互动特征的社交网站。这些用户扮演了中国海外宣传的主要驱动力，因为他们在中国各地通过社交网站和博客向世界传播真实的音频、视频和文字材料。如其他网站一样，只要在中国法律允许下运营，微博不可能面临审查。随着微博变得越来越重要，它提高了政府的透明度从而有利于中国社会和民众生活，因此中国政府很可能更多地使用它来和公众进行交流。

3. 中国网民概况

在中国，现在网络接入最大的障碍是电脑盲或网盲，但这个现象已经在慢慢减少。在大城市中，甚至小孩子都在学习使用电脑，而年纪大的人也开始对互联网感兴趣。研究表明，中国网民规模以每年27%的增长率扩大。计算机的发展使更多人进入网络空间，这个市场有巨大潜力（Jiang, 2005）。

"网民"是"互联网用户"的缩写，它是指那些积极参与线上社群的人，有时也指"网络空间的人"。网民和其他互联网用户的区别在于他们主要利用互联网作为社交工具参与到各种活动中，把握互联网带来的机会扩大社会投资和影响力，形成之前无法形成的联结。

调查显示，中国网民主要由35岁以下单身男性组成。然而，35岁以上已婚女性网民的人数正在快速增长。本科学历以下、低收入网民和月收入2 000元以上的网民数量在增加（新华网, 2003年12月8日）。另外，互联网用户集中在一些产业中，如制造业、教育、公共管理、社会组织以及IT产业。

由中国社科院社会发展研究中心撰写的《中国5个城市互联网使用状况及影响调查报告》（郭良, 2005年11月1日）在中国五个大城市中进行了一年两次的关于中国互联网的入户访谈调查。调查显示，中国互联网用户呈年轻化态势，57.2%用户为男性，90%受过较高教育，77.2%为单身（郭良, 2005年11月1日）。76.1%的人在家使用互联网，这也可能是因为2003年之前网吧较少。2003年7月，中国政府开始发放网吧营业许可，现在网吧上网占30%，主要用于聊天和玩线上游戏。网吧上网逐年下降，人们多数选择在家里联系和使用移动端联系。

调查报告发现人们使用互联网时看新闻的占65.9%，普通浏览的占相同的比例。中国互联网的使用情况是特别的，以下三项活动中占非常高的比例：62%的人"总是""通常"玩线上游戏，56.7%的人"总是""经常"下载音乐，53.5%的人下载娱乐资讯。最频繁的交流方式是互联网实时聊天，QQ占66.6%、电子邮件占63%、电子布告栏（BBS）占44.8%、即时通讯软件（MSN）占43.9%、博客占29.5%。

互联网的发展对中国社会产生了深远的影响。互联网对每个人生活的影响如下（Fili's World, 2007 年 2 月 27 日）：

> 互联网为中国各地的人们架起了桥梁，使疆域辽阔的中国变得更易接近。因为互联网的可获取性，城乡之间、南北之间、内陆沿海之间物理距离的限制和行政分离变得不再那么重要。
>
> 互联网成为国内外经济增长的基础。中国的互联网聚焦中国，提供了无穷的电子商务机会，使小型企业和个人业主可以和大品牌一起竞争。互联网开店和营销的初始成本更低，但会带来更加激烈的竞争。
>
> 社会联系正在缓慢地从传统观念中的工作单位、大学、社区或城市转变为以相互利益为基础而形成的网络社会。因此，流行文化、明星、时尚趋势将会传播得更加快速。
>
> 由于网络可获取的信息量巨大，无论是政府部门的信息还是自媒体信息都变得更容易找到，在任何地方的任何网民都比之前更容易获取信息。

第六章　全球联结影响下的本土社会变迁

前五章已经从关系性的视角解释了微观全球化的概念，详尽说明了全球联结的四种形式。在本章中，我们的关注点将转为跨国行为和全球联结影响下的本土社会变迁，并将探索这些社会变迁的重要意义。

当人们运用关系性方法论来规范交往模式，并对现实生活体系的意义进行分析时，必须注意到：

> 某种思想上的转变，即把作为对某一概念的单一表达，嵌入到复杂的关系网络中，这种关系网络既是主观认定的又是公认的。也就是说，概念不应该被单一的本体论所定义，相反，应该根据概念所在位置以及与之相关的其他概念来解释其意义。
>
> （Emirbayer, 1997, p. 300）

研究已经表明，在人类全球联结的影响下，中国正在逐渐与全球市场同步，并接受全球文化特别是西方社会的文化丛以及文化特质（Wei, 2000; Yang & Su, 2000）。从关系视角来分析微观全球化，全球社会的变迁是人类的全球联结不可避免的结果。从关系性视角出发，对任何社会结构的动态的和惯性的解释必然是基于微观情境的，所有的宏观条件都是通过行动者的情境动机的迸发而产生影响。而所有这些微观情境的聚合体可以提供某种事件的背景以及形成其进程的结果，但是实际的动力源必定是微观情境的（Collins, 1981, p. 990）。

有关全球民族志研究揭示了某些具有全球联结的社会行动者如何在社会空间结构失稳的民族国家中取得优势，从而建立起新的跨地域、跨国联结的（Gille & Riain,

2002, p. 279）。以往存在一种观点，日益增加的全球联结以及人们之间大量的跨国互动与交流会导致类似在西方社会中存在的共同文化的普及（Huntington, 1996）。但是，这方面还缺少相对的实证研究来验证其真实性。

本土社会变迁可以从社会的不同方面进行考察，比如通过聚集的居民社区生活中诸如本土景观、消费模式、居民行为方式和价值取向的改变等。在现代化理论（Billet, 1993; So, 1990）和发展理论（Berberoglu, 1992; Cowen & Shenton, 1996）的基础上，有两个维度去分析本土社会变迁：物质的与精神的，外在的与内在的。基于这两个维度的视角，本土社会变迁类型显示四种组合：外在—物质变迁（外在—物质型），比如建筑、房屋、景观、商品、产品等；内在—物质变迁（内在—物质型），比如生活方式、时尚、装饰、设计等；外在—精神变迁（外在—精神型），比如服务、行为、做事方式、管理风格等；内在—精神变迁（内在—精神型），比如思想、价值取向、观点、观念体系等。应用这一类型学的分析作为基本框架，本章将对本土社会变迁加以分析。

将外在—内在和物质—精神维度互相搭配，产生四种类型，如图6-1所示。外在—物质型和内在—物质型两个类型代表物质的、物理的和浅层次的社会变迁：前者反映了房屋和景观等领域；后者则包括时尚和生活方式。另外两个类型表示精神层面的重要元素，涉及更深层次的社会变迁。外在—精神型社会变迁涉及直接的、有形的方面，比如行为或服务；而内在—精神型社会变迁指的是间接的、无形的方面，比如价值、观念取向。

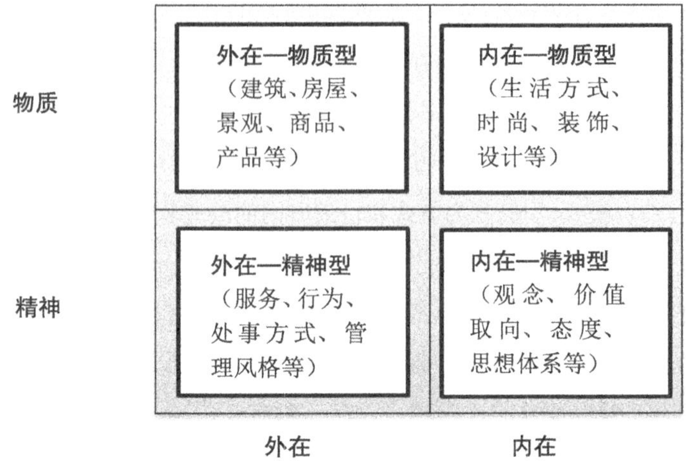

图 6-1　本土社会变迁两个维度的类型（一种假设模型）

（资料来源：孙嘉明制作）

随着本土居民的全球联结不断增强而带来的本土社会变迁可能导致同质化的后果，乔安・娜巴赫（Joana Breidenbach, 2009）认为，即使某些商品、服务、体系和理念都被全球化了，文化差异也未必在大规模的同化作用下消失。世界上不同地区的人们都在用不同方式来应对全球化的影响。乔安・娜巴赫的推测不仅有趣，而且激励着我们进一步确认当今人们正在目睹的一种全球文化的产生，以及理解一种新的全球参照体系的存在。其实，我们并没有变得完全相同，我们只是越来越清晰我们的分歧所在，而这种分歧在某种程度上正是由各自文化背景造成的。

在本章中，借助来自书籍、学术期刊、杂志、报纸和网站的文献资料，结合实证调查数据[1]，来探讨本土社会转型与居民生活变迁的内涵。实证调查数据来源于2001年上海浦东新区的一项调查。浦东新区跨越城市区域和农村区域，在城市区域，浦东新区下辖十二个城市街道办事处，管理506个居委会。在农村区域，浦东新区下辖14个镇，包括大约291个村民委员会。在2000年人口普查中发现，城镇的中心具有城市化特征，尽管城市化程度存在差异。为了获得一个兼具城市和农村住宅地区的代表性样本，采用三层三步的抽样方案，使用五节段问卷（见附录1）。调查共选取了600个案例。调查的核心要点是中国人的全球化，包括全球联结、居住位

[1]　芝加哥伊利诺大学（目前在三一学院）的陈向明教授为本书提供了所需的资料；调查数据的收集得益于2001年Chiang Ching-Kuo国际交流基金会的支持。

置、消费行为和现代价值观。除了年龄、教育、性别、居住地点和收入，主要的自变量是全球联结，其中包括四种简单的是/否变量：（1）你在当地的外企工作过吗？（2）你有过出国经历吗？（3）你有亲戚和朋友在国外吗？（4）你经常浏览国外网站吗？我们整合了四个单独变量成为一个0－4的综合指数，最低分为0（表示没有全球联结），最高分为4（表示最大全球联结），并用来在一些分析中作为单独的测量指标。而因变量指标则包括了居住分异、社区满意度、消费行为和生活方式以及价值取向（见附录1）。本章将使用简单的图表来代替复杂的定量表格展示数据分析。然而，读者应该注意的是这一研究中变量之间的协方差问题。如果读者对多元回归、因素分析和结构方程模型的完整数据分析有兴趣，可以参考本书作者的另外一本书《全球联结和本土社会变迁》（Sun, 2008）。

对概念化和操作定义的阐述将有助于澄清全球联结的不同程度和本研究中的不同变量。本土社会变迁的操作化定义可参见表6-1。接下来将依次分析单元格中的四种类型。

表6-1　本土社会变迁的操作化定义

两个维度：物质VS精神和外在VS内在	概念化	操作化定义	调查变量	由全球联结而产生影响
外在—物质型	直接的、有形的	建筑、房屋、景观、商品、产品，等等	你的居住条件怎么样？ 你们家使用以下家用电器并且都是知名的国际品牌？	难度不大 +
内在—物质型	间接的、有形的	生活方式、消费、装饰、设计，等等	你吃过麦当劳或者肯德基吗？ 你购买过、穿过知名国外品牌的服装吗？ 你有个人信用卡吗？	有一点难度 ++
外在—精神型	直接的、无形的	节庆观念、时尚、行事方式、管理方法，等等	你购买、穿着国外知名品牌服装最重要的原因是什么？ 如果你有多余的钱，以下那件东西是你最想使用的？	难度适中 +++
内在—精神型	间接的、无形的	理念、价值取向、观点、思想体系，等等	你认为个人在社会上成功最重要的标志是什么？ 你获得最贵重的东西是什么？ 在一个量表上表达你的文化价值，等等。	难度很大 ++++

一、建筑风格：各国建筑荟萃（外在—物质变迁）

社会学家一开始面临的核心问题不是“物质 VS 观念”，“结构 VS 机构”，“个人 VS 社会”，或是二元论中的任意一个；是本体论和关系论。（Gille & Riain, p. 282）

用关系论来思考可能会问的问题，包括：如何来解释网络动力学？如何来解释交互作用中的内容和趋势的变化？诸如这样的一句话“他们的弱势地位导致提高竞争力”应当解释为“他们通过更有竞争力的行动来应对不利情境”（Emirbayer, 1997, p. 282）。于是，关系论的视角可能会呈现一个简单的延续，即通过行动者进入与周围的人、环境、价值或事件所构成的网络而展开。从结构上讲，它必须在一种有形互动的关系语境（文化、社会结构、社会心理）中进行，类似于正在展开的对话过程（Emirbayer, 1997, p. 294）。

（一）北京奥运场馆

2008 年 8 月 8 日，星期五，第 29 届奥运会开幕式在北京国家体育场举办。很多体育赛事都在国家体育馆举办，该体育馆是由首席建筑师李兴刚（Li Xinggang）主导，赫尔佐格（Herzog & de Meuron）公司建筑师贾可・赫尔佐格（Jacques Herzog）和彼埃尔（Pierre de Meuron）、工程建筑师斯特凡（Stefan Marbach）和艺术家艾未未（Ai Weiwei）共同合作完成的。这个组合是跨国全球联结与合作的缩影。

北京国家体育场坐落在奥林匹克公园，耗资 4.23 亿美元，是世界最大的钢结构建筑。这一项目是以全球招标的形式，试图发现一项独具特色的建筑设计，最后，从 13 份设计项目书中挑选出了瑞士的赫尔佐格与德梅隆（Herzog & de Meuron）建筑公司的设计，于 2003 年 4 月获得了此份合同。该设计理念起源于中国制陶术的研究，应用钢梁结构是为了隐藏可缩回屋顶的支撑，并因此而获得“鸟巢”昵称。该建筑不仅展现了中华民族的雄心，同样也是试图铸造一种展现大胆、创新精神的国家形象的美学的结晶。国家体育场的矗立标志了一个全球地标在北京的产生（Ouroussoff, August 5, 2008）。

设计师艾未未（Ai Weiwei）身上体现了中国和世界其他地方所具有的联结。艾未未是中国艺术家、馆长、建筑设计师、文化和社会评论员。他出生于北京，其父亲是中国诗人艾青，在文化大革命期间受到迫害，和妻子发配到新疆一个劳改营，艾未未在那里也待了五年。1978 年艾未未就读于北京电影学院，和中国导演陈凯歌、张艺谋是同学。当时，他是“星星”组织早期先锋派创始人之一，该组织 1983 年解散。1981—1993 年，他居住在美国，主要是在纽约，通过改变既有的事物从事行为艺术，创造概念艺术。他在纽约帕森设计学院学习。1993 年他回到北京，帮助建立了实验艺术家的“东方村”。他还出版了三本关于新一代艺术家的书：黑皮书（1994），白皮书（1995），灰皮书（1997）。很明显，他的海外经历和本土根源的结合有助于他对奥运场馆设计的贡献。

图 6-2　北京国家体育场

（来源：www.flickr.com/photos/dongbin/3270163866）

国家水上运动中心——“水立方”也是如此，它是举办北京奥林匹克运动赛事最引人注目、令人激动的场馆之一。2003 年 7 月，PTW 建筑公司、中国建筑工程总公司（CSCEC）和 CSCES 深圳设计学院赢得国际比拼，获得了北京奥林匹克水上运动场馆设计的合作机会。本次竞赛的评审团是由国际建筑师、工程师、中国优秀的专家小组组成，在参考了来自 10 个国际联盟的意见书、公共展会以及投票结果之后做出的裁决。

国家水上运动场馆是奥运会游泳、跳水、花样游泳和水球项目决赛的场地。场馆共容纳 17 000 座位，包括 6 000 个固定座位和 11 000 个临时座位。奥运会过后，国家水上运动场馆就变成了很多活动的场地，包括水上运动、游泳、健身、娱乐（北京组委会，2003 年 12 月 24 日）。

这些建筑物理所当然地成为北京当地的著名景观标志，它标志着来自不同国家不同文化背景的专家团队的合作成果，体现了全球合作和联结，同时，它也是本书所界定的社会变迁中的外在—物质变迁类型。

图 6-3　北京水立方体育馆

（来源：http://en.wikipedia.org/wiki/File:%E5%9B%BD%E5%AE%B6%E6%B8%B8%E6%B3%B3%E4%B8%AD%E5%BF%83%E5%A4%9C%E6%99%AF.jpg）

（二）新天地：东西方的碰撞

类似上述已提及的，另一个著名的外在—物质变迁的实例就是上海新天地，一个蕴含城市历史和文化遗产的旅游胜地。上海新天地，也叫“新世界”，是一个脱胎于石库门住宅街区扩展成一个多功能的商业和娱乐中心的杰作。上海新天地场地面积 30 000 平方米，总建筑面积 60 000 平方米，它是恢复了上海独有的传统建筑形式“石库门”的容貌，集餐饮、零售、娱乐、文化、消遣、商业居住设施于一体的，配以先进设备的新型建筑，满足了当地居民和游客的需要。新天地因其独特的建筑设计同时获得国家“创新中国 2001：建筑奖”和“美国建筑师协会 2002”奖项。

“石库门”是过去上海独有的居住形式。在很多方面，它代表了中国最大的沿海城市的辉煌历史。19 世纪中期，太平天国起义迫使上海及其周边的江苏和浙江省份的大量居民进入城市中的国际租界避难。为了满足不断增长的人口的需求，在国际租界内的“石库门”房屋建造达到了空前的规模。典型的“石库门”房屋是建在狭窄的小巷（弄堂）里，石头构造的门框和黑色木质的前门围成一个小庭院。在这个动荡的年代，这种独特的建筑布置给居民以安全感。因为大部分房屋都是由外国公司开发建造的，所以“石库门”住宅逐渐成为上海东西方碰撞的标志（English.news.cn, 2010 年 3 月 6 日）。

新天地购物中心分为南北街区。在北街区，古色古香的“石库门”建筑与现代室内设计、装饰和设备浑然一体，组成了琳琅满目的餐馆，提供各具风格的法国、美国、德国、英国、巴西、意大利、日本、台湾和香港美食，展现了上海新天地完整的国际化氛围。两个街区的分割线——兴业路，是中国共产党第一次代表大会的地点。在南街区，则以现代建筑为主，而石库门风格为辅。25 000 平方米集购物、娱乐、休闲为一体的百货大楼于 2002 年中在南街区开业。除了大量餐厅展现世界各地的风味，还有上等的精品店、饰品店、美食广场、电影院、一站式健身中心，还有 88 个提供豪华服务的新天地行政公寓，再加上一个拥有 220 个停车位的地下车库。

上海新天地是由波士顿一家专门从事旧建筑改造的公司伍德和萨帕塔（Wood & Zapata）公司和日建设计（Nikken Sekkei）国际公司新加坡办事处设计的。同时，上海同济大学城市规划设计研究学院担任建筑顾问，全球联结在这个团队中体现得淋漓尽致。

石库门住宅是上海璀璨历史的遗迹，但是由于年久失修而渐渐毁坏。为了修复石库门“弄堂”原貌，瑞安（Shui On）[1] 设计师在所选择的旧的设计图纸基础上修复重建，而在建筑物修复前，原先建筑用的砖块和瓷砖被完整保存起来。

石库门作为一个整体来看，使得一块有限的场地成为一个可供考察的不同空间构造的平台。这些空间构造为研究多元的社会分层和错综复杂的社会生活提供了途径（Gillie & Riain, 2002, p. 291）。今天，上海新天地已经发展成为一个商业、娱乐

[1] 瑞安房地产是中国大陆瑞安集团的旗舰公司，总部位于上海，由于工作业绩可靠实现了大规模的发展，对市中心和社区居民发展项目进行整合。集团在发展的不同阶段中有八个项目坐落于几个主要城市，建筑毛面积达 13 200 000 平方米（包括其他投资者的利益）。2006 年 10 月 4 日该公司在香港股票交易市场上市，当年中国最大的房地产企业。

中心，完美实现了瑞安地产的目标：今天的上海，昨天与明天交汇，东方与西方碰撞。

图 6-4　新天地人行道上的咖啡桌：中西方融合的文化
（来源：www.flickr.com/photos/madaboutshanghai/111203779/）

（三）世界建筑的人文景观

上海各种国际性建筑物证实了全球联结的影响。比如说，当你漫步在黄浦江岸边，从外白渡桥，朝南沿着中山路走到延安路，上海外滩的许多世界著名的高大建筑物将展现在你面前（《上海日报》，2010 年 9 月 9 日）。

过去，外滩是西方势力在中国的政治、金融、商业和文化的中心。在那时，许多国家在这一区域设立领事馆，包括前苏联领事馆、英国领事馆和法国领事馆。外滩也成了世界各金融机构在中国的最大的所在地（Horesh, 2009）。上海高档外商俱乐部、亚洲石油大楼以及其他建筑均坐落于该地区。尽管外滩的众多大楼是由不同的建筑师在不同时期设计建造的，但是它们彼此错落有致。无论是从远处看还是漫步其中，外滩所矗立的壮观、辉煌、华丽的建筑总是让人印象深刻。

除了原沙逊大厦、百老汇大厦那些早期现代化风格的代表作之外，外滩建筑的大部分体现了文艺复兴风格、折中主义风格。在香港上海银行股份公司大楼的施工时期，这一建筑被当时在上海的英国人看来是从苏伊士运河到白令海峡的所有建筑中最奢侈的建筑（Hibbard, 2007）。它是一个华丽的矩形建筑，具有希腊风格的中部突出的穹顶展示了其对称的轮廓，以水平线为标志，外部的墙面是由巨大的石块砌成。柯林斯式柱子装饰着二楼到四楼的立面。这幢大楼不仅看起来华丽辉煌，而且寓意着金融界的富足和可靠。后来这幢大楼成了上海的政治中心，曾经是上海市人民政府（随后搬到人民广场）的所在地。著名的上海俱乐部（现坐落在东风饭店），在其全盛时期，曾经是社交活动的中心。大楼建于 1910 年，用精致的雕刻品装饰，看起来既古典又高雅，其内部更是奢侈，有一个 34 米长的花岗岩吧。

外滩周边西方风格的建筑是 19 世纪中国在外界压力下被迫实现的全球联结的象征。当你漫步在外滩边的林荫大道时，你可以看见哥特式的尖顶、希腊穹顶、巴洛克式走廊和立柱，还有西班牙阳台。这些突出的奇异特征和杰出的异域魅力着实让你流连忘返（Hibbard, 2007）。外滩确实称得上是“世界建筑的展览会”。

（四）酒店：西方技术的见证者

另一个值得注意的是近几十年来不断增加的全球联结对酒店建筑变化的影响。中国有着悠久的历史和丰富的文化遗产，显然并不缺乏对旅游景点的引人入胜的描述，但是，当 20 世纪 70 年代国家决定促进旅游业发展的时候，无论是旅游基础设施和服务设备的数量还是质量都是不完善的（Lew & Yu, 1995, p. 6）。

酒店可以塑造和改变当地社区生活和景观，而且它们几乎成了中国改革开放时期变化的重要环节。中国酒店景观揭示了中国现代生活文化价值和生活方式的巨大变化（Lew, 2003）。在城市的硬件上，现代酒店的轮廓与传统的中国景观形成极大反差，使得老的城市中心那些矮小的寓所黯然失色。在大城市发达地区，有特色的酒店给高层住宅和商业大楼增添了光辉和活力。

酒店通常是普通大众感受新的技术和现代化建筑风格的第一个地方。著名的西安金华饭店的玻璃建筑、上海锦江塔的旋转餐厅，还有北京喜来登长城饭店彰显了西方建筑风格的文化传播与传统朴素的中国园林文化的结合。酒店作为一种文化景观的标志，生动地显示出西方生活方式渗透到传统社会中（Cachola Schmal & Zhi, 2009；Lew & Yu, 1995, p. 101）。

在中国近几十年城市变迁的诸多方面中，酒店景观见证了西方技术在酒店设计和建筑理念上的引进，通过新闻媒体和文学作品，以及服饰风格和夜间娱乐的展示使得西方意识形态得以传播。作为旅游城市的基础，酒店在改变和重塑中国年轻一代的文化价值观和规范方面产生了深远的影响。此外，中国酒店景观已经成为传播全球流行文化必不可少的因素，并且将带来进一步世界文化的融合。

就这点而言，全球化城市的显著特征不仅是其充满活力的人文景观（包括酒店景观），而且是多层次的全球联结的体现。类似于其他世界城市，比如纽约、伦敦和东京，上海正发展成为一个协调和引导资本流动、金融活动和社会 / 文化活动的指挥和控制中心。随着城市的快速现代化、经济全球化和文化多元化，在过去的三十多年里，上海在城市建筑景观方面已经越来越独具特色。这将使得上海最终真正成为一个成熟的、功能齐全的全球化城市。

（五）实证研究

《中国日报》发布了一项对中国城市的实证研究（2002 年 2 月 12 日），综合的观点表明："北京是传统型；上海是现代型；广州是开放型。"这就是当地市民对中国大陆三个最著名的城市的定义。根据北京一家市场研究公司针对这三个城市所进行的 1 232 名市民的调查，73% 的人认为北京最具代表性的印象是传统，悠久的历史和浓郁的文化氛围。大约 63% 的人用现代化、国际化、时尚来形容上海，有 43% 的人认为广州是开放的。

在这项调查中，市民们认为北京最具象征意义的建筑是长城，上海是东方明珠塔，广州是中国国际信托投资公司。在评价他们的生活状况方面，33% 的上海市民表示非常满意，53% 的北京市民表示比较满意，37% 的广州市民认为他们的生活状况一般。

总的说来，调查发现市民们最喜欢他们所在的城市，尽管比例各不相同——上海 85%，北京 79%，广州 50%。除了他们自己所在的城市，北京和广州的市民更喜欢上海，而上海市民大多对北京有不同看法。调查还发现，61% 的 19 岁以下的年轻人对上海印象很好，而50%的50岁以上的人更喜欢北京。当问及为什么最喜欢自己所在的城市时，调查对象的理由各不相同。北京以其基础设施和人文环境赢得居民的芳心。此外，邻里之间的和谐关系、良好的儿童教育、健全的旅游服务赢得了北京市民的高度赞誉。在上海，人们对其政府的行政体系和儿童教育感到满意。在广州，它的住房和交通给普通百姓留下了很好的印象。

最后，调查也汇集了关于城市改进的许多建议。北京市民希望城市可以进一步提升文化和教育设施，自从中国首都获得2008年夏季奥运会主办权后就一直是关注的焦点。他们还希望居住环境、通讯、住房和社区辅助性设施可以进一步完善。上海和北京市民表示，他们想要改进交通拥堵和环境问题，增加社区的绿化面积。广州市民重点强调改进文化设施、合理的城市规划以及环境保护（新华社，2002年2月19日）。

二、跨文化消费（内在—物质变迁）

随着生活水准的提高，中国人开始关注更好的生活消费品。30年前，每一对新婚夫妇都想用配给券买一个简单的大衣橱，每10人中有一张买一辆自行车的配给券，每50人有一张买两块手表的配给券。因此，既然每一个人都想有大衣橱、自行车、手表，“抽签”成为一种公平的解决方式。这种情况已经是过去式，现在情况已经完全不同：现在许多城市和城镇的家庭有组合家具、舒服的床、彩色电视、电冰箱、洗衣机、沙发、厨房餐具，还有换气扇、燃气管道、电烤箱、电热水器、铁锅、不锈钢/陶瓷器皿、压力锅和不粘锅，使得家务变得更为方便。另外，更令人惊奇的是，在短短不到十年的时间里，立体声音响、录像机、电话、呼叫机、手机、空调和电脑也进入了许多中国普通家庭。从20世纪80年代中期开始，越来越多的人开始购买汽车。根据不完全统计，1984年有17.4万辆私家车，到了1996年数量增长至289.3万（Howe, Kueh & Ash, 2003）。

显然，通过市民的消费行为的变化，可以更为切实地感受到全球联结促进了本土社会变迁。近期的研究发现中国的零售业环境已经表明中国消费者的决策风格和过去的市场和消费情况相比越来越像西方，尤其是在主要的城市。

比如说，在20世纪90年代初期，所有的经济区域（深圳、珠海、汕头、厦门、海南省）和六个主要城市（北京、天津、大连、青岛、上海、广州）都可以自由选择与外商合资从事零售业务。从1994年开始，又有6个城市（沈阳、哈尔滨、南京、武汉、重庆、西安）也允许开放合资业务。

中国有不同类型的消费者，比如忠于品牌型、关注商标型、解决问题型、注重质量型、追求时尚型、品牌意识型以及冲动购物型（Moschis, 1987）。这些分类为市场提供了很多衡量方式去划分大众消费市场。

随着文化全球化的加快，消费成为检验跨文化行为是如何在本土传播和渗透的表现，以及为分析具有不同全球联结的人其不同的消费行为提供依据。跨文化消费作为消费全球产品的一种时尚，反映了本土消费者的消费取向：功利性和象征性。功利性指的是物质的特征或品质，比如“便利”、“经济”、“效率”的特点，而象征性则是指涉及属于人类的情感，比如“享受”、“时尚”、“社会地位”（Cheng & Schweitzer, 1996）。

这种模式与以往的研究结果相呼应（Sun & Wang, 2006），居住在较好或是高级住宅区并拥有某些全球联结的人更愿意买国外的品牌商品，而农村的、拥有很少全球联结的人如果愿意购买国外商品只是注重其象征意义。这一发现揭示了一个更深层的全球/本土关联的现象，即个人的全球联结已经对本土社会变迁产生作用，它作为一种关系机制，使得全球文化影响了本土居民的消费行为。它也成为一个例证，个人全球联结是如何影响消费行为并进一步建立明确的全球到本土的通道。它也留下了进一步探究其内在机制的空间，即哪种情况下，微观环境的某些安排可以激励人类行为以某种方式行事，这一机制应该解释为什么他们在特定的情况下如此表现，以及为什么他们的微观行为在时间和空间上仍然保持一定的分散性，从而构成社会结构的宏观模式。

（一）外国快餐：超越食欲

从历史的角度看，现代快餐进入中国的标志是1987年4月肯德基炸鸡快餐连锁企业（KFC）第一家快餐连锁店在北京开业。20世纪90年代，中国国民生产总值（CNP）上涨78%。在这一背景下，快餐产业飞速发展，年增长率约20%，年利润

15%—25%。这成为支撑餐饮行业发展和新经济增长的重要因素。麦当劳计划在中国进行最大规模地扩张，2011 年增加 40% 的资金投入，并提议到 2013 年新开 200 家店（人民日报在线，2010.12.16）。

如今，快餐已经成为人们从事商业、旅游或其他户外活动的首选餐饮方式之一。据估计，近几年，中国快餐业的营业额可能是 6 000 亿元，成为中国商品和劳动力市场中最具吸引力和最大的盈利单位，从而为行业的进一步发展创造了新的平台。

随着中国实施周末双天休息制，越来越多的人选择外出旅游、购物或其他户外娱乐。办公大楼内也往往设立大型的完整的市场区域，配以快餐店，提供快速餐饮。高中和大学的学生快餐是一个巨大且稳定的市场需求，具有强大的增长潜力。中国的节假日经济的发展，增加了旅游者的数量，提供了一个在交通中心和旅游景点经营快餐店的好机会。

图 6-5　位于繁华的西安商业中心的肯德基快餐店

（来源：www.flickr.com/photos/meandmy-shadow/5687245421/in/pool-china-xi-an）

1. “免下车餐厅服务”满足需要

全球联结和消费文化变迁之间更多直接或者间接的联系是显而易见的。麦当劳创造了一个新的中文的字：“得来速”（免下车餐厅服务），含义为“来得快，取得快”。中国也在逐渐扩大美国连锁餐厅品尝它的口味，慢慢改变中华民族 5 000 年的烹饪传统，而30年前这个国家私家餐厅几乎是不存在的（Gigabiting.com, 2011.2.4）。“免下车餐厅服务”在像上海这样的城市开业，可以满足许多中国居民对于新的生活方式的需求。

“免下车餐厅服务”是麦当劳中国腾飞战略的关键。该公司希望利用中国对汽车和西式快餐的口味的要求越来越高，来增加其市场份额。为了达到这个目的，近期麦当劳和一家主要的中国石油公司合作，该公司将在其30 000个加油站的附近开设餐厅，提供“免下车餐厅服务”。

在“免下车餐厅服务”窗口前几乎没有空闲，虽然近旁一个外国人走动可能会进入司机的视线，但大部分司机忙于找付零钱和取汉堡包而没时间说太多话。但是，如果问你认为美国快餐的特点如何？回答一定是方便、快捷、现代化。白色轿车里一位衣冠楚楚的男人，在匆匆取走他的汉堡时说：“我总是匆匆忙忙。”（Montlake, 2006.5.12）餐厅里，有一半的客人是堂吃的，他们很容易交谈起来。对“免下车餐厅服务”则有很多赞扬，比如对它的便利和效率很满意。一些消费者说他们打包带回工作的地方，而不用在车子里面吃，如果他们很忙的话，他们也不会反对这样做。

“免下车餐厅服务”成了许多中国市民新的生活方式的一部分。但是，因为快速增长的经济和新兴的全球化，更多的当地人开始体会新的生活方式和餐饮行业的效率，在车子里享用美国餐不失为一个选择。

图6-6　麦当劳的菠萝派：麦当劳的本地风格

（来源：www.flickr.com/photos/zieak/4033652605）

2. 咖啡时尚背后

喝茶，虽然是广州世代相传的传统习俗，但是近些年来一轮新的热潮在广州出现：喝咖啡。近几年，大概有超过20家咖啡店开张，制作咖啡成为城市烹饪景观中的最新潮流。从哥伦比亚到卡布奇诺咖啡，从蓝山到摩卡咖啡，城市居民已经开始尝试价值 20—40 元（US$ 3.20—6.40）一杯不同口味的咖啡豆。在不断增长的咖啡店中，不仅仅可以看到人们对咖啡的追求，更体现了时髦的年轻人的好奇心。

一项民族学的研究者描述他的观察：他所采访的广州本地人米亚咖啡店的老板张兰说："我喜欢这种氛围。"张小姐在日本居住九年，一直在一家咖啡店工作。"我喜欢小小的、私人的空间，这样很方便。我想让我的顾客有家的感觉。"风格和味道同样重要。大部分咖啡店都是用古玩装饰，比如米亚咖啡店拐角处旧式手摇留声机，凯文咖啡店修复的 19 世纪 20 年代的竖琴，醉月咖啡店陈列着中国解放前的照片，爵士和古典音乐则烘托着情调（Tucker, 2011）。

北京和上海大街上无处不在的星巴克商店经常被作为例子来引证中国人正慢慢接受国外餐饮口味的事实。咖啡在中国的历史可以追溯到 19 世纪，当时西方传教士和商人把它带到了上海这样的通商口岸。在 20 世纪 20—30 年代，当上海正享誉其作为世界"东方巴黎"的美名时，咖啡店成为城市国际风味的标记之一（Cunningham, 2010.4.28）。

对于广州许多咖啡控来说，对咖啡的兴趣源自于它与西方文化的关联。"很多当地人喜欢咖啡是因为他们认为这是一种潮流。"在广州工作的专业人士凯瑟琳·陈（Katherine Chen）说："去喝咖啡的意义不是说一个人品尝，而是社交。"咖啡是高级的，与现代人的生活相匹配。当酒店的自助午餐被越来越多的中国本地客光顾，麦当劳则已经渗透进中国所有的大城市，并获得狂热的反响。在中国，成功需要很多因素，其中一个重要的因素是一种产品或是服务所代表的现代化的象征（Tong, 1998）。

对于大部分中国人来说，喝茶是传统生活方式的一部分。喝咖啡的时尚更合年轻人的心意，尤其是那些拥有全球联结的人。但是尽管中国对咖啡的消费不断增长，啤酒取代茶叶成为中国饮料的主要选择也是不可能的。

（二）国外品牌服装：服饰象征地位

在中国，时尚的消费者已经迅速吸引新的产品，国外最新的进口品牌最有可能为中国的那些品牌名称追逐者所青睐，他们享受购物，喜欢花钱买时尚的产品。研究表明，这些消费者对世界市场上最时髦的项目非常了解，全球的市场营销者通过时尚杂志和广告将他们的品牌定义为流行趋势、卓越、高品质（Hiu, Siu, Wang & Chang, 2001）。

民族志研究表明，一些大型购物商场通常是中国商店与美国和欧洲的商店混杂在一起，这些店铺的价格通常比美国本土的要便宜一些，但是比购物商场外面的店铺要贵一些。在大城市的一些商铺，低档的商铺卖便宜的商品，高档的商铺卖贵的商品。就像中国社会的其他方面，购物正在经历一个飞快的变迁（BackChina.com, 2008.1.25）。

这几年，许多曾经在中国工作的或是旅游的外国人称赞中国人穿的衣服漂亮，尤其是和中国人只穿“灰、黑、蓝”的时期相比。在寒冷的季节，迟钝笨重的棉衣被皮夹克、羊绒衫、毛皮大衣、风雨衣、麂皮绒外套、颜色多样的羊毛衫代替；天气变暖，人们的穿着更加丰富多彩：年轻人穿着牛仔裤，中年人穿着西装，女人穿着时尚的套装、优雅的丝质衬衫、短裙和T恤。中国人在穿着方面越来越开放。现在，中国人喜欢穿与众不同的时尚的衣服，并且有能力买国外著名品牌的衣服，比如皮尔·卡丹、古琦、希思黎。

> 2001年的调查数据显示，将“穿国外品牌服装”作为因变量，“全球联结”作为自变量，可以形成鲜明对比。如图6-7，拥有全球联结的人（55%，图的右侧部分）在“穿国外品牌服装”问题上回答“是”的人的比例高于没有全球联结的人的比例（大约19%，图的左侧部分）。超过80%没有全球联结的人回答“不穿国外品牌服装”，而只有约44%拥有全球联结的人回答“不穿国外品牌服装”。[1]

[1] 译者注：图中横轴上0代表回答“是”，1代表回答“否”。图14、15、17、18、19横轴上的0和1同此含义。

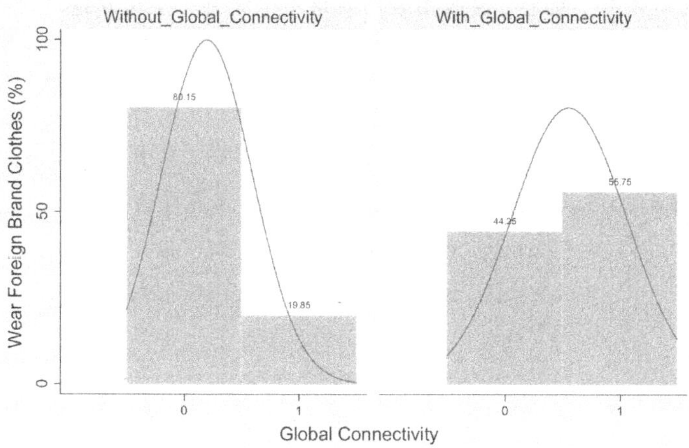

图 6-7　有无全球联结与穿国外品牌服装的相关性统计图

（来源：孙嘉明制作）

作为中国最大、最富有城市的居民，上海人追求世界最新的时尚，因此这些年上海已经成为著名品牌产品的分布中心。世界著名时尚品牌，比如皮尔·卡丹、阿迪达斯、华伦天奴、克里斯汀·迪奥都可以在当地买到。而高收入阶层的人们成为热衷于国外品牌产品的消费者，中产阶级可以享受那些支付得起的国外食物（Wei, 2000）。比如，美国快餐类似于麦当劳和肯德基在上海消费者中大受欢迎，尽管如果经常购买对于一些中等收入的人来说还是比较昂贵的。

在一项对北京和上海居民的横向对比调查中发现存在三种消费取向：炫耀性消费、自我实现的消费以及崇尚西方生活方式的消费（Wei & Pan, 1999）。年轻的、受过良好教育的、经济宽裕的人最有可能持有这些消费取向。基于人口学和社会经济学的特质，比如性别、年龄、教育和收入，人们消费国外品牌产品的意图和选择是不一样的。比如，上海消费者吃麦当劳既是因为它是便利的国外快餐，同时也是因为它是美国文化的象征，或是中国社会地位的标志。由于国外信用卡诸如维萨信用卡（VISA）和万事达卡（Master Card），以及通过维萨信用卡网站（VISANET）和万事达卡网站（MASTERNET）连接他们的自助取款机（ATM）服务在中国大陆分布的有限性，只有一小部分消费者在超市买东西的时候使用他们的信用卡。

在同一数据集里面，这张图表明有信用卡和有无全球联结之间的关系。很明显，有全球联结的人回答“有”（52%，图的右侧部分），没有全球联结的人回答“没有”（36%，图的左侧部分）。少于44%有全球联结的人回答“没有”，而大约73%没有全球联结的人回答“没有”。因为这项调查是2001年的，所以现在中国使用信用卡的人的情况应该是有所变化的。

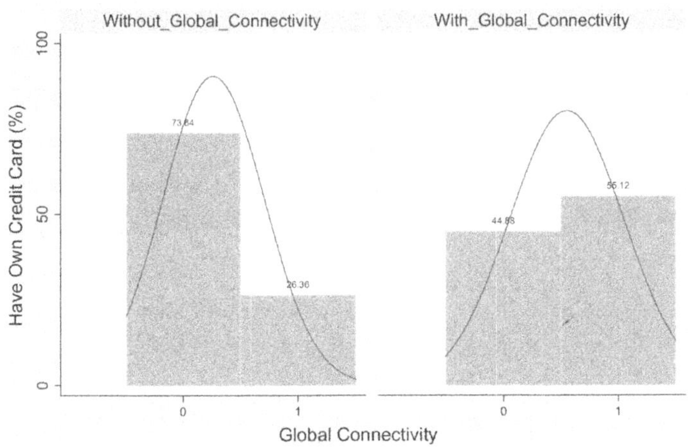

图6-8　有无全球联结与拥有信用卡的相关性统计图

（来源：孙嘉明制作）

外国品牌受到年轻人的青睐

中国消费者，尤其是年纪较大的消费者，不愿意尝试新的国外产品。但是，女人和年轻人则有所不同。在近期的研究中，尼尔森（A.C. Nielsen-SRG3）[1]发现中国女人尝试国外的护肤品比较勉强。比如，在强大的促销努力下，联合利华的旁氏、凡士林霜，宝洁公司的玉兰油仍然落后于占主导地位的中国品牌，比如大宝、凤凰、伊思丽。但是，年轻人消费更有全球导向性，并且有充足的可支配的收入。那些还未结婚的人，通常和父母住在一起，因此减少了生活开支。由于支出最低，同时有不断增加的工资收入，因此这一代人比上一代更有能力也渴望自由地花钱。根据近

[1]　尼尔森公司是市场领先的信息和媒体公司，遍布100个国家吸纳了41 000名员工，享有高度赞誉的品牌和商业项目是尼尔森媒体调查、ACNielsen、广告牌、广告周刊和好莱坞记者。www.nielsen.com/us/en.html?gclid=CIOO3Ky9mqwCFRBR7Aod3FM51Q。

期格雷广告（Grey Advertising）[1]的一项调查，18—34 岁的人比 35—50 岁的人更愿意买进口食品、衣服和个人护理产品。现在，中国 30 岁以下的人口占 53%。

国外供应商在计划他们的产品输出到中国市场时必须考虑到品牌管理的文化特征。因为中国人历来喜欢使用一些吉利的字眼，诸如优秀、幸运、幸福、长寿、繁荣或是具有历史意义的名字，而将一个西方品牌翻译成中文有时却很困难。可口可乐公司 1979 年重新进驻中国，用了十一年后才开始创造利润，其部分原因就是当时使用了欠考虑的品牌名字。此后，由于构思了一个改良的名字“可口可乐”，其内涵是“美味、享受、使人快乐”后，如今的可口可乐控制着中国巨大的软饮料市场。

仿制品牌的商品在中国激增，引起了很严重的问题（Dan, 2011）。高价值的食品产品和其他产品相比虽然很难仿制，但是农贸市场则把当地生长的水果有时冒称是从日本、美国、菲律宾、泰国进口的品牌产品。这对进口产品来说是有损害的，因为消费者通常不知道真货和假货之间的区别，而败坏了的第一印象不是那么容易忘记的。

尽管关于食物、时尚和娱乐的区域和文化的偏好对于中国人来说仍然很重要，但是生活方式和消费趋势上开始反映了全球趋势。因此，国外公司必须保持灵活的、适应在中国做生意的方式，并且建立一个强大的品牌印象，从而超越目前的市场障碍，确保未来的成功。

使用中国全球化的数据，图 6-9 表示观看西方电影和有无全球联结的关系。很明显，大约一半有全球联结的人回答“有”（图的右侧部分），16% 没有社会联结的人回答“有”（图的左侧部分）。在有全球联结的人中，50% 多一点的人回答“没有”，大约 80% 没有全球联结的人回答“没有”。

[1] 格雷广告公司是一家全球化的广告、市场公司，其口号是提供“著名而有效”的解决方案。总部位于纽约，共有 432 个办公场所遍布世界上 96 个国家、154 个城市。

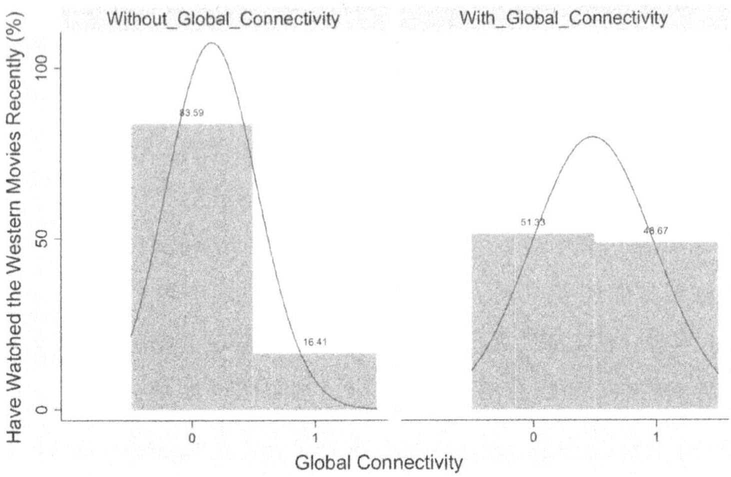

图 6-9 有无全球联结与最近是否看过西方电影的相关性统计图

（来源：孙嘉明制作）

三、全球节日同庆（外在—精神变迁）

消费领域的全球化趋势会影响本地消费者的生活方式，国际节日和闲暇趋势则显示某种直接却无形的精神概念对地方的影响。由于社会化体现在个人成长过程中学习既定的文化标准，因此文化适应需要至少两种文化的相互作用，这个过程就是个人学习和接受不同文化的价值和规范的过程（Montiel & Mendoza, 1989; Rudmin & Richins, 1992）。当一种文化显露在另一种文化中，文化传播就出现了。在某一文化中人们的态度和行为尽管有微妙的差别，都是相似的，这是因为它是由文化所塑造的缘故，即使我们通常没有意识到文化如何影响我们的生活。

（一）情人节在中国

七夕那天，中国人表达他们的浪漫和对爱人的关心。七夕节，农历 7 月 7 日是传统的中国“情人节”。情侣们面带微笑，互相赠送礼物，这些礼物象征着爱、友谊甚至婚姻。但是，越来越多的年轻人尤其是那些有全球联结和全球意识的人喜欢庆祝真正的情人节，一个普遍的西方节日。因此，情人节开始流行用一种中国式的方式来庆祝。

《中国日报》2004 年 2 月 14 日曾在一篇民族志视角的报告中，描述了年轻人以及拥有全球联结的中国人享受西方情人节的情况。在情人节，北京市中心随处可见手拉着手享受温暖阳光的情侣们。在天安门广场，此刻年轻的情侣则拍照留念。情人节不可抵挡的诱惑在于它是中产阶级生活方式的一部分，而这正成了中国城市中最新流行的生活方式。以烛光晚餐为例，30 年前因为断电而使用蜡烛这决不会被认为是浪漫，而如今在餐厅里点上蜡烛则是司空见惯（Zhou, 2004.2.14）。

图 6-10　情人节之际上海的花卉市场

（来源：www.flickr.com/photos/chinogypsie/3896790748）

在北京东部的朝阳公园里，一位德国绅士将一个中国结和 2008 年北京奥运会的官方吉祥物送给他的女朋友。“我是半个中国人，因为我的女朋友是一位土生土长的中国人，中国礼物最能表达我对她的爱和对中国的爱。”德国绅士怀抱着她的中国女朋友说。

情人节是黄金商机，商家们竭尽全力营造和销售浪漫。超市和百货店里包装精美的巧克力礼盒装，花店里红的、黄的、白色的玫瑰，以及情侣们手捧玫瑰走在大街上，增添了北京的浪漫和甜蜜的气息。

在王府井大街的东方广场，一种全新的接吻大赛吸引了许多顾客。参赛选手激情的吻和对爱大胆的表达引来了围观者欢呼阵阵。在北京的其他地方，顾客们沉醉于热情的舞蹈和活泼的音乐当中。酒吧和餐厅特意为了情侣们重新装饰："作为中国人，我们应该对情人节有自己的理解。灯笼象征着吉祥和幸福，我们将灯笼挂在大门上，祈福蓬勃的爱和甜蜜的爱。"书店也为情人节的到来进行周密的准备。比如，王府井书店发起一个活动"情人节浪漫图书日"。所有购买书的顾客都将获得巧克力和玫瑰作为礼物。"在这样一个特殊的日子里，我们不仅找到了我们喜欢的书，还收获了真诚的祝福。"一位顾客这样说道。

但是，对情人节人们有着不同的看法。浪漫的情侣和热情的商家是情人节的主要参与者。一对相恋的大学生说，他们很赞同这个节日，因为这个节日给他们提供一个表达爱意的机会。但是对于老年人来说，不会觉得如此兴奋。"我不知道情人节对于年轻人而言到底是什么？我已经过时了。"一位老奶奶说道。

大部分人认为情人节是一个表达爱的契机。"尽管起源于西方，中国人庆祝情人节意味着全球化深入人心，这样一个浪漫的节日可以增加人们之间情感的交流。"一位北京的翻译说道。一位四十岁的女士在这一天买了一条领带和一束玫瑰花送给她的丈夫，"尽管我们已经人到中年，但是我们的爱始终年轻"（人民日报在线，2006年2月15日）。情人节可以看作是中国人微观全球化以及人们行为变迁的缩影。

2001年的调查数据显示，"去过保龄球馆"和"全球联结"这两个变量存在很明显的关联。如图6-11，有社会联结的人（图的右侧部分）与没有社会联结的人（图的左侧部分）相比更倾向于去保龄球馆。在有全球联结的人中，超过75%的人回答"有"，而只有约31%没有全球联结的人回答"有"。

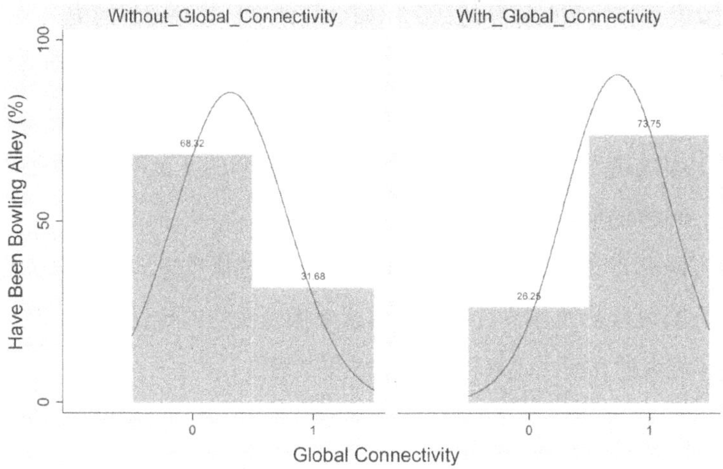

图 6-11 有无全球联结与打保龄球的相关性统计图

（来源：孙嘉明制作）

（二）庆祝圣诞：超越象征意义

有无全球联结（或全球意识）的另一个不同点是中国人在圣诞节假期的行为变迁。《上海星报》（*Shanghai Star*）在2000年12月22日公开一篇报道，详细说明中国人如何庆祝圣诞节。举个例子，沈女士，一个五十岁的女人，担心她的女儿。“我不明白为什么她要浪费那么多时间写圣诞卡片”，沈女士很生气，“明年年初她有很多的考试，但是她看起来好像更愿意在卡片上写乱七八糟的东西送给她的朋友和同学。”

沈女士说她的女儿这个月初就开始买圣诞卡片。“她买了大概五十张卡片，送给他们班每一位同学”，她补充道，“而且，当她收到一张卡片的时候，她看起来是那样的激动——她把自己锁在房间里，一遍又一遍地念卡片、写卡片”。

根据沈女士回忆，在她少女时期，她那一代人从来没有听说过圣诞节。“我只有在《格林童话》里读到过”，沈女士说，“这看起来是奢侈的一天，每个外国人都穿着毛皮外套，在辉煌的大厅里吃晚饭”。

沈女士说他们只是在中国的新年给几位同学送自己做的卡片，当然只是同一性别的同学，外加一本红皮笔记本作为额外的礼物送给一两个很要好的朋友。“我们从不会像我女儿那样写那些疯狂的话，比如‘祝你早日找到理想的丈夫’”。

在沈女士年轻时，最流行的祝福是“祝你新年快乐”、“在新学期努力学习”、“永远都是好朋友”。但是对于上了年纪的人来说，圣诞节却给他们带来很多回忆。“我还记得1949年解放之前，老上海舞厅里红绿相间的圣诞树，上面还有闪闪发光的装饰品。”85岁的何先生说道。

为了跟上瞬息万变的时代，我们可以改变节日的庆祝方式而不失去它的内涵。换句话说，我们可以从西方节日中吸取灵感来振兴我们的传统节日，从而让这些节日更加受到年轻人的喜爱（上海星报，2005年2月3日）。

（三）外国人享受中国春节文化

由于人们在微观情境中的全球联结，越来越可能看到节日行为上的某种趋同现象。比如，来中国的外国人喜欢中国节日，比如春节，放烟火、吃饺子，外国人为了享受中国春节文化“入乡随俗”（你在哪，就遵守当地风俗；入乡随俗）。知道红色的中国剪纸“福”字意思是“赐福”，上海德国学校的同学学习亲手制作剪纸，贴在他们在上海的家的大门上，因为他们知道“在中国人的春节期间，幸福的象征是将吉祥的中国文字粘贴在门口”。春节期间，越来越多的外国人遵守民间习俗（Lu, 2011.2.5）。

这几年春节期间，上海熙熙攘攘的南京路、淮海路、衡山路，外国人手拿“喜气洋洋的灯笼”，穿着“唐装”，放烟火，吃饺子，看见人就双手交叉合拢放在身前鞠躬，逢人便祝福“新年快乐”。

滨江，坐落在上海浦东国际公园，是最高级的住宅小区，超过1 200户家庭，其中40%来自40多个国家和地区。春节期间，小区的社区俱乐部挤满了澳大利亚人、德国人、英国人、坦桑尼亚人、马来西亚人还有其他国家的人，与中国本地人一起庆祝中国新年。

“新年快乐！贝蒂！”杰森，北京人，拱手演示“作揖”鞠躬、祝福，大厅里的社区居民越来越像一个“小型的联合国”。穿着花花绿绿的服装，举起独特的“西班牙秧歌”手势，“梅花园区老年秧歌队”为外国居民表演节目。表演者满足秧歌迷的要求，教他们改良的“西班牙秧歌”。大红灯笼挂在屋檐下，外面爆竹声响起，一桌桌可口的饭菜，中国人包括百万地震幸存者用中国传统的方式庆祝农历新年（新华社，2009 年 1 月 26 日）。

（四）外国人被选举为居委会成员

近来，全球化的触角已经深入到了当地居民区。在上海这样的大都市，首次有两个外国人被选为居民委员会成员。2002 年 10 月 9 日，仁恒滨江花园（一个新兴的国际社区）49 名居民代表，从 9 名候选人中选举杰森（Jason Boonham）先生（银行经理，澳大利亚人）和丽莲（Lilian Loo，有两个孩子的家庭主妇，新加坡人）成为居民委员会的代表（《人民日报》，2002 年 12 月 13 日）。

全国大约 11.5 万个居民委员会，50 万居民代表，是中国城市居民自我管理和服务的基层组织。一个居民委员会通常有几个到十几个居民代表，他们是由社区居民自己选举出来去处理当地居民的日常事务：从街道安全到计划生育事项，到帮助当地居民，类似于协助下岗工人找工作，分发给需要的居民政府补助金。

仁恒滨江花园坐落在著名的黄浦江附近，它是中国最具国际化的城市社区之一。超过 40% 的 1 200 户家庭来自全世界 40 多个国家和地区。邻居有的是德国人，有的是英国人，有的是坦桑尼亚人，他们中许多人都是被中国强劲的经济和繁荣的市场吸引而来的商人。仁恒滨江花园居民委员会关注当地中国居民和外国人的文化交流，以及有关安全、公共健康，公民行政管理等议题均优先于全国其他居民委员会。

尽管根据外貌和种族来看，此人根本不是中国人，但是杰森 • 伯翰（Jason Boonham）先生却显得像个地道的中国人。十年前他在悉尼开始学习中文，到了中国后，他和一个中国姑娘相爱、结婚，并跟随她的姓氏越。丽莲（Lilian Loo）女士的祖父母都是海外华人，所以她很早就梦想回到祖先的土地上生活。

仁恒滨江花园的当地居民，无论是中国人还是外国人，都对他们新选举出来的居民委员会成员抱有很大的期望。“我是第一位外国居民委员会成员，但是我坚信我不是最后一个”，杰森 • 伯翰先生自豪地说，“一开始我并不知道居民委员会是干什么的，但是后来我明白它是自愿服务当地居民的”。

杰森 • 伯翰先生获得称赞，不仅仅是因为他的社区工作，还因为他对中国文化的兴趣，包括中国歌曲、中国腰鼓舞。自从他 2 月份在庆祝春节的社区聚会上表演之后，杰森·伯翰先生因为“选择”这首歌成为社区最受欢迎的歌手，这是一首著名的中国情歌，由香港林子祥和叶倩文所唱。

社区的每一场娱乐活动，杰森·伯翰先生都是主持人，并且用流利的上海话主持。他就像居委会的翻译，为社区居民提供免费英语口语教学。“杰森·伯翰先生帮助我们，使得中国居民和外国居民更加亲近，尽管我们有语言障碍。”一位居民说道。外国人参与当地社区活动是上海开放的世界文化的一部分。它同样例证了居民全球联结加强了本土社会变迁。

（五）休闲时尚和亚文化群

自从1949年开始，由于共产主义的意识形态使得社会阶层的差异消失殆尽；休闲时尚则被认为是资产阶级的生活方式。在过去的几十年里，休闲已经成为日常生活的一部分，主要由年轻人和时尚流行所掌控。虽然在社会主义条件下，休闲时尚只是勉强地存在，但随着全球化进程，时尚周期已变得既短又快。

从微观全球化的视角出发，全球化经历已经改变了传统的休闲层次，这种传统的休闲层次体现在城市的地理层次中的“上只角”、“下只角”的区分，甚至毛泽东时期也从来没有消失过。伴随20世纪80年代社交舞蹈和卡拉OK休闲形式的发展，这种地理层次的区分始终存在。尽管如此，社交舞蹈的形式和价格基本相同。但是，在全球化的影响下，舞蹈的形式有所增加，场地也区分出很多层次。城市中心的迪斯科舞厅价格高，呈现炫耀性的外观。社交舞厅仍保持廉价，逐渐成为中年人、工人阶层的活动场所。如今，随着上海正发展出了自己独特的俱乐部文化，“亚文化资本”的新形式也正成为舞蹈场景分层的重要因素。

在全球化的时代，越来越多的外国人参加本土文化活动，使得他们建立各自不同的联结。在改革时期，外国人在本土夜生活场所的地位也随之发生改变。20世纪80年代，大部分外国人基本上不参与当地的夜生活场所。但是随着20世纪90年代早期大型商业的迪斯科舞厅的开放，外国顾客成为这些时尚场所的中心人物。西方人在从事这类休闲场地方面并不投入，相比之下台湾人和香港人在上海建立卡拉OK使其成为制度并在行业标准的制定方面起到关键作用。随着上海本土俱乐部场所的发展，外国顾客失去了原来的身份象征；当地的名人则在舞池中显得更为耀眼。然而，随着外国人口的激增，一个新的外籍夜生活文化已经出现，这也吸引了本地居民，但主要迎合外国居民（新华社，2011 年 5 月 15 日）。

全球经济衰退并没有影响中国富人的个人财富，由于私人银行提供更多的机会，富人的财富不断增长。波士顿咨询公司（BCG）发布一篇报告显示，国家财富集中在特定的人群和地区。大部分百万富翁集中在广东、北京、上海和其他沿海城市（新华社，2009 年 11 月 20 日）。

四、全球化进程中的价值取向（内在—精神变迁）

根据符号互动理论，个人经历和社会联系对人们的价值取向的形成和塑造至关重要（Bornstein & Bruner, 1989; Norton & Brenders, 1996; Riger & Lavrakas, 1981）。正如在前几章中所提出的，全球联结正成为当地居民的一种新的社会化机制，这一机制使得社会互动从内部转向外部；社会互动的范围从家庭和亲戚转到全球行动者和全球进程。当社会活动的正规场所从本地转向虚拟的全球范围的同时，信息交换也从更多地依靠大众传媒转向互联网、微博、虚拟社会网络等（Kwok, 1990）。这种社会互动方式和来源的转变在多大程度上能引起价值取向的改变？答案就在下面的分析中。

自从 1979 年改革开放的三十多年来，中国社会已走上了快速社会变革的道路。尽管这一代的不少人后来开始学习英语（一些人英语很好），但是他们并没有直接接触“西方资本主义”的机会，直到 20 世纪 70 年代末 80 年代初的对外开放（Fewsmith, 2002, p. 24）。经济改革和开放，必然要求与之相适应的文化价值和思想观念，而随着全球化的日益增长的影响，则导致中国普遍的社会价值观的巨大转变，并有可能使这种转变加速。虽然价值观的变化往往滞后于经济增长和广泛的社会转型，但它们确实反映了变革背后的结构性力量。这个进程将促进全球普遍价值取向（CPVOs）的出现。

全球普遍价值取向（CPVOs）可定义为一套反映全球化和市场转型的原则和意识形态的价值取向，它是由物质主义取向、个人主义取向和全球主义取向所构成。前两个维度，物质主义取向和个人主义取向是根据罗纳德·英格尔哈特（Ronala

Inglehart）在他所发表的有关不同的社会在全球地图的分布，表现出价值观的两极：传统 VS 世俗取向、生存 VS 自我表现（Inglehar, 1997）。而第三个维度，全球主义取向反映了全球文化的核心价值，比如选择自由、对创新与变化的容忍、对多样性的包容、相互依存 / 关联性（Erez & Gati, 2004, p. 592）。为了检验“拥有更强全球联结的人更容易展现其全球普遍价值取向（CPVOs）”的假设，我们参照下面的描述分析和因果分析。

（一）追求物质舒适

由共青团和全国学生联合会在广东省深圳市和珠海市进行的针对 1780 名学生的理想 / 愿望的一项调查显示，第一选择是成为一名亿万富翁，第二选择是成为一家跨国公司的老板，第三个选择是成为一名省市级的领导。[1] 调查表明，中国市民对政治的兴趣普遍下降（Rosen, 2002）。罗森（Rosen）认为物质意义上的“价值”已经成为中国人价值观的一个重要指标。

在“中国的代际价值的区分：一项上海的调查”这一研究中（Sun & Wang, 2010），作者报告指出，数据分析显示了中国几代人有着显著的价值差异。尤其是近期中国进入全球化时代，随着计划经济向市场经济的转变的过程中，快速的历史和社会变迁已经促使中国人的价值观发生变化。这些变化已经反映在不同世代的价值观的变化中。

在一定程度上，年龄是人类存在的最基本的社会类别。在几乎所有的社会中年龄是分配角色、授予威望和权利、影响人的观点和行为的首要因素。而且，不同年龄群间的关系在社会稳定和发展方面起重要作用（Braungart & Braungart, 1993）。在中国，那些 20 世纪 80 年代出生，被称作是“80 后”。他们经历了经济全球化和相当广泛的全球联结，在市场经济中长大，这一代人的价值取向与他们父母的不同，对本土社会转型的影响越来越大。

现在，广告、录像和因特网在全球范围的传播，“80 后”一代更注重享受生活，更喜欢感性消费，花钱买 CD、上网、互动游戏、旅游、社交聚餐、健身等，生活方

[1] 参见香港杂志《争鸣》，2000 年 8 月，第 8 期，第 27 页。原始资料见新华内参，2000 年 7 月 15 日。

式上更类似于西方社会。对于这一代人而言，电脑、平板、数码相机以及其他流行商品都是必需品。从整体模式来看，这一代人相当奢侈并且始终想要跟上潮流。这就像是得了“传染病”，一旦被广告世界所吸引，便无法回避。

广告是一种显著的促销形式，它是一种产品成功的关键（大部分时候）。追求物质享受已经成为拥有全球接触和联结的人的某种普遍趋势，比如美味的食物、定制的服装、高端的娱乐产品。根据“21 世纪中国大学生的消费和生活习惯”的研究中，拥有高级消费商品的大学生比例高于所有市民的平均水平。大约 60% 的大学生拥有个人手机，27% 的人有个人电脑，20% 的人有掌上电脑，12% 的人有 MP3 播放器，7% 的人有数码相机。超过 10% 的大学生有品牌产品，诸如阿迪达斯和耐克（人民日报在线，2007 年 3 月 27 日）。

这代人中有信用卡，透支银行账户的占比很高。他们可能没有太多购买的能力，但是一些银行现在对大学生发行信用卡。许多学生花钱但是他们并没有信用卡。根据分析，“80 后”在花钱方面如此有信心的原因有两个：一个原因是来自父母的奉献和支持：事实上，他们是在用父母的钱购物和娱乐；另一个原因是他们坚信未来可以挣更多的钱。

1. 有能力购买奢侈品和品牌消费的阶层

根据中国品牌战略协会的数据，过去中国消费者消费总额超过 5 000 亿美元，有 1 700 万中国人（13% 的人口）有能力购买时尚奢侈品牌（《中国日报》，2009 年 4 月 11 日）。中国奢侈品市场价值 20 亿美元，是全球总额的 3%，成为全球六大奢侈品市场。未来十年里，中国奢侈品消费将上涨到日本的水平，成为世界第二大市场。随着经济蓬勃发展，中国不断增长的城市富裕阶层将吸引更多全球奢侈品供应商。超过 30 万中国人已经净赚 100 万美元，大陆富豪拥有 5 300 亿美元资产（Schwarz & Wong, 2006.12）。

香港文汇报专家的报告指出，人们普遍认为：上海中产阶级，他们有能力买房子还有充足的资金旅游、接受教育、金融资产。他们有 1 000 万稳定的收入，占城市人口的 12%。上海复旦大学经济学院举办了中产阶级生活方式研讨会，来自不同领域的参与者试图给中产阶级一个明确的定义：“上海中产阶级保守估计大约 100 万，这一消费群体可根据生活习惯、消费模式、审美趣味和其他白领特征所定义。”这一中产阶级的基本特征是：他们的生活舒适但不奢侈，他们有足够的钱去消费，经常出国旅游，但是不过分热衷于奢侈性项目。在上海，除了享受比较富裕的生活方式之外，他们买衣服、休闲，经常光顾大剧院和许多其他艺术机构去体验艺术活动。中国中产阶级包括商人、作家、医生、律师、外企员工、教授、企业家、艺术家和知识分子。他们中的许多人公开表明他们是中产阶级（Hays, 2008）。

中国社会科学院发起“当代中国的社会流动”项目，用“中产阶级”这个社会心理术语来定义现有国情。报告说明，尽管中产阶级成员不断增加，但是只有中国总人口的15%—18%。“中产阶级”已经成为中国的热门话题。报纸和杂志设置专栏，社会学家热衷于在专栏中讨论新兴的中国的中产阶级。电视荧屏和大众媒体中，“中产阶级生活方式”描绘成一个耀眼的概念，豪华公寓、私家车、时装、珠宝、宴会，当然也包括中产阶级的风格。

上海迪士尼公园是中国内地首座迪士尼主题公园，位于浦东新区川沙新镇，已于2016年6月16日正式开园。上海市为方便游客到迪士尼体验，专门设置了迪士尼站作为地铁线路上的一个站点。上海迪士尼乐园有助于释放长三角巨大的旅游资源潜力，在拉动长三角甚至全国旅行社业、旅游酒店业、旅游交通业、旅游景观业、旅游购物业经济发展的同时，也在很大程度上满足了大陆居民的精神文化娱乐需求。[1]

2. 中国新兴的“雅皮士”

《美国新闻与世界报道》发表关于中国的下一代的雅皮士是什么样的报道。中国的雅皮士使用手机（最流行的款式，最快的网速），在时尚咖啡店用iPod边听音乐边查看手机信息。他们年轻，肆意挥霍，令西方商人垂涎三尺。这个新一代的“Chuppies”——中国雅皮士，意味着一波前所未有的商业主义浪潮在这个国家的兴起。中国已经有1亿中产阶级，在不久的未来数量将翻倍。在接下来的十年，中国消费估计将年增长18%，而美国预计年增长率只是2%。由于这代人精通科技，因

[1] 译者注：由于本书英文版出版时间是2013年，英文版和中文版之间存在时间差，故笔者有必要对本段资料进行更新和改写。本段原文如下：华特·迪士尼公司获得政府批准在上海建设一个主题公园，使得这一世界上最大的传媒公司得以进入中国大陆最富有的城市。根据《香港文汇报》的报道，上海迪士尼公园将有57%属于中国，迪士尼公司拥有剩下的部分，预计建在浦东地区的川沙，距离金融中心陆家嘴有27公里。香港迪士尼发言人霍尔·史密斯（Aiannah Hall Smith）并未透露有关公园的大小和造价等问题（Wong & Liu, 2009.11.4）。

此这一浪潮中那些贪婪的年轻消费者甚至为他们的父母做出购买决定。他们是这个国家使用信用卡的第一代人，并由此导致居高不下的储蓄利率得以大幅度下降（Fang, 2006.4.21）。

调查发现，大部分受访者认为说一口流利的英语是事业成功的关键，因为这增加了他们全球接触的机会。因为年轻人对学习英语和其他国家语言的积极态度，这便使得中国将更加开放，受到西方的影响将进一步加强。《香港文汇报》报道中国雅皮士越来越像西方的同类群体，他们想拥有汽车、电脑、旅游门票。中国雅皮士享用着促进健康且增强食欲的家用电器、电视机和一些国外产品，而他们正是许多外国公司希望进行现金交易的市场。北京雅皮士住在宽敞的郊区房子里，拥有微波炉和 DVD 播放机，用着手机，穿着香奈儿和阿玛尼的衣服、普拉达和古琦的鞋子，开着日本的汽车，到当地的健身房健身，去国外度假，在宜家家居购物（Hays, 2008）。

"有全球联结"、"没有全球联结"和变量"我总是更喜欢国外品牌商品"对照产生不同结果。有全球联结的人（图的右侧部分）认为"非常同意"比没有全球联结的人占比例更高。超过 54% 没有全球联结的人"非常不同意"，而只有 32% 有全球联结的人"非常不同意"。全球联结导致国外文化集合进入本土地区，尽管或者是象征性或者是实用性的结果，或者两者都有。

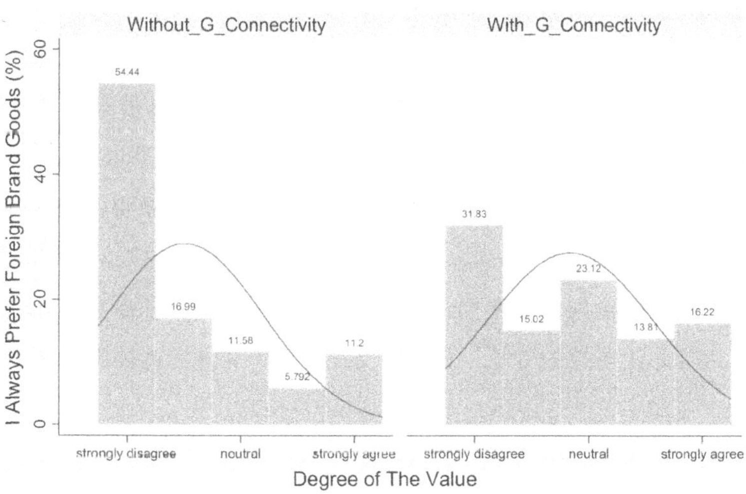

图 6-12 有无全球联结与倾向于购买外国品牌商品的相关性统计图

（来源：孙嘉明制作）

代际传承是很重要的，因为不同时代的人有不同社会化的经历，对世界有不同的期望，他们所获得的训练不同，因此当他们遇到问题时，解决的方法也会有所不同（Fewsmith, 2002, p. 27）。由于新的一代经历了全球化，他们寻找物质的和文化的产品，寻求更多全球展示的机会。“80 后”是中国第一代独生子女群，欣然承认他们有自私的倾向，然而，他们也在寻找他们的内在灵魂，意识到他们肩负的历史使命，使祖国走向更好的未来，远离意识形态所驱动的暴力以及贫穷的过去（Tatlow, 2011.1.12）。

近期一项调查显示，中国“80 后”成为经济繁荣时期热情的创业者。超过 54% 低于 30 岁的成年人想要创业，相对应的是，44% 的“60 后”和“70 后”想要创业，而“50 后”的数据是 39%。这个发现是“凯利全球劳动力指数”的一部分，由一家全球人力资源公司——凯利服务所进行的调查。这个指数从代际角度揭示了人们对工作和工作场所的不同看法。该公司采访了大约 134 000 名来自北美、欧洲、亚太地区的雇员，在中国有超过 2 000 人接受此项调查，这一调查得到了中国最大的人才服务供应商之一的“招聘网”的帮助而进行的（《中国日报》，2010 年 6 月 7 日）。

（二）自我发展：主流意识形态

集体主义和个人主义从根本上反映了不同的价值、认知和社会发展观。集体主义是一种哲学、政治、经济或社会发展观，强调每个人的相互依赖性和集体目标的优先性。集体主义通常关注社区、社会或是国家。社团主义是集体主义的一种形式，认为集体大于部分之和，集体权利优于个人权利。根据莫伊拉·格兰特（Moyra Grant）的观点，政治哲学的“集体主义”是指任何哲学或体系将任何一种集体（比如阶级、民族、种族、社会、国家）放在个人之上（Grant, 2003）。在集体主义社会，群体的需求比个人的需求更加重要。在这些社会里，人们在任命和晋升时亲属关系更为重要，远优先于所持的专长。集体主义在亚洲、非洲和南美洲文化中具有重要价值。

而在个人主义的社会中，个人的目标比集体目标有更高的价值。个人被赋予有独立的行为，制定自己的计划，并努力实现自己的个人目标。在这些社会，个人获得雇佣和晋升是根据个人的成就和资格。个人主义社会的例子包括美国、北欧和西欧国家。

个人主义取向，包括如自我欣赏、自我发展、理性行为、自我表达的现代价值观，已经成为中国近几十年主流的价值观。“代沟”调查（Sun, 1997）显示，对生活中最重要的事情的评级：“自我发展”和“政治生活”，不同年代的人有不同的评级。最年轻的一代（第四代）认为“个人发展”是人生最重要的事情的比重最高（40.98%），接下来是第三代（39.98%），然后是第二代（20.73%），最年老的一代（第一代）比重最低（14.83%）。这表明比较年轻的一代比年老的一代更具有世俗取向。认为“政治生活”是人生最重要的事情的评级正好相反。第一代获得最高比重（38.2%），而第四代获得最低比重（8.61%）。这表明年老的一代更具意识形态化倾向。

在中国，大部分“80 后”都是独生子女家庭的核心，在改革开放时代茁壮成长。他们通常思想开放，有以自我为中心的个性，独立思考，有属于自己的价值观。他们不愿意变得老套，和年长的人为伍；他们想要发展他们独有的个性和风格。他们会大声说：“我喜欢这个！这就是我的风格！”

青年：先锋、独立的特征

根据北京市共青团、北京青少年联盟和北京青少年研究会联合进行的一项调查，当提及“时尚”和“先锋”时回应最多的是“出国深造”（23.4%）、“跑车”（23.2%）、“因特网”（21.3%）。对于大部分中国年轻人来说最流行的服装是运动服和牛仔裤。根据“世界经理人数据库”（World Executive Database, 2007.3.5）显示，耐克、阿迪达斯、匡威、彪马和新百伦是这一群体最欢迎的国际运动品牌。李维斯、Lee、Only 和维罗马达是中国年轻消费者最欢迎的国际牛仔裤品牌。国内品牌中，李宁排列第一，与国外品牌竞争并且越来越受中国年轻人的欢迎。一项亚洲时报在线的调查显示，中国年轻女性在美容化妆品的平均花费占她们年收入的 10% 甚至更多。她们中大部分都是国外品牌的粉丝，比如玉兰油、美宝莲、欧莱雅、珀莱雅、小护士和曼秀雷敦。一些女性消费者更愿意购买世界级品牌，比如兰蔻、资生堂、迪奥、香奈儿、倩碧，这些品牌非常受中国年轻女性的欢迎。尽管这些顶级品牌价格十分昂贵，但是年轻女性们认为使用这些顶级的品牌可以展现她们精致的品味和内在美（Newham, 2006.4.6）。

此外，调查显示，样本中与“时尚”、“先锋”相关的还包括“穿时髦的时装”

（16.6%）、“重大的运动项目”（13.9%）、丁克家庭（11.0%）、“表演能力”（10.0%）、玩在线游戏（8.6%）、去酒吧（8.2%）。而具有“时尚”标签的，还可以包括代表性的品牌名称，比如“金利来”（17.9%）、“摩托罗拉”（17.4%）、“奔驰”（14.4%）是男性生活风格的前三名，而香水、连衣裙、耳饰则代表现代女性的“时尚商品”。

图 6-13 反映了有无全球联结的人在重视个人发展方面的差异。很显然，有全球联结的人（图的右侧部分）占更高比例，超过一半的人回答“非常同意”，而没有全球联结的人（图的左侧部分）占比例是 42%。但是，这个回答反映了 1979 年改革开放后人们的价值观的变化。总的来说，年轻人的个人主义取向高于年长的人。详细数据见《全球联结和本土社会变迁》完整数据。

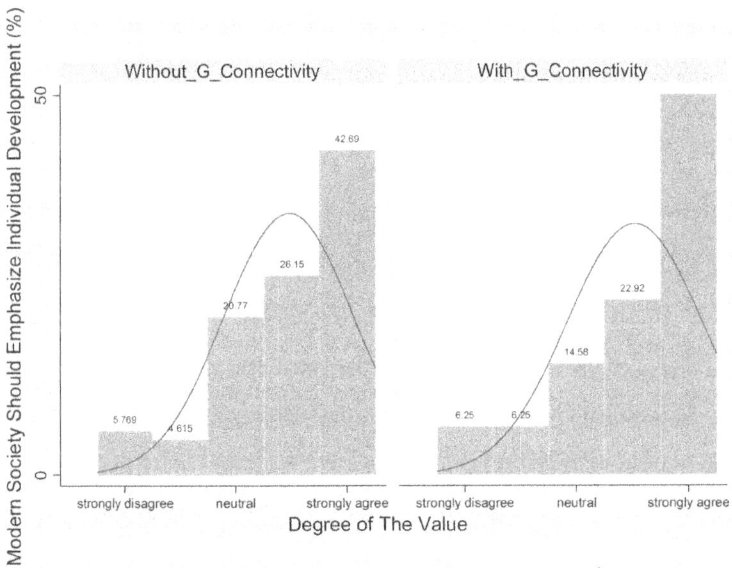

图 6-13　有无全球联结与注重个体发展的相关性统计图

（来源：孙嘉明制作）

（三）对全球文化的归属感

由于新的运输和信息技术，使得过去不可能的跨越地理界限的人与人之间的联系增强，它反映了人们对超越日常世俗生活方面而寻求更广泛的人类共同体的互动框架愈发感兴趣，这就是所谓的全球主义。

全球主义体现在对个人幸福感具有重要意义的全球联结的某种意识；重视个人流动和国外旅游；对文化影响的开放心态和对文化差异的欣赏。全球主义还包括意识到世界是有很多文化组成的；愿意质疑自己的传统假设；只要人权不被侵犯，承认文化相对论和多元论。全球身份认同还意味着人们通过全球实践、接受全球文化风格和信息，而产生对全世界文化的归属感。

全球主义有许多方面。经济全球主义包括伴随市场交换的远程商品、服务、资金、信息和认知的流动，平流层臭氧层消耗就是环境全球主义的例子。在政治层面，全球主义指的是一个立场或原则，它强调混合、多样性、包容性和多样的文化形式和表达方式的确认。文化全球主义则定义为对其他文化、价值观和经历的开放（Woodward, Skrbis & Bean, 2008, p. 209）。在最深刻的层面，社会全球主义影响到个人主义意识和他们对文化、政治和个人身份的认识。因特网的发展节约了成本、缩短了全球互动，于是思想的交流越来越独立于其他全球化的形式（Nye, 2004a, p. 193）。

商品和服务的标准化，比如麦当劳和可口可乐，可能已经建立了一种消费“全球主义”让来自世界各地的人们分享同一种烹饪——巨无霸的经验。作为一种全球互动的方式，因特网超越了地理的、政治的、宗教的和国家的界限，正在建立（至少是潜在的）全球主义的基础。

全球主义表明了在同一时间里，在全球的和本土的范围内，生活于不同的民族和文化之中的价值。当对全球文化开放时，我们自己的文化成为一个稳定的锚点。而在评价各自文化所提供的生活方式时，全球主义则应当被看成是一种规范和行为准则。通过开放性的文化，我们自己的文化将被放置在一个更广泛的框架之中（Castells, 1997）。

全球主义的行动可以在各种不同的背景下观察到，比如全球志愿者协会，变得越来越重要。因特网、聊天室和万维网的使用为来自世界各地志同道合的人们提供了相互联结的新机会。因特网电子空间使得来自不同物理空间的相识和不相识的个体得以相互接触和交流。在心理层面，这些联系提供一种归属感、隶属度和社会联结，凡此种种体验，在过去人们只能在本土的交流中才可以获得。

1. 突破文化边界

传统意义上，文化边界对于维持任何一个特定集体的凝聚力是很重要的。文化边界可以通过区分“内部人”和“外部人”感受到其目的感和意义感。如今，由于全球联结、技术发展以及大众文化普及使文化采纳现象得以引起关注。广播和通讯技术的快速发展使得试图限制有关项目和数据的跨越国界传输的想法越来越难以实现，甚至根本不可能达成（Youngelson-Neal, Neal & Fried, 2001）。

通讯技术的革命使得世界上任何一个地方的新闻事件能够即时传输到世界的其他地方成为可能。比如，戴安娜王妃不幸离世之后，消息就传遍世界。电视作为大众传播媒介，在举世悲伤的背景下，对塑造我们的公共意识和人道主义观念方面越来越重要（Dixon, 1999）。

传统的地理社区为个人在广大的人类事务体制中提供本源、地方感和位置。然而，具有全球联结的虚拟社区形成对全球文化的归属感，同样也塑造着自我和认同。就这一视角而言，既然文化相对论是基于特殊性并且其观点与普遍化的经济、技术发展趋势严重背离，那么反映现代人类社会异质性和多样性的文化相对论或许有可能成为一种历史形式。

2. 跨国身份和全球主义

跨国身份的发展将支持和加强全球主义，这是基于第二次世界大战之后联合国阐述的“世界人权宣言”的精神而提出的。人权优先于单一国家的主权。当涉及人权冲突的议题时，文化相对论将不适用（Shute & Hurley, 1993）。作为多个重叠身份的成员，则不能有任何一个其中特定的团体对某一个人的时间和精力提出合法要求。由于忠心和效忠分布于几个身份，与先前的社会相比，个人的行动可以更加自由。在这样一个社会体系中，伴随“公民身份”的权利得到普遍的保障，而与其阶级、性别、种族、人种以及其他起任何定义的特征无关。

随着全球联结的增强，全世界的人将更多地分享符号的象征意义，而这些分享过去只是局限于本土文化和社区之中（Tomlinson, 1999）。这包括分享如何生活的叙述、理想人际关系的构图、人们实现理想的描述、个人意义的来源以及人们如何从他们的存在中获得意义的感受。这些都促进了全球文化的快速传播。最终，身份认同将是一个连续的统一体，即从本土到全球。

由于身份认同是贯穿于个人的生命历程而不断增加新的身份的过程。这些身份包括基于学校、职业地位、宗教隶属、居住社区、政党关系、民族国家和全球身份的认同。因此，对于大部分人而言，忠诚和承诺贯穿于各个群体成员身份中。基于人们分层的和多重的身份，人们不会放弃他们的核心身份去应对全球化趋势。比如，国家认同将仍被保留，而跨国身份认同则将置于其他身份之上（A.Smith, 1991; A.D.Smith, 1991）。

具有跨国身份的本地居民可以通过在中国本土的外国公司雇用的过程中产生。根据国内一家专门为中国外企提供服务的组织的调查，2000 年，超过 100 000 的中国人被 18 000 个外国公司或代表办事处雇佣，大部分中国雇员担任高级职位，比如首席代表、行政官员等等。外国公司采取的本土化举措的部分原因是希望削减成本。相似的职位，外国雇员和本地雇员的薪水相差可高达十倍。此外，外企雇佣那些没有中国文化背景的外国雇员的失败经历也迫使他们这样做（《人民日报》，2001 年 9 月 16 日）。

由中美商业贸易发展委员会公布的一项调查显示，在中国，跨国公司和外企中本地职员平均达到 90%，本地经理高达 95% 以上。全球最大的零售商 —— 沃尔玛，有超过 16 000 中国雇员，其中 99% 是当地人，几乎所有分店都有中国经理。中国最大的外资电子公司 —— 摩托罗拉电子有限公司，已经增加本地经理的比例从 1994 年的 11% 增加到近几年的 83.3%。

毋庸置疑，在跨国公司工作的员工在全球文化的宏观层面上接受社会化，适应全球思维，进而能够适应全球化的工作环境以及按照其核心价值而行动（Erez & Gati, 2004, p. 595）。全球文化的核心价值是：选择自由、自由市场、个人主义、创新和容忍改变、包容多样性、相互依赖 / 连通性（Erez & Gati, 2004, p. 92）。然而，同时他们也是他们本土国家文化的一部分，因此维持着双重的文化身份。

在关于中国人的全球化的经验研究中，孙（2008）得出结论认为，全球联结对价值取向产生了强烈的影响。通过应用多元回归分析、因素分析和结构方程模式（SEM），发现“浏览国外网站”在世俗取向方面产生积极影响，这些人获得高出

3.5 分的取向指数（0—100）；“说一门外语”对个人的全球联结具有实质性的作用，同时对“自我表现”取向方面和“全球定位”取向方面也表现出很强的影响。这些结果可以理解为，能说一门外语和具有全球联结更能使个人理解西方文化价值，反过来也培养了自我表达、个人主义和全球主义。

五、小　结

凭经验而言，每个人的一生都是微观情境的连续，也是一系列个人经验的总和。如果宏观现象是由许多相似的微观事件的聚合与重复所组成，我们便可以从中抽取样本，并将它们作为社会学构建中的经验性基础（Collins, 1981, p. 988）。只有将社会学概念植根于典型的微观事件的样本中，它们才变得更具有经验性。这就意味着，社会学所论述的终极经验性效度取决于对所观察的微观现象的解释。社会模式、体系和组织都只不过是来自于个人行为，以及在时间上和空间上分布不同的那些微观行为的抽象概括（Collins, 1981, p. 989）。

传统上理解，人的社会化媒介指的是家庭、学校、朋辈群体、工作单位，还有更广泛地包括广播、电视节目等等。但是今天，社会化媒介已经扩展到全球层面。正如戴维·里斯曼（David Riesman, 1950）所描述的，对于很多人来说，电子邮件和电子网络维持了一种趋势，即从可靠的亲属和值得信任的朋友圈转移到了肤浅而广泛的、有效的社交互动和全球网络。总的说来，全球联结已经成为跨国的或本土社会化过程中的新媒介。

当物理联结能加强社会纽带时，频繁的互动和共同的兴趣将会创造人与人之间更坚实的信任，因而使社会交往变得更容易进行。伴随着每一个本土地区的全球联结的发展，原本基于国家边界的文化认同的分布图，则可能变得截然不同。现实中，以人为本的全球联结有着不同的状态，从深层次的到相对浅层的，从仅限于小范围到存在于大范围的，从简单的到复杂的。这些全球联结不仅基于空间距离，而且在于彼此互动和信任。可以想象，拥有巨大威力的全球联结有可能造就一个真正的全球公民社会。

第七章　马赛克：全球联结创造与众不同

正如第五章、第六章讨论的那样，有四种类型的全球联结和四种类型的本土社会变迁，这一概念的不同类型和操作性定义我们在前面都已详细阐述（见表 5-1，表 6-1 和图 3-2，图 6-1）。两者之间的关系是什么呢？换言之，全球联结的不同模式会对本土社会变迁产生不同的影响吗？（请看表 5-1 的最后一列，对“本土社会变迁的影响”：全球联结的操作化定义，以及表 6-1 的最后一列，本土社会变迁的操作化定义）本书所提出的一些论证表明，答案是肯定的。

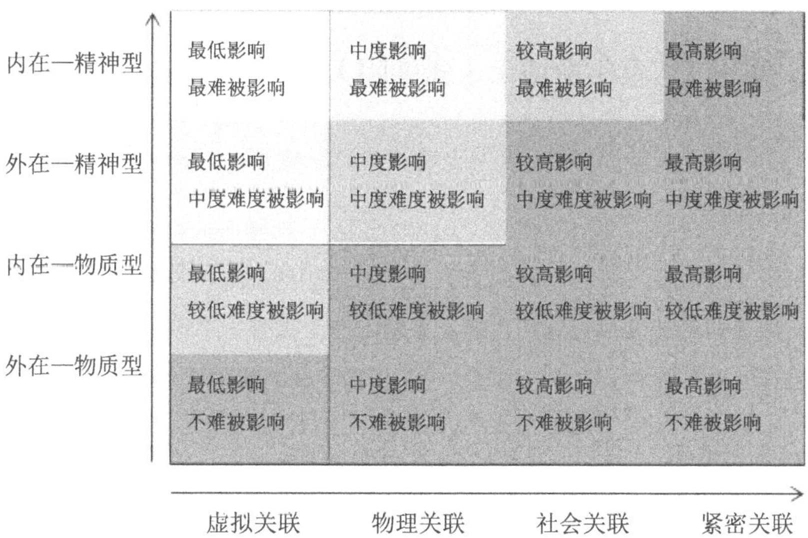

图 7-1　全球联结对本土社会变迁影响水平的模型（一个假设模型）

（来源：孙嘉明创作）

为了帮助读者更清楚地理解“影响”（impact）和“被影响”（impacted）两个词语之间的关系，我们构建了全球联结对本土社会变迁影响水平的模型（一个假设的模型）（图 7-1 所示），由图 7-1 可见全球联结的影响水平，从最低到最高（如横坐标，结合表格 5-1 观察）以及本土社会变迁从最容易被影响到最难被影响（如纵坐标，结合表格 6-1 观察）。在模型的每个单元区域中，渐变的灰色阴影表示影响（impact）与被影响（impacted）的组合，从深灰色、中度灰色、浅灰色到白色分别表示“最好的组合”、“好的组合”、“不好的组合”、“最差的组合”。我们可以看到，具有隶属关系的“紧密关联”模式在四种本土社会变迁类型中都属于“最好的组合”，而松散的“虚拟关联”模式仅在本土社会变迁的“外部—物质层面”显示其“最好组合”，而对其余三类变迁类型，则依次递减。

本章中我们主要关注各种文献诸如著作、期刊、杂志、网站和访谈中的案例，从中我们可以看出不同类型的全球联结导致了不同类型的本土社会变迁这一对应关系及过程。拥有全球联结和没有全球联结确实不一样，然而我们必须说明的是现实生活中并没有单一的纯粹的如假设模型中的全球联结模式，正如本书所述，现实生活中的全球联结模式总是几种模式的相互重叠、混合、交叉而存在的。

一、案例 1：查尔斯博士（张朝阳）与搜狐公司

（一）简　介

查尔斯 • 张朝阳，出生于 1964 年，是一位中国的商人、投资者和创业家，是当前搜狐有限公司的首席执行官和主席。张朝阳博士被誉为中国互联网的先驱，2003 年被提名登上福布斯中国首富，同时他也是搜狐集团的董事长。

（二）背　景

1986 年查尔斯 • 张毕业于北京的清华大学。在获得“中美物理考试应用项目”（CUSPEA, China-US Physics Examination Application Program）的奖学金之后，有

机会在美国读书，并于 1993 年在麻省理工大学获得了实验物理学的博士学位。毕业后，成为麻省理工大学和中国的联络人。1995 年回国加入互联网证券公司（ISI, Internet Securities Inc.）。受麻省理工大学的资助，1996 年创办了中国互联网科技（ITC, Internet Technologies China），专门帮助中国公司发展提供网站资源。1997 年他和雅虎创始人 Jerry Yang 的交流之后彻底将 ITC 改为搜狐网。

1997 年 5 月，张朝阳拜访了美国在线服务公司并和雅虎创始人杨致远（Jerry Yang）会面，这次会面鼓舞了他重新改造 ITC 网……

1999 年 4 月他的这一理想成为现实，当时中国互联网信息中心报告称搜狐是中国最受欢迎的搜索引擎。（新华新闻，2003 年 8 月 27 日）

张朝阳博士因为这一贡献大大受到公众的赞誉。罗莎莉（Rosalie Tung）在 2004 年一个演讲之前邀请了张朝阳，称他是 1998 年数字化时代的网络精英 50 强之一，世界经济论坛认为他是未来的全球引领者，此外他还受邀参加了许多国际会议和论坛。

（三）影 响 度

作为第一个汉语搜索引擎，搜狐网在推动中国的技术向前发展方面发挥了重要的作用，张朝阳作为其创始人的影响力是十分可观的。他的名誉使其在一些国内、国际组织团体，包括奥林匹克组织、健康组织和经济组织中被委以重任。

他的知名度非常高，在国内外被誉为“中国的比尔·盖茨”。正如史提夫（Steve Case）是“美国在线”的公众人物，查尔斯·张朝阳就是“搜狐网”的公众人物（R. Tung, 2004, pp.143-144）。

2000 年搜狐网成为公开上市公司，每年的税收逐渐增加，张朝阳在事业上取得的这一成就也使他成为中国第一位互联网名人。

搜狐网是中国领先的在线品牌，也是百万中国网民日常生活中查阅新闻、网上冲浪、收发邮件、无线信息传输、及时通讯、浏览网站、打游戏和网购不可或缺的工具，网页上关于信息、娱乐、交流和商业方面的内容应有尽有（《中国日报》，2006 年 3 月 14 日）。

二、案例2：施一公：回国助力国家繁荣

（一）简　介

1989年施一公从清华大学获得本科学位之后，1995年他获得了美国约翰·霍普金斯大学的博士学位，2003年，任清华大学生物科学和生物科技学院的首席教授，2006年被提名为清华大学长江学者，2007年担任清华大学生物医药研究所副所长、生物科学与生物科技学院的副院长（Li, 2007年12月18日）。

（二）背　景

施一公博士是众多中国海外留学生学成回国、报效祖国的杰出代表，他放弃了美国的成功事业毅然回国，为其他留学生做出了榜样。

施一公在河南长大，本科毕业于清华大学，随后到美国约翰·霍普金斯大学攻读博士学位。他在X射线晶体学和癌症研究方面取得了突出成就，使他成为普林斯顿大学最年轻的全职教授，他的实验室平均每年经费预算达到200万美元，他很快把他的实验扩展到私有产业，并吸引了更多的资助。然而，最终他放弃了这一切，回到了清华大学。

（三）影响度

是什么促使施一公先生在美国待了很长时间后毅然回国？施一公说他相信在清华大学担任生命科学院长对他来说更好。“在美国，我的实验室很大，我有20多位全职研究员，也有巨大的经费预算”，他说，“我能从中国政府拿到更多的预算吗？当然不能，在中国我的预算只是当初在普林斯顿大学预算的一小部分，但是在中国的开支也比较低，而且我的实验室有更多人做研究，所以我可以使用更少的研究经费建立更大的实验室”。

为了响应中国政府倡导海外知识分子回国创造，施一公倡议海外的中国科学家

回国，因为他们在中国申请资金的机会和受到的认可要比美国更多一些。施一公作为清华大学的博士生导师，在世界级的实验室中工作，使用最新研究模式，把学生按照项目或问题分成若干小组。

施一公经常为青年学生演讲，希望能帮助他们心怀民族责任感来抵制当前的物质主义。他希望年轻人能够学成归国，本着热爱祖国的价值观，意识到他们可以为国家做出很大的贡献，进一步提升中国的科学技术地位。

> 这应该成为常态，海归回国不需要理由。想象一个孩子对于家庭的责任，那是中国人的价值观。你的父母一直把你照顾到长大成人，当你长大了，你也应该反哺你的父母。
>
> （A. Tung, 2011 年 2 月 14 日）

他承认，当一个人要离开舒适安逸的环境时，需要足够的勇气，特别是当一切都在美国已经打好基础的情况下。他说，有时候对某种生活方式感到沮丧常常不可避免，比如空气质量、交通拥堵和公共场所吸烟都是令人不愉快的。但是他说他的妻子和七岁的双胞胎很开心，也很满意在中国的生活质量。大约两年前他的妻子和孩子来团聚时，他尽量让出租屋中的一切都是那么井井有条。

尽管施一公说他在美国接受的教育对他的成就功不可没，但他只是鼓励一半的学生追随他的脚步外出留学。他认为在国外留学会使一个人沉浸在异国的文化中，但是他希望这些选择出国留学的学生最终能够像他一样回归祖国的怀抱。

三、案例 3：大山与他的中加联结

（一）简　介

“大山”是一位加拿大演员的艺名，原名叫作马克·亨利·罗斯韦尔（Mark Henry Rowswell），生于安大略湖的渥太华。他在渥太华大学获得中国艺术研究的学士学位。在北京大学学习普通话的时候，罗斯韦尔开始对中国传统表演形式感兴趣，尤其是相声——一种民间说唱曲艺。

（二）背　　景

20 世纪 80 年代后期，罗斯韦尔首先出现在中国电视荧屏上是作为一个比赛节目的主持人，继而出现在春节联欢晚会上。在他的老师的引荐下，他以艺名“大山”在全国家喻户晓，这是当时他饰演的一个人物角色的名字。

在西方并不知名的大山，成了“中国最有名的外国人”。他成为中国著名的电视明星，获得了许多奖项，包括中国最高级艺术奖项白玉兰奖的最佳男配角奖（Mack, 2011）。

（三）影 响 度

大山毕业后，在北京的加拿大大使馆工作。几年后，他离开大使馆，成立了自己的公司，旨在加强中加友好联系。大山饰演并且主持了很多电视节目，出版教育书籍，活跃在舞台上，出现在广告活动中，并被任命为两国文化的联络人。

大山努力改善中西方之间的相互理解，“我希望我能帮助中国朋友更好地理解外国人的观点，我认为这将有助于外国人更好地了解中国，这正是中国努力去做并希望做好的”（Tan, 2007 年 5 月 11 日）。

四、案例 4：外国教练带给中国希望

（一）简　　介

生于法国的击剑教练克里斯蒂安·鲍埃尔（Christian Bauer）是中国聘请的 38 位带领中国体育队的外国教练之一，其他的外国教练包括来自立陶宛的男子篮球队主教练乔纳斯（Jonas Kazlauskas），来自澳大利亚的女子篮球教练马赫（Robyn Maher），来自日本的花样游泳教练井村雅代（Masayo Imura），来自韩国的女子手球教练康载沅（Kang Jae-won），来自韩国的男子曲棍球教练金相烈（Kim Sang-ryul），来自加拿大的皮划艇教练马立克·普罗克（Marek Ploch）和来自法国的自行

车教练丹尼尔·莫隆（Daniel Morelon）。

（二）背　景

在克里斯蒂安·鲍埃尔的指导下，仲满（Man Zhoung）夺得男子佩剑金牌，是中国佩剑比赛有史以来第一次取得如此辉煌的成就。“他是一个完美主义者”，仲满说教练带领他在9∶9平局之后，在周二的晚上佩剑决赛中赢得了最后6分以15∶9成功胜出，“他的表现也促使我为他加油鼓劲，他时时观察着我的一举一动”（Denman, 2008）。

在北京奥运会之前，鲍埃尔担任教练给中国击剑队带来了很多成功，包括女子佩剑在天津大奖赛上的胜利。冠军谭雪说：“自从克里斯蒂安教练来了以后我每天都在进步……我努力保持镇静，不去想金牌的事情，我只是和自己在比赛，拿出最好的状态来战胜自己。”（Y. Yu, 2008年8月7日）谭雪1984年出生于天津，17岁的她成为亚洲锦标赛女子佩剑冠军，她在2004年雅典奥运会荣获银牌。

由于得到了2006年受聘的法国传奇教练鲍埃尔的帮助，谭雪巩固她在击剑比赛中的地位。鲍埃尔说：“我们的目标就是奥运会金牌，没有第二个选择，凭借她的技术和经验，她一定可以实现目标，我相信她已经准备好了。”（Lee, 2008年7月16日）

尽管谭雪接受了很好的训练，在半决赛中击败了她的主要对手，但她在决赛时与金牌失之交臂，第二次获得了银牌。

（三）影响度

举办2008年奥运会，中国并非单纯提供比赛场地，而是希望从各个方面扩大其国际影响力。在许多中国教练为其他国家的球队工作的同时，中国为了让自己的球队提高竞技也雇佣了大量的外国教练。中国人普遍接受这样的交换，这也表现了中国社会日益开放和包容度。

外国教练帮助中国发展运动项目，中国教练提升其他国家队的水平。这种交换模式是一种互惠双赢的模式，它能促进国际体育运动的发展。“同一个世界，同一个梦想”是北京奥运会的宣传标语，体育精神超越了国家的边界（Huang, 2008）。

五、案例5：西方女人，中国男人

（一）简　　介

从传统来看，中国人和外国人结婚一般都是中国的女性和外国的男性结合，但今天我们可以看到很多案例并不遵从这样的刻板模式。越来越多的外国女性来到中国学习或工作，这些女性与中国的男性相遇相恋最后结为夫妻。然而，一项在上海对100名居住在中国的白人女性的调查显示了某种偏见的普遍性，这些女性认为中国的男人主要是重视家庭和慷慨大方，她们还认为中国男性“行为不够绅士、身材不够强壮并且缺少主见”，“还有一些坏习惯比如吐痰、留长指甲和不讲究口腔卫生”（Smith, 2011年5月29日）。

（二）背　　景

当西方女性和中国男性结为夫妻后将面临一系列的适应问题，有些是通过争执而相互调整，还有些是通过打情骂俏而化解。出生于美国的梅兰妮·高（Melanie Gao）说她当时和未来的丈夫在餐馆的第一次见面时问她食物够不够时被感动了。尽管后来她才意识到这是中国人常用的客套话，然而这一情形却导致他们开始约会、恋爱并最终结为夫妻（Smith, 2011）。另一方面，乔斯林（Jocelyn Eikenburg）说她曾经因为丈夫说话时不文雅的语气而生气，后来见到丈夫的父母才发现他与他们说话的语气也是这样的，于是就不再生气了（Ye, 2011）。

求婚的差异是这些跨国婚姻需要解决的另一个问题。高（Gao）最初发现她未来的丈夫比她通常的节奏要慢一些，“但是一旦他吻了我之后，没几天就很快开始谈论爱情和结婚的事情了”，她说。乔斯林的经历也是一样的，“我们才刚开始约会，他就开始叫我‘老婆’了，也就是中国人对妻子的称呼”（Smith, 2011）。

（三）影 响 度

外国女性和中国男性结为夫妻的一个主要问题是家庭。中国的父母可能怀疑女性的意图、害怕他们的孩子受伤害或者不喜欢文化传统不一样的儿媳妇。对乔斯林来说，关键在于沟通。“当你们来自不同的文化，你们社会化的过程就不一样，有时候对同样的情景可能就会产生完全不同的理解。”（Ye, 2011 年 2 月 21 日）

同样，外国妻子必须适应婚后日常生活中复杂的家庭事务，这些都是她们始料未及的。婚后父母仍然是小家庭中决策的重要主体，而这在西方文化中则是一种侵扰。一位 42 岁的非裔美国人、浙江余姚外籍教师主任乔·甘（Jo Gan）说：“你嫁给一个中国男人，你就相当于嫁给了他的整个家庭。”（Smith, 2011）。

乔·甘写了一篇博客，讲的是她作为一位非裔美国人嫁给中国男人并生活在中国的经历。当问及“你在跨文化婚姻中最喜欢的事情是什么？”时，她回答说，“我想我最喜欢的事情，就是哪些让每个人都感到惊讶的而确确实实存在的事实，就好比我们穿越了空间去探索一块未知的领域”（Agenda, 2011 年 8 月 11 日）。

六、案例 6：回归祖国怀抱

（ ）简 介

袁梁（Leung Yuen）给人的第一印象好像就是中国本土的男性，但是当他开口讲话，他的英国口音就令人察觉到他是一位外国人。袁梁的父母，出生于香港，后移居英国，英国是他出生和长大的地方。他毕业于格林威治大学，在伦敦工作一段时间之后，搬到了香港继续自己的事业（A. Yu, 2011 年 1 月 4 日）。

袁梁是我们所说的“海归”之一，对于他们来说在国外受教育但缺乏在当地社会的生活经历，因此香港和中国大陆的其他城市对于他们未来发展有很大的吸引力。

（二）背　景

在近几年经济衰退时期，西方国家似乎对青年求职者的吸引力不如从前，亚洲（特别是中国）则显得更有发展前途。西方失业人数仍在继续上升的时候，香港的失业率却在下降。2009 年，香港的失业率是 4%，加拿大是 7.6%，英国是 7.9%，美国是 9.8%。汤普森（Anthony Thompson），一家香港猎头公司经理认为，海归们在当前的就业市场中特别具有优势，因为他们有着“国际化视角和对中国本土语言及市场环境的理解”（A. Yu, 2011 年 1 月 4 日）。

（三）影响度

海归们同时面临着机遇与挑战。由于他们有早年移居西方的经验，所以经常会体验到文化冲击。但是对袁梁来说，在香港的工作经历使他认为来到中国是值得的。他发现相比在英国而言，他工作的时间更短了而且有着更固定的工作流程。

那些和袁梁一样在西方长大能够讲汉语的人，在中国劳动力市场的需求是非常大的。那些不会讲汉语的外国人会发现他们适应中国社会更加困难，无论是工作中还是社会交往中。老板一般最看重那些不仅能够讲一口流利的汉语并且对中国人的生活方式和文化习惯相当了解的人。他们处在两种文化中间的位置（在西方长大但是受到中国家庭的影响），使他们更加适合当今的商业全球化。莱斯莉•刘易斯（Lesley Lewis），是一位从事跨文化研究的心理学家，这样形容像袁梁这样的海归：

> 他们有着像照相机广角镜一样的文化视角，而且一直是全方位打开着。他们的偏见会比较少。他们了解更多关于世界政治的情况。他们将会使他们所生活的土地成为更稳定的地方，能综合更多的不同的政治理念。
>
> （A. Yu, 2011 年 1 月 4 日）

这些父辈移居国外的年轻人回国的潮流，以及到国外去接受教育作为一种趋势，都将持续和增长。

七、案例7：上海无锡制药公司

（一）简　介

无锡制药公司是越来越多的高技术工业重组或搬迁到中国的最好例子之一。“无锡制药公司是一家领先的制药、生物技术、医疗器械研发外包服务公司，业务遍及中国和美国。无锡制药公司的服务旨在帮助其全球合作伙伴缩短产品链周期，降低药品和医疗器械的研发成本（Press releases, 2010）。”该公司提供通过研究和开发而实现的一体化实验和制造服务，为世界上90%的最大制药商提供合同研究服务。

（二）背　景

无锡制药公司是李革（Li Ge）创建成立的，他是药典的创始人之一。该公司成立于新泽西州，是非常成功的。1989年北京大学本科毕业后，李革攻读了哥伦比亚大学有机化学的硕士和博士学位（Qian, 2008年3月24日）。

无锡制药公司提供广泛的、旨在向外界开放中国医药产业合作和辅助服务，李革并不是单纯受到利益和权力的驱使，更是希望在中国这一医药科技领域做出重要的贡献。“成为最大的并不一定意味着给客户带来最大的价值……我的梦想是改变发现药物的方式。”（Qian, 2008年3月24日）

（三）影响度

无锡制药公司提供的服务系列最终是为了减少开发新药物的时间，该项研究从美国迁到中国，很大程度上降低了成本和耗时。通过在上海雇用大量的有着良好教育和工作经验但很难找到工作的合格的科学家，以此来缩短研发时间。他发现科研时间缩短了一年，减少了500亿美元，这些钱可以用于医疗设备研发其他产品。李革说，“这意味着世界已经把目光转向中国的医药行业，我们正在见证一个可以预期对未来产生影响的人才市场”（Qian, 2008年3月24日）。

无锡制药公司已经显示了它强大的经济优势，它是中国同行业在纽约证券交易所（NYSE）上市的第一家。2007 年第三季度收益增加了 76.4%，从 910 万美元增长到 1 600 万。"'许多人认为公司的成功是因为在中国降低成本的原因，但我认为是梦想的力量驱使无锡制药公司的每个人努力创新药物的生产方式。'李说。"李革认为公司成功的原因在于两方面，即在中国的低成本和大量的人才。"药物从研发到投放市场通常需要 12—15 年时间，因此平均增加的成本应该是 12 亿—20 亿，然而成功率只有 0.1%。"在美国制度下，像无锡这样的机构一般有 10 个研究人员和个科学家共同在项目中工作。"'但是如果我能提供他 100 人的研究团队，他们就更可能发现潜在活性的化合物，既节省了时间又提高了药物研发的成功率。'李说"（Zhu, 2008, pp. 101-102）。

八、案例 8：阿玻罗技术带给银行新灵感[1]

（一）简　　介

阿玻罗科技在 2004 年开发了软件解决方案旨在帮助中国银行评估信贷风险。在阿玻罗的在线贷款审批程序出现之前，经销商都要准备厚厚的文件资料，用快递服务送到银行，然后又要花费好多天的时间等待办理结果。用创新的理念和实践，这一新科技包括实时查询信用报告、信用评估和预批准以及工作流程控制。阿玻罗的理念是提供一个在线平台，消费者在如银行、汽车经销商、保险公司、房地产经纪人和律师等处需要贷款时都可以使用。

（二）背　　景

中国的金融服务市场是在中国加入世界贸易组织后最晚开放的领域之一。当美国人已经债台高筑的时候，中国消费者的行动才刚刚开始。大量的中国人通常都是比较节俭的，但在信用卡的诱惑下，信用卡、汽车贷款和住房贷款的数额激增。与

[1] 这个案例故事是基于对上海的美籍华人徐铭栋先生的访谈，若想进一步了解相关信息，可联系邮箱 ming@apollo-technolog.com。

此同时，在美国学习和工作多年的中国人都深深感到中国在许多领域更新技术和管理技术的必要性，徐铭栋就是希望能够充分利用两个不同世界的差距作为优势的人之一。“2002 年当我作为一个创始人加入阿玻罗的时候，中国的银行业正经历着从批发银行向零售银行的转变，同时企业家们也在努力寻找着海外的人才使得管理在硬件和软件方面都能实现现代化”，徐铭栋说。

（三）影响度

艾达彭（Ida Peng），一位美国驻北京商业服务部的商业专员说：

> 阿玻罗科技在中国所做出的努力似乎满足了中国的需要。我们的目标市场是那些正努力想要改善其风险管理和营销效率的商业银行。由于我们的中国背景，我们很快明白了把自己介绍给中国的银行家最好的办法是社交活动和学术会议。我们在期刊上发表论文，在多个场合进行演讲。演讲之后，每周向银行家们发送关于这些功能的新闻稿。

2004 年，汽车贷款和房地产抵押贷款市场交易量骤增，由于没有先进的系统，银行承销商需要手写贷款申请。信贷员的通行做法是在信用决策中只注重三个数字：收入、贷款 / 价值比和房产价值。而一些银行家开始考虑如何使用信用信息来控制风险，实现从申请到批准过程的自动化。他们及时与这些银行家沟通，他们把他们的技术做了演示：

> 当时这些都是他们闻所未闻的一组概念和作法，这些技术包括实时信用报告、信用评分、预批准和流水线控制等。
>
> 上海 90 家最大的销售商很快开始使用并培训汽车贷款系统。随后的三个月，银行和该行业的 400 家销售商建立了联系，占据市场份额的 60%。通过提供抵押贷款、汽车贷款及小额商业贷款领域的系统咨询和培训，我们继续拓展客户名单，现在我们已服务于全国六大银行。

阿玻罗与深圳发展银行合作，在上海地区开展汽车贷款，这个系统帮助银行将贷款拖欠率降低到 1% 以下。那些投资者包括通用电气资本的银行，现在掌控着上海市场 65% 的新车贷款，正在向北京拓展。最近，中国银行成为新的客户，使用阿玻罗平台来发起全国贷款服务。考虑到在中国知识产权的保护，阿玻罗将核心发展团队置于贝尔维尤（Bellevue，华盛顿州的第五大城市），在那里主持自己的服务器软件来维持每日的系统运行。

九、案例9：北京吉普：在华西方企业

（一）简　介

当美国汽车公司和克莱斯勒把他们的业务扩展到中国时，他们不得不与一家国家运营机构（国有企业）合作。北京汽车厂成了他们的合作伙伴，协助安排工人住房，提供医疗保健和其他问题，而这些往往需要官方批准。作为回报，北京吉普车厂的设施得到了翻新和改造。北京吉普车的改头换面发生在中国经济和社会对外开放进程的早期，它提供了外国公司在中国开办过程中如何面对所必然遇到的冲突与妥协的范例。

（二）背　景

1985年中国与美国汽车公司签订了价值60亿元的外商投资合同，在北京引进生产切诺基吉普车。直到20世纪90年代初，来华的国际商业迅速增加，在整个国家的对外开放背景下地方政府和外商投资都很活跃。在1991年大概有120亿元价值的新增合同签订，到1992年则超过了580亿元，次年更是超过1 110亿元。中国迅速成为世界上外商投资排名第二的东道国。

然而在这一过程中，文化差异逐渐显示出来。西方投资者最为关注的是经济效益，而中国政府官员则把平等置于其他考虑因素之上。

（三）影响度

当时美国汽车公司首席执行官保罗·蒂皮特（W. Paul Tippet）说，他们最初的投资目的是替换中国老式的吉普车，创建一个生产新式吉普车以抗衡日本、南亚汽

车生产的基地。资本主义管理与共产主义集中控制的合并似乎是有前景的，但西方投资者心有余悸，仍然怀疑中国方面做出的对于成功所必需的承诺是否会真正实现。

合资企业所遇到的问题可以从中国历史和文化方面做出解释，它也反映了一个世纪以前基督教徒进入亚洲到中国传教所面临的同样问题。80 年代，西方国家的高管们来到中国，他们拥有资本主义的经验和知识，并期待着一个开放的大门，感谢国家的新政策。但是，事实上，他们发现中国不像预期那样。尽管在许多方面都有了改善，但是许多冲突仍然存在。中国人希望尽可能学习到国外的科学技术，外国投资者希望能够在中国市场挣到更多的钱，而合资企业则只能继续生存于几乎完全是外国组织和中国国有企业之间。

1996 年北京吉普生产了 8 万辆汽车，它的生产环境和西方现代工厂环境是一样的，它雇佣了越来越多受教育的劳动者，并付给他们较高的薪水，市场上对汽车的需求也不断增加。

尽管中国的人均收入较低，但是巨大而富有的企业家阶层有着强大的购买力。比如，中国是宝马最大的市场，以高昂的价格进口 7 系轿车，甚至超越了美国，尽管中国买家支付宝马的价格是美国的两倍（Tao, 2006 年 3 月 6 日）。

十、案例 10：乐享中国情结的美国农场主

（一）简　　介

美国已成为中国主要的农产品出口国。吉姆•考尔（Jim Call）和迈克•奥利里（Mike O' Leary）是美国明尼苏达州的大豆种植农场主，家里几代人都从事农业种植，他们俩和其他许多美国农户一样在全球市场中将他们的产品卖给中国。“‘我们现在处于全球化经济时代，任何发生在海外的事，比如有关贸易的事情，尤其是与中国的贸易，往往会直接影响着我的农场的定价机制’，考尔说。”（Zhang, 2011 年 7 月 15 日）

（二）背　景

二十年前，中国是向美国出口大豆的主要国家。今天的情形发生了变化，中国主要向美国进口大豆。胡锦涛任国家主席时期对美国进行访问，吉姆和迈克也和中国官员会面，讨论美国大豆进入中国市场的问题。事实上，中国是世界上美国大豆的头号买家，在2009—2010年，中国就从美国进口了8 250万蒲式耳大豆。

（三）影 响 度

“明尼苏达州有7 000个工作岗位直接或间接地得益于美国农产品对中国的出口，劳动力市场大为受益。”MDA的项目主任苏叶（Su Ye）说（Zhang, 2011）。美国政府报告称中国大约占美国农业出口总额的20%，农业出口额达到150亿美元，相当于750亿人民币。

考尔和奥利里曾前往中国了解他们产品的消费者，考察整个出口过程。考尔最近要去芝加哥和中国大豆市场的代表以及美国的大豆种植者签署一份协议。“‘我们（和中国）所进行的农产品贸易养活了明尼苏达和美国的农民，许多农民担心中国会由于某些原因而放弃购买我们的农产品。如果真的放弃购买我们的农产品，那对我们的农产品定价机制将是致命的打击’，考尔说”（Zhang, 2011）。

第八章　华人全球化的美好蓝图

随着全球化的程度进一步提高，中国的一些重要的经济指标，如外国直接投资、外汇储备（流动资产）和美国国债持有量人均排名世界第一，所有这一切都有助于中国的崛起，截至2010年底，中国已超越日本成为世界第二大经济体（Kim, 2009, p. 60）。改革开放三十多年以来，中国的贸易额从1978年的206亿美元激增到2008年的2.5兆美元（三十年间翻了121倍），即使按贸易占GDP（国内生产总值）的百分数（是衡量国家融入全球经济广泛使用的指标），中国的对外贸易占GDP的比例每十年翻一倍，1970年占比例5.2%，1978年占比例10%，1990年占比例26.8%，到了2001年则占比例44%。到2007年，国民经济中外贸比重急剧上升，占比例72.4%高居不下，相比70年代同比增长62个百分点。相比之下当年的美国是27.3%，日本是26.8%，印度是48.8%，俄罗斯是55.1%，英国是85.3%，韩国是61.6%（世界银行，2009）。

令人感慨的不仅是这些数字，还有中国的宪法重修也使得中国越来越“全球化”。自从中国2001年加入WTO（世界贸易组织），中国陆续修订了3 000部国内立法、法规和部门条例，不断地完善其对外经济法律体系，并且不断地出台国家贸易相关政策（Kim, 2009, p. 64）。

显然，过去的三十多年以来，中国经济脚步迅速加快很大程度上得益于外国投资。1983年只有48家外商独资企业（WFOEs）和190家中外合资公司。到1995年，共有57 114家外商独资企业和157 739家中外合资企业，并且数量还在不断上涨（Caldwell, Xiong, 2011. 3. 30）。这让我们看到了中国融入全球经济的美好图景，并且也体会到了中国对世界经济繁荣发展做出了不小的贡献。

需要注意的是，中国不断增长的经济实力也使本国人民对国家和发展体系更加充满自信（Nyiri, 2006, p. 782），2008年北京奥运会的开幕式从头到尾都突出展示了中国辉煌的文化遗产。这一年恰逢中国改革开放30周年，举办奥运会不能不说是历史的巧合，改革开放对中国的变迁产生了深远的影响。

当1793年英国第一位来华使节乔治・麦卡特尼（George Macartney）访华时，当时的清朝皇帝在乔治・麦卡特尼眼中是"目光短浅、品格有缺陷的巨人"，完全无视外面世界的进步，自负地认为自己就是世界的中心，而今天一个和谐的中国正友善地对世界开放。有些人理解中国人的热情是渴望回归世界舞台（一些外国人称之为"复出"）（《中国日报》，2008年8月8日）。一位学者宣称伴随中国经济的快速发展，在冷战后的世界体系内中国已经掌握了全球化未来的关键筹码（Kim, 2009, p. 47）。

一、要点重述

基于关系视角，我们通过聚焦中国人的跨国行动和全球联结作为本土社会变迁的中心机制，关注并强调了中国人的全球化经验。在本书的最后一章，我们再来概括一下前面七章所陈述的内容。

（一）风在动还是旗在动？

社会科学家用了很大的精力来研究中国过去三十多年来剧烈的社会变迁，就速度和规模而言，中国的社会变迁在历史上是空前的。从关系视角来看，我们可以将中国社会的宏观结构和模式的变迁嵌入于日常生活中到处存在的微观情景和交换之中。换言之，那些变化体现在微观情景和个体经验中，也体现在了人们的日常生活、惯例和态度中。

因此，关系性推论将全球—地方交往或互动看成是社会变迁机制中的一个显著维度，也是宏观社会转型和微观互动的联系之所在。所以，简言之，个体的跨国实践行动和全球联结产生强大的驱动力（起风），进而在规模和深度方面使本土社会发生剧烈变迁（旗动）。

我们意识到跨国行动、全球联结和本土社会变迁之间有着多维的、多层次的关系，第一章从宽泛的人类在文化和科技领域的跨国界联系说起，对中国人的全球联结场景和范围进行了全面的概述。本书的题目是“华人全球化”，我们运用微观视角进行关系性推论，以此来考察中国人的跨国行动和全球联结对本土社会变迁产生了巨大的推动力。更准确地说，通过采用民族志的方法、文献查阅以及现有数据分析，本书展示中国微观全球化的特征以及中国人是怎样一步步走向全球化的。除此之外，我们倾向于将个体的中国人描绘成跨国实践者和全球联结的媒介。

（二）宏观视角与微观视角

在第二章，我们进行了关于全球化的宏观视角和微观视角不同层次的理论讨论，提出“全球本土化”（Glocalization）与“个体全球化”（global-I-zation），后者是作者创造的词语。从全球化的微观视角，人们可以发现中国人的跨国联结已经成为日常生活中的显著特征，并且已经产生了为宏观层面的社会转型系统作实证分析提供材料的重要微观基础。

以人为本的全球联结不同于电脑、设备为基础的全球联结。我们一般都是从宏观视角或微观视角来考察全球化。宏观全球化是全球化研究的一种类型，这类研究将整个世界、国家、城市或机构作为观察单位，关注于大规模的跨国贸易、投资、金融交易、商品链和文化传播，以此来界定当代全球化的过程与特征。通常情况下，宏观全球化是建立在比较和历史基础上的。微观全球化将个人作为观察单位，更关注以人为本的跨国行动中人们的社会行为、态度、观点等变化的模型，以及作为全球化根本机制的全球联结的研究。微观全球化是以民族志和定量分析为基础的。从最高抽象层次的角度来看，所有宏观的证据是微观经验的汇总（Collins, 1981）。由于个体跨国行动和全球联结是一种微观的事实，也是这几十年来所公认的现象，因此，我们把这种现象定义为微观全球化。这种现象更像是跨国界或跨文化中的社会关系和空间关系的结合或桥接。

如果我们把全球本土化看成是“全球化”在本土实现的话，那么一个新的词语个体全球化（global-I-zation）就是指个人实现了“全球化”。个体全球化（global-I-zation）

指的是一种全球 / 个人的互动关系，在这一关系中个体的跨国行动和全球联结必然涉及如何适应全球文化、态度和生活方式并内化于个人日常行为中。由于适应的过程涉及在全球舞台上的社会化，因此个体全球化（global-I-zation）的概念还应该看成是两个维度——即空间维度与社会维度的节点。空间维度意思是“个体走向全球”（出国、周游全球），而社会维度则指的是“个人在全球范围社会化”（受全球文化影响）。

总之，以人为本的跨国行动和全球联结意味着文化和物质活动有形和无形的结果。随着商业跨国性越来越强，蕴含着利用起源地和目的地国家的社会和文化联系，最终可能会因此而获得巨大的效益。新生代将越来越嵌入到日益增长的巨大的全球联结之中，而本土文化和国家认同可能会逐渐侵蚀。当某一个体的全球联结越发紧密，则意味着他 / 她可能拥有全球意识和全球参照系，以及应对和处理跨国商业事务的意愿和能力。

（三）全球 / 个体联结与全球 / 本土联结

第三章重点介绍了全球联结是怎样作为微观经验对本土社会、社区产生巨大影响的，反过来又造成了宏观社会结构的变迁，并且阐述了一些跨国行动的案例来让读者体会到关于全球联结与变迁结果之间的关系。本土社会变迁体现在宏观模式的变化以及嵌入于微观情景中个体价值与行为的聚集性变化。本书提出了一个简单的全球联结的类型学分析框架，作为本书一系列分析的指导，从而进一步揭示了本土社会变迁怎样和为什么是由作为必要条件和充分条件的逐渐增强的跨国行动和全球连接所导致的。

大多数全球化研究都是采取宏观视角对社会结构内部的大范围变化进行研究。我们假定本土社会转型和聚合性变迁是植根于“微观基础”和“微观机制”的变化，因此可以从关系性视角来诠释。个体跨国行动和全球联结提供了关系型视角的主要角度来分析本土社会变迁，包括显性变迁和隐性变迁。“个体全球化”中作为个体经验和实践的跨国行动以及全球联结能够对本土社会的很多方面产生强烈的影响，其结果是导致大规模社会结构和宏观模式的运动与变迁。

对跨国行动和全球联结的关注体现了一种观点，即认为发生在地方和全球层面的宏观现象均建立在“微观基础”上，于是全球联结将个体与大规模的事件联结起来，而成为地方和全球两极之间复杂辩证法的组成部分（Robertson, Khondker, 1998）。

本土社会的全球联结模式可能反映了本土社会的一种不断扩大、不断深化和加快的跨国行动在本土社会的进展。全球联结模式是研究的关键，和我们前文提到的社会一空间类型学分析保持一致。不同的模式以及全球联结类型学丰富的案例分析，我们在随后几章都对此进行了进一步的讨论。

正如之前所提到的，全球一个体关联指的是全球联结与将全球价值观、生活方式内化于个体行为之中。因此，本书的讨论不仅和个体全球化（global-I-zation）的具体例子有着直接关系，同时也涉及有关社会化在全球范围展开的具有争议的复杂性问题。个体全球化（global-I-zation）的定义恰好代表了“个体走向全球”以及“个人在全球范围社会化”的空间一社会维度。也可以简单地视为存在于人本跨国行动和个体层面的全球联结的（微观情景），全球 / 个体关联，对本土社会结构（宏观模式）的变迁产生了中介效应。从这个角度来看，我们的研究假设即认为以人为本的跨国行动和全球联结越强，本土社会变迁越有可能发生。作为本书的核心内容，我们试图将这种关系和影响解释清楚。

（四）跨国行动和全球联结：历史的视角

为了把华人全球化的微观分析置于大背景中，第四章提供了关于这些跨国行动和联结是如何发展演变的历史视角。在对中国与西方早期接触进行简单回顾之后，这一章追溯了从19世纪到1979年改革开放期间中国的现代化探索。通商口岸和买办、传教士及其跨国背景，以及海外留学热潮，都在这一章中作了详细描述。

中国人从第一支骆驼商队远方探险开始就与西方逐步编织起了商业和文化的联系。尽管“丝绸之路”并不是一条规范的高速公路，但却是早期中国人跨国行动的传奇，它连接了中国和罗马两个古老的国度。骆驼商队千里迢迢穿越中亚地区，开启了几个世纪以前早期的国际关系，也代表了早期中国与西方国家的联系（Embree, Gluck, 1997, p. 25）。

在现代史上，四百年前，由于资产阶级的迅速发展在世界各地寻找商业机会，跨国运动也随之迅速发展起来。资产阶级需要在全球范围内寻找产品销售的持续扩张的市场。正如马克思所指出，这种扩张带有世界性特征，影响的不仅是经济生活还有社会生活，不仅是生产领域还有消费领域。

人们已经开始感知某种全球联结的正在形成，但是却置若罔闻，并通过划定国家界限和文化传统使它在近千年的时间里没有被充分激活。直到19世纪，诸如邮政服务、报纸、横贯大陆的铁路和大型蒸汽轮船等科技文化发明深深地影响了社会，使其发生了根本性变化。后来，电报、电话、收音机和电视机的发明创造了不同地理区域之间个体间更加紧密、更加复杂的连接点，甚至是全世界范围的联系。如今，电脑、互联网、手机、有线电视和喷气式飞机又加速了这些变化，也使得人与人之间的广泛联系更加复杂多样。显然，在全球范围内以人为本的联结越来越紧密、强大和广泛，这种局面在历史上是空前的。伴随着主要集中在经济领域的跨国实践和跨境关系的发展，一种稳定的国际联系和互动正在形成，并且逐渐扩展到饮食、时尚和观念。在第四章我们已经从历史视角考察了中国境内的跨国行动和全球联结。

（五）社会—空间维度：全球联结的四种模式

当考察中国全球联结的历史趋势时，我们有必要对当前华人的跨国行动和全球联结的现状加以探究。第五章从宏观角度到微观角度对华人跨国行动和全球联结进行了经验分析。我们分析了民族志数据以及城市、组织和团体层面的文献记录，还有个体层面的全球联结，比如出国留学、跨国婚姻、跨国经商、国际旅游和浏览国外网站。根据前文介绍的个体全球联结的四种模式，大量的数据和案例有助于帮助我们理解全球联结的多样性及其对本土社会日常生活的多方面影响。

跨国行动与全球联结的概念是一体两面的。前者指的是“行为”，而后者是一种“状态”。如果一个人进行某种跨国行动，那么他必然拥有相关的全球联结。一个人拥有哪种全球联结取决于他进行的是什么样的跨国行为。空间维度揭示了物理距离的远近，而社会维度则指的是个人之间关系的亲疏。因此，全球联结的四种模式是以跨国行动为基础的，分布在坐标系的四个象限中：紧密关联、物理关联、社会关联和虚拟关联。这些模式为考察全球联结的多样性提供了分析框架。前面几章通过提供文献中的相关证据以及在真实生活中的案例，我们已经看到了这些不同模式的全球联结在中国的整体描述。对这些事实和案例的观察遵循机构层面的秩序，诸如城市、公司和群体，再到个人层面的各种全球联结，诸如出国留学、跨国婚姻、跨国经商、国际旅行和浏览国外网站等。

（六）本土社会变迁的四种类型

第六章详细论证了跨国行动、全球联结是怎样使本土社会发生物质和精神、外部和内部维度的变迁的。所提供的材料使读者能通过综合民族志调查、现有统计资料和调查数据来分析多方面的本土转换，包括文化景观、消费、生活方式和价值取向。我们还使用了更多系统性的数据来说明跨国行动和全球联结确实对本土社会宏观结构变迁产生了影响。

第五章主要论述了关系视角的概念，并用一种微观全球化的方法，阐述了全球联结的四种模式。而在第六章我们的关注点转向受跨国行动和全球联结影响的本土社会变迁，并且考察了这些变迁的重要含义。基于关系视角的微观全球化的观点，人与人之间的全球联结将不可避免地导致本土社会的变迁。我们可以从多个方面来考察本土社会变迁，并通过其居民生活的聚集现象来考察，例如地方景观变化、消费模式、居民行为方式、价值重塑等。根据现代化理论（Billet, 1993; So, 1990）和发展理论（Berberoglu, 1992; Cowen & Shenton, 1996）的学说，通常的本土社会变迁有两个分析维度：物质与精神、外在与内在。通过对这两个维度的交互分类，本土社会变迁的类型学分析便呈现出四种模式，其分别是：外在—物质变迁（外在—物质类型），体现在建筑、住房、景观、物品和产品；内在—物质变迁（内在—物质类型），体现在生活方式、时尚、装饰和设计；外在—精神变迁（外在—精神类型），体现在服务、行为、处事方式和管理风格；内在—精神变迁（内在—精神类型），体现在观念、价值取向、态度和意识形态体系。通过使用这些类型学作为分析框架，这四种类型的社会变迁结果帮助我们更有逻辑地梳理分析资料。

当我们把外在—内在维度和物质—精神维度做交互分类后，四种类型的变迁结果展现出来了。外在—物质类型与内在—物质类型都表示物质、物理和表层的社会变迁；前者反映在住房、景观等事物上，后者表现在时尚和生活方式上。另外两个象限是关于人们精神层次变迁的关键要素，是更深层次的社会变迁。它清楚地表明，社会变迁不只是被确认为仅仅是物质部分而已，同时也包括精神部分。外在—精神维度和直接的有形变迁相关，比如行为和服务，而内在—精神变迁维度则指的是间接的无形的方面，比如价值观和取向。

（七）一组深度案例研究

第七章汇集了一组深度案例分析，这些案例是来自于民族志和文献资料，采用质性研究方法，旨在说明跨国行动和全球联结是如何促进本土社会多方面的变迁。这些案例提供了更丰富、更广泛的证据，论证了人本全球联结是推动宏观层面本土社会变迁的巨大驱动力。

通过两组类型学分析建立了全球联结的四种不同模式和本土社会变迁的四种不同类型，并且给出了这些概念的操作性定义。那么两者的关系是什么呢？换句话说，不同的全球联结模式是否会对本土社会变迁产生不同的影响？答案是肯定的。为了帮助读者更清楚地理解两者之间“影响”与“被影响”的关系，我们创建了“全球联结对本土社会变迁影响层次矩阵”（图 7-1），从图中我们可以看出全球联结的影响从最低层次到最高层次（横向箭头方向所指），本土社会变迁的被影响层次从“最容易被影响”到“最难被影响”（纵向箭头方向所指）。在矩阵的每个象限中，灰色区域表示“影响”与“被影响”的匹配点，从深灰色、中度灰色、浅灰色到白色，分别表示高度匹配、中度匹配、低度匹配、最弱匹配。我们可以看到联结中“紧密关联”模式与本土社会变迁高度匹配，而“虚拟关联”模式与本土社会变迁的“外在—物质”类型高度匹配，其他几组的匹配程度依次递减。

在本章中，你已经看到了社会变迁是由于某种程度的全球联结而发生的。人们的全球联结确实十分重要。然而，我们应该认识到现实生活中并没有我们类型学中纯粹的全球联结模式，而更多的是这些模式的混合或叠加。

二、中国模式：硕大无比的全球联结

回顾本书主要观点，我们试图验证的研究假设是：人本跨国行动和全球联结越强大，本土社会越可能发生社会变迁。我们得到了答案，答案是肯定的。

全球联结产生的多样化的影响，正如我们前文所讨论的，全球联结带给个体、机构层面以不同形式的变化。全球联结可以作为一个有效的策略，使一个国家提高其经济和文化的发展水平，增强一个公司的竞争力，为个人更好地实现其全球社会化提供源泉。人本全球联结确实有很大的影响，强大而广泛的全球联结有助于加强地方发展能力和适应性，最终实现巨大的本土社会和文化的变迁。从这点来看，中国模式正在通过全球联结逐渐吸收世界各地的经验和实践。

从经济角度来看，至少中国模式使经济实现自由化，引进市场经济来取代苏联模式的中央计划经济，引入外国资本和技术，发展出口贸易。此外，中国模式还包括指导经济发展的威权体制，决策过程的有限介入，以及防止利益集团的形成，比如工会，而这可能分散经济增长优先的态势（Dickson, 2011, p. 41）。然而，中国模式是一个多维度的体系，几乎覆盖了中国发展的各个方面。它应该不仅是经济方面的，还应该是包括政治、经济、文化、社会甚至军事等多种维度在内的复杂模式（CHINASCOPE, 2010 年 10 月 6 日, p. 6）。

从关系视角来看，中国模式是指在其庞大的人口规模上扩展的全球联结和广泛的跨国实践。其特征在于回国留学生为国家做出重要贡献、广泛吸引海外的人才，以及跨国公司发挥显著作用等。在此，我们从关系视角即前文所述的微观全球化角度来探讨中国模式。

（一）驱动力：从全球参与到全球融合

几百年来中国在世界舞台上处于缺席状态，现在，中国通过全球联结逐渐回归世界舞台，例如海外留学生、国际旅行和跨境贸易。中国努力融入世界、参与世界，通过跨国行动致力于和谐世界的建设。

众所周知，1949—1978 年，中国闭关锁国。20 世纪 70 年代经济改革开放最开始的时候，如果有一位外国人走在上海的大街上会引来一大群人的围观，因为当地人会发现他的外貌和穿着与众不同。1949 年以后国家禁止居民与西方的任何联系。随着对外开放政策和体制改革的进行，全球联结以前所未有的方式得以恢复并扩展。正如第四章所讨论的，城市层面的多种多样的对外关系为当地居民创造了大量与外界联系的机会。我们研究中使用的全球联结的四种类型代表当地居民全球联结的不同分类和不同维度。

全球化作为一系列在世界范围内相互关联的过程，体现在人与人之间关系与交往的各个方面，诸如经济、社会、文化、环境、政治、外交和安全等。因此，它使得在世界某个地方的事件、决定和活动，不可避免会对其他地方的个体、群体和国家产生影响（Kim, 2009, p. 46）。全球化促进了国家和社会之间的互动水平和相互联系，它既是消弭边界的过程，同时也是跨越边界的过程。

毋庸置疑，中国将越来越把自己定位为世界强国，并希望能够参与更多的国际事务，坚信经济发展力量的强大会有助于解决其他问题，从人权问题到安全问题。中国继续通过在国内推行自由化和鼓励贸易，以及通过加入国际组织来促进经济竞争和融合的国际机构，而不是以领土和殖民地竞争的民族主义，来实现中国融入全球经济的愿望（Hale & Hughes Hale, 2003 年 11/12 月）。中国的全球参与和中国融入世界必须是基于中国模式的特征。

（二）生存竞争：运用全球思维在全球市场网罗人才

中国企业要寻求在全球的发展以及跨国公司希望保持其在中国的竞争优势，关键在于把本国人才提升到全球水平，换句话说，就是从全球市场中招聘管理者和工作人员。跨国公司的中国分公司需要强大的管理者团队来建立他们总部与子公司的桥梁纽带关系。中国的企业走出国门需要全球人才来管理，而这些被聘用的具有极高潜力的员工应当具有全球性的思维模式，并被安置在相应的国家或地区承担领导角色。同时，跨国公司也在招聘越来越多的中国领导担当全球角色，参与分散在世界各地的人事管理。而这些都必须关注一些重要的全球技能，如虚拟团队管理、跨文化沟通，以及全球领导能力等，来满足中国人才市场的独特需求（Caldwell & Xiong, 2011 年 3 月 30 日）。

海归指的是出生在中国，目前因为工作或受教育的原因而居住在国外，但是希望回到中国获得工作机会。他们在中国设置的跨国公司中的工作是有着明显优势的：他们通常是拥有关于西方商业实践的知识、英语语言技能、中国语言知识和本土商业实践的不二人选。通过吸引更多的海归，过去几十年来中国政府在经济建设上取得了巨大成就。我们不能忽视这也是中国模式的一个重要特征。

由于中国发展如此迅速，许多在过去时期合格的国内管理者都赶不上时代的步伐了。迅速增长的经济并没有减轻人才短缺所引起的问题，其结果导致对具有全球联结的专业人士的需求骤然增加，然而这类人才的供给却并不充足。于是，寻找合适的专业人士就成了一项艰难的任务。人力资源管理者必须牢记在中国合格专业人士的短缺是一个重要问题，因此，往往需要到海外去招聘和录用。跨国公司招募专业人士任职于中国分公司通常有四个选择：（1）本地中国雇员；（2）中国海归；（3）海外华人；（4）外籍人士。然而每一个选择对招聘和人力资源管理者来说都有不同的挑战和问题。这些挑战对于缺乏在中国经验的跨国公司来说都可能是极其不利的（Gross, Summer, 1998）。

（三）确保持久成功：从个体全球联结到机构全球联结

随着中国软实力的影响增强，中国与世界其他国家的关系也发生了历史性变革。中国的“走出去”战略最近以一种新的形式提出来，北京在“和谐世界”的号召下开始积极促进文化建设。这种文化软实力政策体现在由中国语言委员会提供资金支持在世界范围内建立了 300 所孔子学院（Kim, 2009, p. 74）。这表明中国开始通过建立全球联结发展文化软实力，这也可以视作中国模式的另一个特征。

在中国的一些大学里，录取的外国学生迅速增加。在过去十年之内，中国留学的外国学生总数（不包括来自港、澳、台的学生）增加了三倍，达到 110 844.6 人。超过 75% 的外国学生是来自亚洲的，其中来自韩国和日本的一直占比例最大（Gill, Huang, Summer 2006, p. 18）。官方数据显示，有 30 位以前在中国的留学生现在在本国任部长级职位，有 10 位曾担任对华大使。除此之外，还有 120 多位是本国大学中的高级教职人员（Nye, 2004a pp. 15-16）。而那些进入官场的则能更好地理解中国的利益，那些高级学者则更倾向于培养学生对中国的兴趣（Gill & Huang, Summer 2006, p. 19）。

在机构层次上，中国加入了世界贸易组织，出兵 3 000 人参加 LHV 维和行动，促成了核不扩散合约的签署（包括组织朝核六方会谈），处理与邻国的领土争端，参加各种地区性组织，东亚峰会是其中一个例子（Nye & Wang, Summer 2009, p.19）。事实上，中国借鉴了美国加强国家文化软实力过程中的许多实践和做法。大量的中国政府官员、军事官员、法官、律师和其他专业人士都在美国接受了培训，他们也为美国了解中国做出了贡献（Nye & Wang, Summer 2009, p. 22）。

2003年10月，中国加入了东南亚友好合作条约和组织，中国第一次签订这种区域性互不侵犯条约，中国积极参加地区安全对话，例如东盟地区论坛（ARF）。自从20世纪90年代末期，中国积极参与联合国维和任务。2005年8月，中国派4 000名士兵和警察参加14次联合国维和部队的行动。近些年来，中国派遣了更多的维和人员，是联合国安理会成员国中人数最多的，也比北约成员国（NATO）任何一个成员国派出的人数更多。2005年，中国在联合国维和力量的排名中位居第15名（Gill & Huang, Summer 2006, p. 22）。

总之，过去三十多年以来，中国实现了历史性跨越，进一步加强了全球联结，加快了融入世界的进程，并进一步深化服务和设施领域中的全球合作，中国的软实力逐渐增强。无疑，这种空前的飞速发展也是中国模式的典型特征。

三、中国人的民间全球化：中国式的软实力？

根据英国广播公司（BBC）世界服务民意调查显示，在22个受访国家中，14个国家的大多数或不同背景的公民认为中国对世界的影响是正面的。总体上来讲，几乎一半（48%）对中国给予积极的评价，超过10%认为中国的影响与美国并列，没有哪个国家的大多数人对中国有负面的看法。甚至在18—29岁人群的全球观中认为中国是良性发展所占比例更高，比例超过58%（Gill, Huang, Summer 2006, p. 24）。

通过阅读本书，你应该能够看到这样的模式，在一个集合层面上，民间的全球联结促使了过去三十多年来的本土社会变迁，我们把它称为“华人全球化”或“中国人的民间全球化”。从关系视角来看，“华人全球化”这一词语建立在中国几十年来形成的巨量级的民间全球联结基础上，我们可以把它总结为：（1）大规模的跨国行动；（2）多样的全球联结；（3）硕大无比的海外华人与祖国的血缘关系。这是否可以称为中国风格的软实力？

软实力常被定义为一个国家的能力，主要是通过自身的吸引力而让“其他国家得到其想要的东西”，从而影响这些国家。这种吸引力的来源范围可以从“文化吸引力、意识形态”到“国际组织”。约瑟夫·奈（Joseph S. Nye）（1990）认为“软实力”指的是改变其他国家的处事方法或者重塑其他国家的能力（Nye, 2004a）。类似于爱德华·卡尔（Edward Carr）（1954）的“观念实力”和史提芬·卢克（Steven Luke）（1974）的“第三维度的实力”，软实力来源于一国的文化、理想和政策的吸引力，通常被定义为文化、教育和外交，展现了一种说服其他国家愿意采取同样的目标共同努力的能力（Yang, 2010, p. 235）。

关于中国崛起的分析和争论，几乎完全集中于其日益增长的经济和军事力量方面。然而软实力（包括文化、政治意识形态和外交）越来越被看作是大国地位的重要组成部分。奇怪的是，软实力的话题却在有关中国的讨论中被忽略或误用。尽管中国在行使其权力的实践中有很多方面制约，然而其软实力确实是值得注意和仔细考察的（Gill & Huang, 2006, p. 1）。在 2007 年召开的十七届中国共产党代表大会上，中共中央委员会报告指出，中国需要“增强文化作为我国软实力的一部分”（新华社，2007 年 10 月 21 日）。中国学术界认为中国的软实力来源于传统文化、国内治理结构和对外政策。很显然，中国的精英们相信国家的软实力对国家屹立于世界民族之林十分重要，并已采取积极措施，以提高中国的吸引力（Yan, 2006）。

然而，中国的软实力也在民间全球联结以及全球参与的实践过程中不断增强和表达出来。姚明，中国的明星，在全美篮球协会休斯敦火箭队，也可以成为另一个迈克尔·乔丹，中国还举办了 2008 年夏季奥运会。在过去十年间，中国录取的外国留学生从 36 000 人增加到 110 000 人，同时外国游客也迅速增加，去年这个数字达到了 1 700 万。中国在世界各地建立了 300 所孔子学院以传播中华语言和文化，尽管“美国之声”的中国广播却从 19 小时减少到 14 小时，中国面向国际的广播坚持一天 24 小时播放（Nye & Wang, 2009, p. 19）。不同于以往对实力的一种实质性的理解，把实力看成是控制资源来源的内在能力，然而关系视角将实力看成是建构社会网络的社会实践，吸引其他行动者加入到这个实践中来，将社会资本看作是从与其他行动者的社会关系中引发的一系列机会（Bathelt & Gluckler, 2005, p. 1547）。关于实力的关系视角概念，来源于行动者网络理论（Latour, 1986），借用反身性理解，将实力既看成是一种人类行动的原因，同时也是一种结果（Allen, 2004; Scott, 2001）。这里我们来讨论从关系视角理解中国文化软实力的三个核心优势以及拥有的资源。

（一）第一种资源：世界上最大的华人共同体

海外华人是出生和目前居住在中国以外地区的中华儿女，目前有近 5 000 万海外华人居住在世界各地，东南亚、美国、加拿大、澳大利亚和欧洲有很多大型的华人社区。当然，海外华人的汉语技能，更重要的是他们对当今中国的认识，也根据他们与祖国联系的程度而有所不同。由于他们所居住的地方是外国，他们也会精通英语或者其他语言（Gross, 1998）。然而，他们中的大多数人仍然和中国大陆的亲戚通过各种方式保持联系，比如经商、从事跨国交流项目以及帮助在中国本土工作的外国人解决问题。就外企而言，他们必须发展和保持对中国企业文化的合适态度。如果一个外籍人士鄙视中国和忽略当地人，那么他在处理当地的有关行政事务、雇佣员工以及合资伙伴等方面会相当困难（Gross, 1998）。

（二）第二种资源：几千年伟大的传统文化

中国在扩大其影响方面有着自身独特的优势。3000 多年来，中国的魅力吸引了络绎不绝的商人、使者、学者和传教士持之以恒地追求，主要是对财富、权力、思想指南和灵感等方面的向往。唐朝（公元 618—906 年）见证了中华文明对邻国的影响，包括韩国、日本和越南。在 15 世纪，郑和船队彰显了中华文明的实力，建立了中国与其他国家之间的重要联系（Gill & Huang, 2006, p. 18）。

从 500 年到 1500 年，中国在经济和科技方面世界领先（de Blij, 2005; Nye, 1997）。从软实力和道德引领的历史、文化背景以及与美国为主导的西方世界的激烈竞争来看，一种合乎逻辑的期待是，中国将以和平方式，诸如文化和教育手段越来越多地在世界舞台上展示自身的风采。政治在全球的影响将伴随着经济的强大而增强，中国在全球事务中影响力与日俱增（Yang, 2010, p. 237）。

中国教育部在很多国家建立了孔子学院，为当地提供中国的语言和文化学习环境。各地孔子学院有着共同的承诺那就是提升中国在世界的文化和形象。正如英国的歌德学院、法国梅森，孔子学院的新网络提出的政治目标是向世界展示友善、儒雅的中国形象（Gill & Huang, 2006, p. 18）。

汉语水平考试（HSK），被称为中国的“托福”，平均每年报考人数增加40%—50%，相当于美国托福考试最初十年的增长率。中国意识到了文化传播中语言的重要性，已经在全世界发展汉语言教学。每年预算2亿，中国国家汉语言教学办公室成立了语言促进网络，旨在使学习汉语的外国人人数到2010年达到1亿（Gill & Huang, 2006, p. 18）。

中国的软实力立足于三块基石：传统文化、发展模式（北京共识）、和平和谐的对外政策。事实上，这三个因素越来越被看作是中国实现负责任大国地位的重要组成部分（Kim, 2009, p. 72）。

（三）第三种资源：全球联结和“全球范围获取资源”的策略

中国不愿意成为受制于主要世界大国的消极配角，而是主动出击，积极走向全球，并大举进行海外投资。高等教育的国际交流与合作是软实力前所未有的实践，而且已经远远超出了传统理论的“适宜范围”（Yang, 2010, p. 243）。伴随着软实力的出现，中国与世界的关系发生了历史性变化（Kim, 2009, p. 74）。因此，中国的软实力是通过其民间联系为全球社会贡献其资源和努力的。中国掌握着进一步全球化的“钥匙”，这把“钥匙”就是华人的民间全球化。

近几十年来，越来越多的国际组织在中国成立，也有很多中国公司在其他国家成立新的公司。事实上，中国是所有发展中国家里最大的投资者。民族文化被广泛视为对管理实践的约束，这使得世界组织越来越意识到了解国家之间文化差异的必要性（Ji, 2010. 8, p. 225）。

从“全球范围获取资源”正在重塑以全球为基础的重大结构、操作方法以及商业文化。理解“全球范围获取资源”（world sourcing）和“外包”（outsourcing）的区别很重要。“外包”是一种集中的、自上而下的策略，旨在通过将某些订单交给第三方来节省非核心业务的资金。而“全球范围获取资源”则相反，是全球性的、分散的战略，旨在通过对一个组织的核心功能、管理、操作、过程和多个全球中心的生产、分配来追求更高的价值和质量，从而实现获得资源、天赋、观念和可创造的最大效率（Yang, 2007. 11. 9）。

四、总结：方法论问题

通过建构以及确认全球联结对本土社会的影响，我们基本完成了这项研究的首要目标。为了指导本书中的一系列分析，我们从关系视角和文献资料中汲取营养，从而帮助我们推进微观全球化的研究。本书的基本前提是既有文献主要倾向于宏观层面的贸易流动和文化扩散的研究。本书旨在通过引入微观层次的关系视角来纠正以往研究中的这种不足，进而验证在中国不同类型的人本全球联结影响了个体的价值、态度、行为，而最终促成了本土社会变迁的重要结果。可以做出的更为一般性的结论是，跨国行动和全球联结对本土社会变迁有着重大的影响力。

这项实证研究产生的理论结论是，本土社会的变迁不再仅仅是现代化理论所声称的那样，是内生的和按历史轨迹而定的。相反，本土社会的变迁是由外部力量以及个体对这种力量适应的综合结果。在全球时代，主张社会变迁是线性、进化和内生的现代化理论被证明不如它在20世纪60年代以前那么有效了。现代化理论强调内源性的变化，而全球联结的视角则将分析的关注点导向更为关键的外源性的力量。研究本土社会变迁和发展的更具价值和潜力的就是理解个体中的全球联结是如何分布的以及它们是如何影响到本土社会变迁的。将来的研究应该去进一步探索嵌入在个体中的全球联结的全方位机制及其对地方、国家甚至国际发展的更广泛、更深度的影响。以下三点是本书需要指出的三个方法论问题。

（一）以个体为观测单位和以机构为观测单位

观测单位是研究者收集数据的基础单位。以个体作为观测单位和以机构作为观测单位是不应当被混淆的。例如，一项研究可能是将个体层次作为观测单位，但也可能将机构层次作为分析单位，但不能直接从对个体数据的收集得出组织特征方面的结论。

基于以个体为观测单位，我们考察了全球—个体联结，主要聚焦于个体跨国行动和全球联结；换言之，是对个体的分析，而不是以社区、城市或国家为观测单位。

我们尤其需要注意是，那些具有“全球联结”的个体是否拥有某些共同特征，比如全球意识、全球行动和全球网络。

本书提出的新概念——个体全球化（Global-I-zation）反映了我们将个体作为观测单位的思路。它很好地代表了空间—社会联结：“个体走向全球”以及“个人在全球范围社会化”。我们可以简单地看到，全球—个体的互动关系，通过以人为本的跨国行动和个体水平上的全球联结（微观情境），进而对本土社会结构（宏观模式）变迁产生媒介作用。、

（二）微观方法与宏观方法

社会学中的微观方法关注社会中人与人之间的互动。反之，宏观方法强调社会系统和在社会结构层次上的大规模人口的研究。具体来讲，微观社会学分析的议题主要是人的角色、群体本质、家庭和移民，而宏观社会学则处理那些诸如大事件、大规模社会运动、贫困和和环境剥夺等问题。

本研究采用微观方法，我们认为微观情景和个体经验可以在人们的日常生活、例行公事和态度中看到。而社会结构则可看成是人们在特定地方做出的惯常行为，使用特定的物理对象，并重复使用许多相同的符号表达式与某些他人沟通（Collins, 1981）。本研究中所采用的全球联结的微观方法对于进一步拓展全球化研究，更多地关注于测量微观层面的全球联结对于人们的行为、态度的影响等这些社会学所感兴趣的现象，提供了可行的路径，同时也考虑到这些影响可能是直接的、间接的或者是媒介性的。

然而从微观视角来看，以人为本的全球联结取决于个体在全球—地方互动和流动中广阔的时间和物理空间中的位置（Castells, 1997）。全球民族志研究显示某些社会行动者能够充分利用民族国家空间体制的失衡来建构新的跨区域和跨国界的联结机制（Gille & Riain, 2002）。

（三）实体论与关系论

有两种视角：实体论与关系论。当你用实体论的视角看待事物时，你往往关注的是静态的特征而非动态的环境。当你使用关系论视角时，你不仅检测到现象的本质，

而且包括嵌入在更宽广的关系背景之中的外围方面。一般而言，关系论视角强调社会现象和其他变量是有关的，它们之间是相互影响的，人从根本上来说也是关系网络中的一个组成部分。

在个体层面上不同年龄阶段联结的变化也反映出特定社会中个体联结集合模式的变化。从“简单”联结到“复杂”联结，反映了社会进化的趋势。那种多层次的全球联结的真正结果正是当今我们所处的现代全球社会或者在不远的将来所拥有的。由此可见，从历史来看，个体的全球联结反映了社会联结的最高层次，意味着社会发展的高级阶段。

本书反映了我们在方法论上的特点，我们把全球一个体的交往与互动看成是反映社会变迁机制的显著维度，于是，无论是从规模还是深度来讲个体跨国行动和全球联结对本土社会变迁产生了集聚性的巨大效应。本质上讲，全球化是嵌入于大规模的跨国行动和全球联结之中的。理解这种日益紧密的人际联结及其对本土社会产生的影响，厘清全球化的维度还有相当长的路要走。我们可以进一步推测，跨国行动和全球联结是否会促使全球公民社区的形成？它是怎样在其中发挥作用的？它又是怎样型构一种在全球社会认同和本土价值与行为之间的平衡？

原著主要参考文献

Albrow, M., & King, E. (1990). *Globalization, Knowledge, and Society*: Sage Publications.

Amin, S. (1976). Unequal Development. *New York: Monthly Review.*

Appadurai, A. (1996). *Modernity at large : cultural dimensions of globalization.* Minneapolis, Minn.: University of Minnesota Press.

Barnett, A. D. (1981). *Chin's Economy in Global Perspective.* Washington, DC: Brookings Institution.

Betts, R. F. (2004). *A history of popular culture : more of everything, faster, and brighter.* New York: Routledge.

Bradley, D. J. (1988). The Scope of Travel Medicine. In R. Steffen (Ed.), *Travel Medicine: Proceedings of the First Conference on International Travel Medicine.* (pp. p. 1-9). Berlin: Springer Verlag.

Braungart, R. G., & Braungart, M. M. (1993). *Life Course and Generational Politics.* Maryland: Lanham: University Press of America, Inc.

Castells, M. (1997). *The Information Age* (Vol. 3). Oxford: Blackwell.

Chase-Dunn, C. K., & Babones, S. J. (2006). *Global social change : historical and comparative perspectives.* Baltimore: Johns Hopkins University Press.

Clark, R. P. (2002). *Global awareness: thinking systematically about the world.* Lanham, Md.: Rowman & Littlefield Publishers.

Cohen, P. A. (2003). *China unbound : evolving perspectives on the Chinese past*. London ; New York: RoutledgeCurzon.

Collins, R. (1981). On the Microfoundations of Macrosociology. *American Journal of Sociology, 86*(5), 984-1014.

Culin, R. S. (1887). *China in America: a study in the social life of the Chinese in the eastern cities of the United States*: Philadelphia.

Erez, M., & Gati, E. (2004). A Dynamic, Multi-Level Model of Culture: From the Micro Level of the Individual to the Macro Level of a Global Culture. *APPLIED PSYCHOLOGY: AN INTERNATIONAL REVIEW, 53*(4), 583-598.

Gereffi, G., & Korzeniewicz, M. (1994). *Commodity chains and global capitalism*. Westport, Conn. ; London: Praeger.

Giddens, A. (2000). *Runaway World: How Globalization is Reshaping Our Lives*. New York: Routledge.

Glassman, R. M. (1991). *China in transition : communism, capitalism and democracy*. New York ; London: Praeger.

Grasso, J. M., Corrin, J. P., & Kort, M. (2009). *Modernization and revolution in China : from the Opium Wars to the Olympics* (4th ed.). Armonk, N.Y.: M.E. Sharpe, Inc.

Held, D. (1999). *Global Transformations: Politics, Economics and Culture*. Stanford, Calif.: Stanford University Press.

Inglehart, R. (1997). *Modernization and postmodernization : cultural, economic, and political change in 43 societies*. Princeton, N.J.: Princeton University Press.

Jameson, F., & Miyoshi, M. (1998). *The Cultures of Globalization*: Duke University Press.

Kearney, A. T. (2001). Measuring Globalization. *Foreign Policy, No. 122*, 56-65.

Kleeman, T. F., & Barrett, T. (2005). *The ancient Chinese world*. Oxford ; New York: Oxford University Press.

McGrew, A. G., & Lewis, P. G. (1992). *Global Politics: Globalization and the Nation-State*. Cambridge England Polity Press: Oxford [England] Cambridge MA USA.

McLuhan, M., Agel, J., & Fiore, Q. (1968). *War and peace in the global village. [By] Marshall McLuhan, Quentin Fiore. Coordinated by Jerome Agel, etc*: New York, Toronto: McGraw-Hill Book Co.

Morley, D., & Robins, K. (1995). *Spaces of identity : global media, electronic landscapes, and cultural boundaries*. London ; New York: Routledge.

Nye, J. S. (2004b). *Soft power : the means to success in world politics*. New York: Public Affairs; Oxford : Oxford Publicity Partnership [distributor].

Pant, H. (2011). *China's rising global profile : the great power tradition*. Brighton ; Portland, Or.: Sussex Academic Press.

Pietrobelli, C., & Sverrisson, Á. (2004). *Linking local and global economies : the ties that bind*. London ; New York: Routledge.

Pool, I. d. S., Milgram, S., Newcomb, T., & Kochen, M. (1989). *The small world*. Norwood, NJ: Ablex Pub.

Ritzer, G. (1996). *The McDonaldization of Society*. Thousand Oaks, Calif.: Pine Forge Press.

Robinson, T. W., & Baum, R. (1971). *The cultural revolution in China*. Berkeley,: University of California Press.

Rosenau, J. N., & Singh, J. P. (2002). *Information technologies and global politics : the changing scope of power and governance*. Albany, NY: State University of New York Press.

Sassen, S. (2003). *Contesting Globalization: Space and Place in the World Economy*. New York: Routledge.

Sheppard, E. (2002). The Spaces and Times of Globalization: Place, Scale, Networks, and Positionality. *Economic Geography., 78, No. 3*, 307.

Sinn, E. (Ed.). (1998). *The Last Half Century of Chinese Overseas,* . Aberdeen, Hong Kong: Hong Kong University Press.

Sklair, L. (2002). *Globalization : capitalism and its alternatives* (3rd ed.). Oxford: Oxford University Press.

Smith, A. D. (1991). *National identity*. London: Penguin.

Sun, J. (1997). *Generation Gap: The Background of Transition Period 1990-1994*. Shanghai: Shanghai People Press.

Sun, J. (2008). *Global connectivity and local transformation: a micro approach to study globalizing Shanghai*. Lanham, MD: University Press of America.

Sun, J., & Wang, X. (2006). Personal Global Connectivity and Consumer Behavior: A Study in Shanghai. *Journal of International Consumer Marketing, 19*(3), 103-119.

Sun, J., & Wang, X. (2010). Value differences between generations in China: a study in Shanghai. *Journal of Youth Studies, 13*(1), 65-81.

Tomlinson, J. (1999). *Globalization and Culture*: The University of Chicago Press.

Wallerstein, I. (1976). *The Modern World-System*. New York: Academic Press.

Wellman, B. (1999). *Networks in the Global Village: Life in Contemporary Communities*. Boulder, CO: Westview Press.

Werner, P. (2001). *Economic transition in the People's Republic of China and foreign investment activities : the transfer of know-how to the Chinese economy through transnational corporations : the case of Shanghai*. New York: P. Lang.

Wu, F. (2007). *China's emerging cities : the making of new urbanism*. Abingdon, Oxon ; N.Y., NY: Routledge.

Zweig, D., & Chen, Z. (2007). *China's reforms and international political economy*. London ; New York: Routledge.

（说明：本书中文版翻译中基本保留了原著中的全部文本内容和插图、资料等。由于受版面的限制，作者从原著中近20页500条英文参考文献中遴选出一部分最关键的文献。如读者对原著有兴趣，可以直接按原著《Chinese Globalization: A Profile of People-Based Global Connections in China》（Routledge Contemporary China. ISBN-13: 978-1138851917 或 ISBN-10: 1138851914）所提供的文献信息查到有关资料。如读者对有关问题想与原作者进行探讨，可直接与原作者本人联系。Email：jiaming.sun@tamuc.edu）

附录1　华人全球化调查问卷

一、背景资料

1．你的性别：

（1）男

（2）女

2．你的年龄？　　年：　　月：

3．你的户口：

（1）非农户口

（2）农业户口

（3）移民

4．你的婚姻状况：

（1）未婚

（2）已婚

（3）离异

（4）丧偶

5．你有几个孩子？

6．你的居住条件？

（1）独居未婚

（2）独居离异

（3）和配偶同居

（4）和子女同住

（5）和配偶、子女同住

（6）和父母同住

（7）和子女、父母同住

（8）住在集体宿舍

（9）和亲戚或朋友同住

7．你家住在一起的有几个家庭成员？

8．你是租房还是自己有房？

（1）租房

（2）住在其他人的房子里

（3）自己的房子

9．你最近住在什么地区？

（1）老城区

（2）新村区

（3）新建住宅区

（4）高档小区和别墅区

（5）农村地区

（6）小村庄

10．你的受教育程度：

（1）小学以下

（2）小学

（3）初中

（4）高中

（5）职业学校

（6）专科

（7）本科

（8）研究生及以上

11. 你会讲外语吗？

（1）不会

（2）会

如果会讲，是哪一门外语？

（1）英语

（2）日语

（3）法语

（4）德语

（5）其他语言

12. 你的职业：

（1）工业、制造业工人

（2）零售业、商业和一般服务业

（3）党组织干部

（4）高级管理人员

（5）中层管理人员

（6）办公职员或雇员

（7）农民

（8）科技工作者或教育者

（9）个体经营者

（10）学生

（11）其他

13. 你父亲的职业是 ＿＿＿＿＿，受教育程度是 ＿＿＿＿＿。

14. 你母亲的职业是 ＿＿＿＿＿，受教育程度是 ＿＿＿＿＿。

15. 如果你目前没有工作，那你现在的状态是什么？

（1）临时工、钟点工

（2）未被雇佣

（3）退休

（4）自由职业

（5）其他

16. 你为外企工作过吗？

（1）没有

（2）有

如果工作过，是哪国（或地区）的企业？

（1）日本

（2）中国香港

（3）中国台湾

（4）美国

（5）法国

（6）英国

（7）德国

（8）意大利

（9）其他

17. 你到国外（境外）旅游过吗？

（1）没有

（2）有

如果去过，你到国外（境外）旅游的目的是什么？

（1）个人商务

（2）娱乐

（3）探望亲属

（4）办公事务

（5）外出学习

（6）其他

18. 你在国外（或境外）有亲属吗？

（1）没有

（2）有

如果有，是在哪个国家或地区？

（1）日本

（2）中国香港

（3）中国台湾

（4）美国

（5）法国

（6）英国

（7）德国

（8）意大利

（9）其他

19. 你的月收入总共多少？

20. 以下各项你平均每月消费是多少？

（1）食物

（2）水电煤

（3）公共事务（如社区管理等）

（4）文化活动、娱乐消费

（5）医疗支出

（6）日常开支

（7）教育

（8）贷款

（9）其他

二、消费模式和行为

1. 你吃过麦当劳或肯德基吗？

（1）没有

（2）吃过

如果吃过，你还记得当时的情景吗？

（1）招待小孩子

（2）和家人见面

（3）和同事的工作餐

（4）和朋友见面

（5）在家没时间准备做饭的时候

2. 在过去的三个月里，你去过几次美式快餐厅？

（1）1 次

（2）2 次

（3）3 次

（4）4 次

（5）5 次及以上

3. 和当地的中餐厅相比，外国快餐厅最吸引你的地方是什么？（只能选一项）

（1）快速而友善的服务

（2）便利

（3）干净、舒适的环境

（4）食物

（5）其他

4. 如果你必须在以下地方吃一顿饭，你会选择那个地方？

（1）麦当劳或类似的美式快餐厅

（2）声誉很好的中餐厅

5. 你会购买或穿外国名牌服装吗？

（1）不会

（2）会

如果会，以下品牌你最喜欢哪一款呢？

（1）耐克

（2）阿迪达斯

（3）鳄鱼

（4）雷威

（5）其他

6. 你穿外国品牌服装最重要的原因是什么？

（1）著名的品牌形象

（2）高质量

（3）社会地位

（4）同辈压力

（5）其他

7. 你家有下面的家居物品吗？如果有，请问哪一件是国外（或境外）的品牌？

（1）没有

（2）有

是否国外（或境外）品牌？

（1）不是

（2）是

（1）收音机

（2）彩电

（3）立体音响系统

（4）微波炉

（5）洗衣机

（6）冰箱

（7）照相机

（8）录像机

（9）VCD或DVD

（10）电影机

（11）个人计算机

（12）空调

（13）摩托车

（14）钢琴

（15）手持电话

（16）小汽车

8．你去过保龄球馆吗？

（1）没有

（2）去过

如果去过，当时是什么情景？

（1）和家人见面

（2）朋友邀请

（3）工作组织外出

（4）约会或浪漫的出游

（5）其他

9．和打乒乓球相比，哪一点是保龄球吸引你的主要地方？

（1）流行、时尚

（2）个人兴趣

（3）愉快

（4）一种外国文化

（5）其他

10．你有自己的信用卡吗？

（1）没有

（2）有

如果有，你有几张信用卡？你一般怎么使用它？

（1）高消费

（2）在能刷卡的超市用

（3）在刷信用卡的某些超市用

（4）很少用

（5）其他

11．过去的三个月内你看过西方电影吗？

（1）没有

（2）看过

如果看过，和中国电影相比，最吸引你的是什么方面呢？

（1）超级特效

（2）时尚的娱乐

（3）学习西方文化的一种方式

（4）有助于提升英语能力

（5）其他

12．你知道圣诞节是什么时候吗？

（1）不知道

（2）知道

如果知道，圣诞节给你的最主要印象是什么呢？

（1）是一个宗教节日

（2）是给朋友或亲人送贺卡、礼物的节日

（3）是参加教会活动的节日，即便自己不是基督教徒

（4）是我放假的日子

（5）其他

13．你知道如何操作电脑、使用网络吗？

（1）不知道

（2）知道

如果知道，你上网的目的是什么呢？

（1）收发邮件

（2）收看时事新闻

（3）商业活动

（4）下载数据或信息

（5）网上购物

（6）娱乐或休息（看电影、听音乐、玩游戏等）

（7）聊天或逛贴吧

（8）其他

14. 你认为理想的生活状态需要多少钱？

（1）3—5 万元

（2）5—10 万元

（3）10—30 万元

（4）30—50 万元

（5）50—100 万元

（6）100 万元及以上

15. 如果你有足够的钱，你最可能做什么？

（1）投资

（2）卖股票或国库券

（3）存进银行

（4）借给别人

（5）用于享乐

（6）留待急用

（7）其他

16. 谈谈你的消费态度和价值观：（1= 非常不同意，5= 非常同意）

（1）我买东西时，总是关注外国名牌。

（2）不管质量怎么样，外国名牌对我来说是最重要的。

（3）和国内品牌相比，我总是更喜欢外国名牌。

（4）外国名牌的质量总是比国内品牌要好。

（5）人们应该跟上流行的服饰风格潮流。

（6）快餐厅越来越比传统餐馆受欢迎。

（7）花更多的钱买品牌商品显示着更高的生活水平。

（8）购物越来越依赖电视或报纸上的广告。

（9）人们应该买“中国制造”来促进本国经济发展。

（10）“中国制造”的产品面临着外国商品的强烈竞争。

三、文化价值和态度量表（1= 非常不同意，5= 非常同意）

1．当社会上每个人都为他人的福利做出贡献时，社会就是最好的状态。

2．我做任何想做的事情，不管他人怎么说。

3．追求健康是极好的。

4．我生命中的主要目标是成为百万富翁。

5．我喜欢在高报酬也高风险的领域工作。

6．只要生活是舒适的，就不需要去冒险。

7．最好不要去挑战那些有权威的人。

8．随大流，即使是自然灾害或社会动荡发生。

9．为了成功，你应该依赖你自己的努力而不要寄希望于其他人的帮助。

10．没有经济激励的工作是没有意义的。

11．人应该勤劳节俭，即使经济上已经富裕了。

12．一个人钱越多，他就变得越发不诚信。

13．我想找一份新的职业。

14．改变总是比维持原状要好。

15．广播新闻总是可靠而真实的。

16．影响人们社会地位的是家庭背景和社会关系。

17．在今天的世界，决定个人社会地位的主要因素是更高的受教育程度和专业能力。

18．你认为当今个人成功的标志是什么？（按照重要性从1至5排名）

（1）非常高的收入

（2）好的声誉

（3）权力和地位

（4）杰出的专业知识和技巧

（5）其他

19．你最想要什么？（选择三个最想要的）

（1）财富

（2）爱

（3）尊重

（4）智慧

（5）机会均等

（6）工作

（7）权力

（8）知识

（9）健康

（10）友谊

（11）业余时间

（12）自由

（13）其他

四、现代化程度和国际化的个人行为

1. 你会使用电脑吗？

（1）不会

（2）会

2. 你熟悉因特网吗？

（1）不熟悉

（2）熟悉

3. 你多久上网一次？

（1）每天五次以上

（2）2—5个小时

（3）一天一次

（4）每几天一次

（5）从不

4．你经常浏览国外网站吗？如果是的，你主要的目的是什么呢？

（1）看新闻

（2）金融和经济

（3）娱乐

（4）其他

5．你对本地和国际新闻、时事感兴趣吗？

（1）非常感兴趣

（2）感兴趣

（3）不太感兴趣

（4）很不感兴趣

6．你经常参加社会活动吗？

（1）经常参加

（2）有时参加

（3）不经常参加

（4）从不

7．你是社会团体的成员吗？

（1）不是

（2）是

如果是，请写出名称：1）　　2）　　3）

8．在过去的三个月里，你参加过社区活动吗？

（1）没有

（2）参加过

如果参加过，是哪一种？

9．你认为一个人应该怎样成为社区干部？

（1）被政府聘用

（2）政府提名社区选举

（3）居民民主选举

（4）其他

10. 请圈出下面的表述：（1= 非常不同意，5= 非常同意）

（1）现代社会应该强调个人发展

（2）我们有必要考虑家庭

（3）科学和文明的发展是不一致的

（4）追求物质财富是现代性的主要目标

（5）在现代社会尊重权威并不重要

（6）我们应该追求个人意愿和生活不用顾及其他人的看法

（7）信守承诺在现代社会是很重要的原则

（8）收入水平使公平竞争的结果

（9）同化是全球化中不可避免的现象

附录 2 调查样本及数据

抽样程序

本研究的主要数据来自 2001 年在上海市浦东新区开展的调查。[1] 在浦东新区抽取了 12 个街道办事处，管理 506 个社区居民委员会（即城市地区）；浦东新区还有 12 个镇和 291 个村民委员会（即农村地区）。根据 2000 年人口普查，这些镇都在不同程度上实现了城镇化。为了获得城市和农村地区的代表性样本，采取多阶段分层抽样（分成三层、三个阶段）。

首先，抽取 9 个街道办事处和 5 个乡镇，对官方统计具有较高城市人口的给予更多的权重。2001 年城镇人口占浦东新区总人口的 80%，非农人口（衡量城镇化更现实的指标）达到 83%（上海统计局，2002）。第二，从每个街道办事处那里抽取了两个社区居委会，总共抽取 18 个居委会，一般位于浦东新区西部靠近黄浦江地区。为了使更多的居民样本在城镇化程度更高的镇里，每个乡镇抽取了一个村委会（花木），而在被抽中靠近城市的农业地区（北蔡）也抽取一个村委会。为了覆盖那些城镇化水平较低的地区的居民，每个镇抽取一个村委会；而在远离中心城区的两个镇的两个村抽取一个村委会（漕桥西北，川沙东南）是合适的。为了保证单独居住的高档小区如别墅区也被包含在内，我们对浦东开发区的商业区（陆家嘴商业区），

[1] 芝加哥伊利诺大学（目前在三一学院）的陈向明教授为本书提供了所需的资料；调查数据收集得益于 2001 年 Chiang Ching-Kuo 国际交流基金会的支持。

以及位于第五大道（金桥）临近浦东的地区也作为样本之一。

最后一个阶段是以户为样本。为了保证每个居委会都有25户、每个城镇和村委会有30户（北蔡、漕桥和川沙），这些区域平均有30户样本被抽中。为了确保花木镇最少15户，以及金桥和陆家嘴公园的高档社区居民的数量，平均每个单元抽取20户。使用准备好的问卷，在居委会和村委会的帮助下，通过对每户的一个成员（通常是户主）进行面对面访谈。从总共大约700份访谈中，通过逻辑筛查我们去除了一定数量的低质量问卷，最终我们选取了452份城区问卷、74份城镇问卷和74份镇里的村级问卷。最终总共600份问卷[1]，完成率接近90%，或者无效率大约10%。这个抽样程序使我们获得了具有代表性的样本，涵盖了不同的居民类型、不同的行政单位、不同的城镇化程度及与浦东中心城区的不同距离，同时也包括了不同的不动产价格地区。

数　据

调查包含100个变量，下面我们将会谈论本研究中选取的许多自变量和因变量，这些变量都是基于提出的理论问题和被验证的假设。

自变量

年龄是连续变量，范围是从19到80岁。在样本中，19—34岁的被调查者占34.3%，35—50岁占33.57%，51岁以上占32.13%。样本中男性占59.03%，女性占40.97%。样本中婚姻状况包括：未婚、已婚、离异和丧偶，由于最后两种状况极少，只有已婚71%和未婚28.7%，剔除了离异和丧偶的部分样本。

受教育程度是定序变量（1= 小学以下，2= 小学，3= 初中，4= 高中，5= 职业教育，6= 专科，7= 本科，8= 研究生）。为了了解人均收入水平，我们把家庭月收入除以家庭成员数量，由于人居收入水平呈现偏态分布，于是我们对此作了对数化（logged）

[1] 此研究中，排除12-18岁年龄组，因为不满足全球联结的“在本土外企工作”的潜在变量应该是年龄超过18岁。

的处理。

居民区是定类变量。然而在熟悉他们居住地、社会地位和特征的基础上，将之看成是定序变量，因为它们实际上代表了不同的居住层次以及社会和空间特征的排序。建立在这些数据发掘的基础上，按照1到6的顺序排列从农村到奢华公寓或别墅的次序，使我们在后面的分析中使用这个居住类型尺度。

为了预测居住区的不同尺度，分析中还有其他相关的自变量，如子女个数、房子大小、房屋登记等。房屋登记是虚拟变量（即是与否变量），包括三个类别：（1）城市房屋登记；（2）农村房屋登记；（3）农民工（临时）房屋登记（用于回归分析）。

另外，我们对多种类型的职业作了简化处理，使之形成三种虚拟变量（即是与否变量）：（1）党政官员和公司执行官（相对其他社会群体拥有更多的权力资源）；（2）专业和教育工作者（办公人员、科学家和教师）；（3）其他（主要是工厂工人、零售业服务人员、公共服务工作者和农民）。

虚拟变量“会讲外国语”（是 =1）也作为自变量。被调查对象中会讲英语的占到80%。

这些自变量是基于OLS回归分析，多元分类评定Logistic模型等临时的实验模型程序而定制的，用来对不同的因变量进行预测分析。

转换“全球联结”的量度标准

全球联结中主要的自变量包括四个虚拟变量（即是与否变量），我们前面关于全球联结模型中所提到的四个变量：

1. 你是否在本地的外资企业中工作过？（1= 是，0= 否）

2. 你是否出过国？（1= 是，0= 否）

3. 你在国外是否有亲戚或朋友？（1= 是，0= 否）

4. 你是否经常浏览国外的网站？（1= 是，0= 否）

这些全球联结看起来是有区别的，考察他们之间的关系和范围是十分重要的。换言之，是不是在外资企业工作过的人更有可能去过国外？表A2.1向我们展示四个变量之间的相关关系。

表 A2.1 全球联结变量之间的关系

	在外企工作过	出过国	有国外亲友	经常浏览国外网站
在外企工作过	1.00			
出过国	0.30	1.00		
有国外亲友	0.19	0.28	1.00	
经常浏览国外网站	0.28	0.23	0.15	1.00

表 A2.1 所示，四个变量之间呈中性相关，从 0.15 到 0.30，证明它们代表了不同类型的全球人本联结。在 554 个案例中，有 320 个（占 57.76%）至少有这四种全球联结中的一种；而 234 个人（占 42.2%）无任何全球联结。表 2.2 显示了样本人口中这四种全球联结的非互斥（相互交叠）的比例分布。

结果显示 62% 的潜变量（合成变量）“有”（全球联结）的同时显示出“经常浏览国外网站”，这表示上海居民中全球联结的频率较高的人经常浏览国外的网站。

为了把这些嵌入在四个变量中的信息整合起来加以分析，他们被转化成一个单一指数，并赋值从最低 0 到最高 4。类似的方式建立全球联结的指数，求这些变量的总和再乘以 25，如下公式：

$$\text{全球联结指数} = (v1+v2+v3+v4)*25$$

由于把原先四个虚拟变量（是＝1，否＝0）合成之后，最高分是 4，表示完全的“全球联结”，相当于最高分是 100 分；而最低分则是 0 分，表示没有任何全球联结。这样可以提供更多关于这一指数分布的信息。

表 A2.3 显示了全球联结指数的分布情况。如图所示，有着某种全球联结的人，58.02% 达到 25 分，相当于有四种联结中的一种，6.14% 达到了最高分 100 分，相当于同时拥有四种全球联结。

家庭收入和人本全球联结有着明显的线性相关关系。最高收入与最低收入和个人全球联结总体上的差异是相当显著的。例如，月收入 4 000 元的人中 43.75% 有全球联结，相比而言，收入在 300—1 900 元之间的仅 9.38% 的人有全球联结。受教育程度和人本全球联结之间的关系类似于与收入与人本全球联结的关系，几乎和家庭收入与人本全球联结的模型相同。大学和研究生学历的人所拥有的全球联结几乎是那些高中文化以下的人的三倍。就职业来讲，公司执行官的平均人本全球联结最高（占 49.4%），这表明，作为一个职业团体，他们与全球体系的接触最密切、最广泛。对其他的职业群体来说，虽然总体上四种全球联结的分布是不均等的，然而“在海外有亲戚或朋友”和“经常浏览国外网站”则相对来说变化不大。值得注意的是，在所有职业群体中最高的和最低差异的全球联结的百分比是关于“浏览国外网站”这一项，这一项又在“其他”一组中特别高，而这一组恰恰是以学生占主导的一组。这也验证了互联网的普及使得浏览国外网站更加容易，也是上海的人们所拥有的成本最低的全球联结模式。

表 A2.2　有全球联结的潜在变量要素

有一个或更多的全球联结	数量	在外企工作过（%）	出过国（%）	有国外亲友（%）	经常浏览国外网站（%）
	320	28.13	26.25	41.88	62.19

表 A2.3　人本全球联结的指数分布

人本全球联结指数	0	25	50	75	100
占总数百分比（%）	47.1	30.69	12.64	6.32	3.25
占人本全球联结百分比（%）	--	58.02	23.89	11.95	6.14

译后记

最初谈及“全球化”，我首先想到的一定是“经济全球化”、“政治多极化”等曾经在世界政治课堂上朗朗上口的热词，于是理所当然地以为虽然置身于全球化的世界，但似乎全球化距离我甚是遥远，在学术研究上或许更倾向于站在宏观的、结构性的角度进行解释和探索。然而事实并非如此，孙老师这本著作另辟蹊径，从微观的、互动的视角重新审视全球化这一现象，以全球化大潮中的中国人为研究对象，将个体形态的国人作为观察单位，运用量化和质性研究结合的方法，整合历史的“中央王国”与现代的中国现实，试图进行“华人全球联结的人本剖析”（这是最初为本书拟定的题目）。一方面欣赏这种研究视角的创新，另一方面也被其中的华人全球联结和本土社会变迁的类型学分析深深吸引，并且在整个翻译过程中不断回味，也无形中发现自己很喜欢这种类型学分析，并时不时地使用之。

回想和孙老师以及这本书结缘，是在一个暑假参加了华东师范大学社会发展学院社会学系举办的“新型城镇化”研究生暑期国际学校，每天都有不同的教授与我们分享不同的研究成果。孙老师讲座的内容就是基于这本《华人全球化》的内容展开的，讲座过程中有同学询问老师是否有中文版书籍，老师表示很遗憾当时并没有。于是我这颗爱尝试的心又开始躁动，下课径直跑到讲台问老师可否翻译这本书，始料未及的是老师很爽快地答应了。从 2015 年 8 月份开始，翻译工作正式启动，最初每天一两页到年底每天有可能达到十页的效率。研究生的学业生活一如既往的忙碌，但终究兑现了承诺，赶在圣诞节那一天完成了翻译的初稿。

在此说明一下本书翻译的分工情况，翻译初稿第五章由东北财经大学的王研学姐（暑期学校结缘）完成，第六章由我的本科母校浙江理工大学社会工作系学妹（现攻读上海大学研究生）潘韩霞帮忙完成，非常感谢两位姐妹的鼎力相助。翻译初稿的其他部分全部由我完成，初稿完成后，由我在与原作者孙老师的沟通下负责全面校阅、统一文风和格式，并对部分内容进行修改，最后由我的导师文军教授进行整体校对和把关。需要说明的是，由于中文版成书的时间滞后于英文版本，书中有关时间性资料经原著作者同意，由译者更新补充。感谢孙老师的信任和肯定，让我有机会接触翻译著作这样的工作，并且有勇气将翻译工作坚持到最后。感谢我的导师文老师对我的支持和鼓励，并且愿意承担关于本书的校对工作，还严格要求我“发文件时给对方最好的版本，不仅是形象问题，更是责任心的体现”，种种细节我都记在心上。此外，我还要感谢我的爸爸和妈妈，在繁忙的研究生学业生活中时常叮嘱我要注意身体，劳逸结合。当然还要感谢阿炳，不仅在排版等方面给予我技术上的启发和指导，还经常在我遇到难题时不断地鼓励我。总之，感谢我身边爱我、关心我的师长、室友和同学们，正是你们的鼓励与支持使我敢于在漫漫学术路上脚踏实地地迈出每一步。最后，我要向出版社的编辑部老师表达谢意和敬意，从初审时一字一句的校对到最终付梓，每一步都离不开这些老师的兢兢业业，这种职业精神是值得我学习的。愿本书翻译工作的完成，能为中国学术界有关全球化特别是微观全球化的研究做出一份贡献！

高 艺 多

译文初稿完成于 2015 年圣诞

2016 年 6 月定稿于上海·樱桃河畔